Cours intensif 1

Autorinnen und Autoren: Marie Gauvillé, Montpellier; Laurent Jouvet, Tournon; Dieter Kunert, Toulouse; Inge Mühlmann, Recklinghausen; Marceline Putnai, Yvetot; Jutta Rösner, Erlangen

Beratung: Andrea Floure, Schorndorf; Ursula Heumesser, Wien; Gunda Hiort, Lilienthal; Ulrike Klotz, Stuttgart; Simone Lück-Hildebrandt, Berlin; Ursula Müller-Fischbach, Wuppertal; Rainer Steidel, Bamberg

Zusatzmaterialien für Schüler und Schülerinnen zu diesem Band:
Cahier d'activités plus 2 Audio-CDs, Klett-Nr. 523603
Grammatisches Beiheft, Klett-Nr. 523602
Klett Sprachtrainer Französisch (Einzelversion), Klett-Nr. 523718
Vokabellernheft, Klett-Nr. 523618

1. Auflage   1 12 11 10 | 2017 16 15

Alle Drucke dieser Auflage sind unverändert und können im Unterricht nebeneinander verwendet werden. Die letzte Zahl bezeichnet das Jahr des Druckes.

Das Werk und seine Teile sind urheberrechtlich geschützt. Jede Nutzung in anderen als den gesetzlich zugelassenen Fällen bedarf der vorherigen schriftlichen Einwilligung des Verlages.
Hinweis zu §52a UrhG: Weder das Werk noch seine Teile dürfen ohne eine solche Einwilligung eingescannt und in ein Netzwerk eingestellt werden. Dies gilt auch für Intranets von Schulen und sonstigen Bildungseinrichtungen.
Fotomechanische oder andere Wiedergabeverfahren nur mit Genehmigung des Verlages.

© Ernst Klett Verlag GmbH, Stuttgart 2006
Alle Rechte vorbehalten.
Internetadresse: www.klett.de

Redaktion: Bernd Binkle, Florence Canette, Katja Schmitt
Gestaltung: Miriam Groh

Layoutkonzeption: Gourdin & Müller, Leipzig
Illustrationen: Delius, Saint Quentin; Helga Merkle, Albershausen; Myrtia Wefelmeier, Berlin
Reproduktion: Meyle & Müller GmbH, Pforzheim
Druck: Firmengruppe APPL, aprinta druck, Wemding

Printed in Germany.
ISBN: 978-3-12-523624-0

Cours intensif 1

Französisch für
den schulischen Unterricht

von
Marie Gauvillé
Laurent Jouvet
Dieter Kunert
Inge Mühlmann
Marceline Putnai
Jutta Rösner

Ernst Klett Schulbuchverlage
Stuttgart · Leipzig

INHALTSVERZEICHNIS

	Themen	Kommunikation	Grammatik	Methoden	Seite
LEÇON 1 Bienvenue à Paris !					8
ENTRÉE		– sich begrüßen – sich vorstellen – nach dem Befinden fragen	– *je m'appelle* – *Tu t'appelles comment ?* – Intonationsfrage		9
A	Le cours de théâtre Vier Jugendliche lernen sich bei einem Theaterkurs kennen.	– Freundschaftsbeziehungen angeben	– bestimmter Artikel *le, la, les* – *être* – *Qui est-ce ?*		10
B	A vous, les acteurs. Die Jugendlichen improvisieren zusammen auf der Bühne.	– sich verabschieden	– unbestimmter Artikel *un, une, des* – Verben auf *-er* – *ce sont / il y a*	**Stratégie :** Wörter aus anderen Fremdsprachen erschließen	12
SUR PLACE	Une pièce de théâtre Ein Theaterplakat				15
LEÇON 2 Dans le quartier Bastille					16
ENTRÉE	Samedi matin Les photos		– *aller* – *article contracté*		17
A	L'après-midi des copains Die beiden Mädchen treffen sich mit Julien und Nicolas zum Skaten.		– *faire*		18
B	Est-ce qu'on va au cinéma ? Wer kommt mit ins Kino?	– Fragen stellen – Vorlieben und Abneigungen ausdrücken	– *est-ce que* – *qu'est-ce que* – Zahlen bis 20		20
C	La fille sur le banc… Marie und Naïma machen eine Entdeckung.	– einen Vorschlag machen und annehmen/ablehnen	– *avoir*	**Stratégie :** Globales und selektives Hörverstehen	22
SUR PLACE	La présentation de Marie Marie führt durch ihr Stadtviertel.				25
LEÇON 3 La famille Laroche					26
ENTRÉE	Marie et sa famille Marie et son appartement	– die eigene Familie vorstellen – das Alter angeben	– Possessivbegleiter im Singular und Plural		27
A	Marie a un problème. Maries Eltern suchen eine größere Wohnung außerhalb von Paris.	– nach einer Sache/Tätigkeit/einem Ort/Grund fragen	– *prendre, comprendre* – Ergänzungsfragen: *pourquoi / où / quand est-ce que* – Imperativ		28
B	Marie téléphone à madame Dufour. Marie denkt sich eine Geschichte aus …	– über sich selbst sprechen: Name, Alter, Adresse, Familie, Freunde, Hobbys	– das direkte und indirekte Objekt – Stellung der Satzglieder im Aussagesatz – Zahlen bis 69	**Stratégie :** Sprechen: eine Szene vorspielen	31
SUR PLACE	La chambre d'une fille Eine BD				35

	Themen	Kommunikation	Grammatik	Methoden	Seite
RÉCRÉ 1					
PLAISIR DE LIRE	Une année en France	Feste und Traditionen im französischen Jahresablauf			36
RÉVISIONS	On fait des révisions.	Übungen zur Wiederholung			38
DELF	On prépare de DELF A1.	Vorbereitung auf die DELF-Prüfung			41
LEÇON 4 Au collège Anne Frank					42
ENTRÉE	Au CDI Non, je n'aime pas les pilotes !		– *dire, lire, écrire* – Verneinung mit *ne… pas*		43
A	Nicolas est malade ? Nicolas fühlt sich gar nicht wohl!	– nach der Uhrzeit fragen / die Uhrzeit angeben – eine Verabredung treffen – sagen, dass es einem nicht gut geht	– Verneinung mit *ne… plus* – Uhrzeit		44
B	L'interro de maths Nicolas' Freunde haben einen Verdacht.		– *futur composé* – indirekte Rede und Frage		47
C	Deux surprises pour Nicolas Nicolas wird erwischt.	– das Datum angeben – über die Schule sprechen	– *futur composé* verneint – *ne… pas de* – *ne… plus de* – Zahlen bis 1000	Stratégie : Sich leichter verständigen können	49
SUR PLACE	L'emploi du temps de Nicolas Ein Stundenplan Les cours de Zoé Szenen aus dem Unterricht Titeuf Eine BD				53
LEÇON 5 Une visite de Paris					54
ENTRÉE	Ça t'intéresse ? Je leur montre Paris !		– direkte Objektpronomen – indirekte Objektpronomen		55
A	La visite commence. Ein Rundgang durch Paris	– Begeisterung ausdrücken	– Verben auf *-ir*: *dormir, partir, sortir*		56
B	A Montmartre Yasmine lässt sich porträtieren.	– Gegenstände / Personen beschreiben – Widerspruch einlegen	– Adjektiv: regelmäßige Bildung		58
C	Aux Champs-Elysées Eine nette Überraschung für Naïma	– nach dem Weg fragen – den Weg beschreiben	– unregelmäßige Adjektive	Stratégie : Fehler vermeiden	60
SUR PLACE	Paris et ses chansons Zwei Chansons Yannick Noah Ein Porträt				63

INHALTSVERZEICHNIS

		Themen	Kommunikation	Grammatik	Methoden	Seite
LEÇON 6		**Les activités des jeunes**				**64**
ENTRÉE		Tu as répété ?	– über Aktivitäten sprechen	– faire *du/de la/de l'* – *passé composé* mit *avoir* – *répéter*		65
A		Répétion générale Krach bei der Generalprobe	– in der Vergangenheit erzählen – Absicht, Vorhaben ausdrücken	– *pouvoir* – *vouloir*		66
B		Au fond de la scène… Wer hätte das gedacht?	– Gefühle ausdrücken	– *passé composé* mit *être* – *voir* – *il faut*	**Stratégie :** Kreatives Schreiben	69
SUR PLACE		Que font les filles et les garçons ? Eine Statistik L'accordéon de Charles-Henry Eine BD				73
RÉCRÉ 2						
PLAISIR DE LIRE		Moi et les autres	Ein Romanauszug, ein Gedicht, ein Projekt			74
RÉVISIONS		On fait des révisions.	Übungen zur Wiederholung			76
DELF		On prépare de DELF A1.	Vorbereitung auf die DELF-Prüfung			79
LEÇON 7		**Les vêtements des jeunes**				**80**
ENTRÉE		Pour être à la mode	– über Farben und Kleidung sprechen	– Farbadjektive		81
A		Quels vêtements pour la fête ? Marie und Naïma kaufen sich etwas Besonderes …	– sagen, dass einem etwas gut gefällt – etwas auswählen, nach der Größe fragen	– die Demonstrativbegleiter *ce, cet, cette, ces* – die Interrogativbegleiter *quel, quelle, quels, quelles* – *acheter* – *essayer / payer*		82
B		Un nouveau look ? Naïma probiert ihr neues T-Shirt an.	– Bedenken äußern	– *beau, nouveau, vieux* – *mettre*		85
C		Je suis pour la paix ! Krach bei der Party	– etwas anbieten – jemandem Vorwürfe machen – sich lustig machen – Personen beschreiben	– das unverbundene Personalpronomen – *préférer*	**Stratégie :** Einen Text zusammenfassen	88
SUR PLACE		Test : Est-ce que tu fais attention à ton look ? Ein Test MC Solaar : « Victime de la mode » Ein Chanson				91

	Themen	Kommunikation	Grammatik	Methoden	Seite
LEÇON 8	**En Normandie**				**92**
ENTRÉE	Au marché de Honfleur	– Einkaufsgespräche führen	– der Teilungsartikel – Mengenangaben		93
A	Un week-end à Honfleur : le rêve ! Nicolas hat ein Problem.	– Einkaufsgespräche führen – über Probleme sprechen	– die Relativpronomen *qui, que, où* – *en* – *venir*		94
B	Joyeux anniversaire, mamie ! Das Geburtstagsfest von Nicolas' Großmutter	– Glückwünsche ausdrücken – ein Fest beschreiben – Sympathie/Antipathie ausdrücken	– die Verben auf *-dre* – *boire* – *manger* – *tout le, toute la, tous les, toutes les*	Stratégie : Einführung in die Wörterbucharbeit	97
SUR PLACE	La tarte aux pommes de Nicolas Ein Rezept Le premier gâteau de Cédric Eine BD				101
LEÇON 9	**Des vacances en Suisse**				**102**
ENTRÉE	Alors, on se lève ? On va bien s'amuser !		– die reflexiven Verben im Präsens		103
A	Marie raconte ses vacances. (1) Marie erzählt vom Ferienlager und von Schweizer Spezialitäten, …	– von etwas berichten – ausdrücken, was man tun muss	– Verwendung des Artikels bei Ländernamen – *devoir*		104
B	Marie raconte ses vacances. (2) … vom Rafting und von anstrengenden Wanderungen.	– erzählen, was man kann	– *savoir* – *ce qui, ce que*	Stratégie : Eine Postkarte schreiben	106
SUR PLACE	Astérix chez les Helvètes Eine BD				109
RÉCRÉ 3					
PLAISIR DE LIRE	Les Gaulois et les Romains	Die Römer und die Gallier			110
RÉVISIONS	On fait des révisions.	Übungen zur Wiederholung			112
DELF	On prépare le DELF A1.	Vorbereitung auf die DELF-Prüfung			115

VOCABULAIRE	**116**
LISTE DES MOTS (französisch-deutsch)	**152**
WORTLISTE (deutsch-französisch)	**162**
SOLUTIONS / Lösungen zu den Révision-Seiten	**168**
EN CLASSE / Pour faire les exercices du livre	**173**
DICTIONNAIRE (landeskundliches Lexikon)	**176**
Karte der Schweiz	180
Karte der Innenstadt von Paris	181
Karte des Quartier Bastille	181
Stadtplan von Paris	182
Metroplan	184

Erläuterungen

S 5	Schüler-CD	Der Text bzw. die Übung ist auf einer Schüler-CD zu hören. Die Ziffer verweist auf die Tracknummer. Die Lektionen 1–5 sind auf der CD 1, die Lektionen 6–9 auf der CD 2.
L 11	Lehrer-CD	Der Text bzw. die Übung ist auf der Lehrer-CD zu hören. Die Ziffer verweist auf die Tracknummer.
	Schriftliche Übung	Diese Übungen sollt ihr schriftlich machen.
	Partnerarbeit	Hier arbeitet ihr mit eurem Sitznachbarn zusammen.
	Gruppenarbeit	An dieser Stelle bietet sich Gruppenarbeit an.
	Fakultativ	Das Männchen zeigt, dass die betreffende Einheit oder Übung behandelt werden kann, aber nicht muss.
	Entdeckendes Lernen	Hier könnt ihr Inhalte selbstständig erarbeiten.
	Dossier	Besonders gelungene Arbeiten könnt ihr in einer eigens dafür angelegten Mappe abheften.
▼	Dreieck bei einem Wort	Informationen zu diesen Begriffen könnt ihr im landeskundlichen Lexikon nachschlagen.
	Internet	Hier könnt ihr im Internet auf Informationssuche gehen.
§	Grammatik-Paragraf	Der jeweilige Paragraf ist ein Verweis auf das entsprechende Grammatikkapitel im Grammatischen Beiheft.

Herzlich willkommen, *chers élèves,* **liebe Schülerinnen und Schüler.**

Wart ihr schon einmal in Paris? Möchtet ihr wissen, wie der Schulalltag junger Franzosen eures Alters aussieht, wie sie ihre Freizeit verbringen, was sie bewegt, was bei ihnen „in" ist?

Julien, Naïma, Nicolas und Marie
nehmen euch mit auf eine unterhaltsame Entdeckungsreise:
Begleitet sie in die Schule oder zum Theaterkurs, zum „Shoppen" oder auf eine Party und fahrt mit ihnen in die Normandie und in die Schweiz. Ärger mit Eltern und Lehrern, Liebeskummer oder gar kleine Intrigen bleiben auch ihnen nicht erspart.

Noch ein Tipp, bevor es losgeht: Blättert durch den *Cours intensif* und seht euch an, was euch das Lehrbuch außer Texten, Übungen und dem Vokabelteil noch alles bietet:
– ein ausführliches **Inhaltsverzeichnis**, damit ihr schnell findet, was ihr sucht
– ein **landeskundliches Lexikon** mit vielen Informationen zu Frankreich und den Franzosen
– ein **alphabetisches französisch-deutsches** und **deutsch-französisches Wörterverzeichnis**
  zum Nachschlagen.

Nach den Lektionen 3, 6 und 9 könnt ihr in den **Récré-Phasen** eine kleine Verschnaufpause einlegen. Ihr findet dort interessante Texte zum **Lesen**, **Wiederholungsübungen** mit Lösungen und die Möglichkeit, euch auf die **DELF-Prüfung**, eine international anerkannte Abschlussprüfung für die französische Sprache, vorzubereiten.

Viel Freude und Erfolg beim Französischlernen!

Leçon 1 — Bienvenue à Paris !

L1 a) Schaut euch die Fotos an und hört anschließend die Dialoge. ► ECOUTER
Ordnet dann die Fotos den Dialogen zu. Hört die Dialoge ein zweites Mal.
Welche französischen Wörter habt ihr erkannt?

b) Welche französischen Wörter kennt ihr sonst noch?

c) Erstellt ein Poster mit weiteren französischen Wörtern und Namen,
die ihr in Zeitschriften, auf Verpackungen usw. findet.

LEÇON 1

Voilà Marie et Naïma.

Salut, Naïma. Ça va?

Salut, Marie. Oui, ça va bien. Et toi?

Oui, ça va, merci.

Marie und Naïma begrüßen sich mit einem Küsschen auf die Wange, auf Französisch „la bise" genannt. Wie begrüßt ihr euch denn?

MARIE

NAÏMA

Et voilà Julien et Nicolas.

Salut... Tu t'appelles comment?

Je m'appelle Nicolas. Et toi?

Moi, je suis Julien.

JULIEN

NICOLAS

A VOUS. (Jetzt seid ihr dran.) Begrüßt euch gegenseitig und stellt euch vor. Wenn ihr wollt, wählt aus der Liste auf Seite 121 einen französischen Vornamen aus.   ▶ PARLER

| LEÇON 1 | ENTRÉE | TEXTE A | ATELIER | SUR PLACE |

Le cours de théâtre

1 Voilà le Théâtre de l'Epouvantail à Paris.
Marie et Naïma sont déjà là.

| Marie : | Le monsieur, là, qui est-ce ? |
| Naïma : | C'est l'animateur, monsieur Rollin. |
5 | Marie : | Il est cool ! |
M. Rollin :	Bonjour, vous êtes là pour le cours de théâtre ?
Naïma :	Oui.
M. Rollin :	Alors, bienvenue !
10		Je m'appelle Eric Rollin.
Marie :	Moi, je suis Marie.
M. Rollin :	Et toi, tu es la copine de Marie ?
Naïma :	Oui. Je m'appelle Naïma.
M. Rollin :	Bien. Euh… où sont les garçons ?

15 **2** Voilà Nicolas et Julien.

M. Rollin :	Ah ! Bonjour, les garçons. Je suis Eric Rollin, l'animateur.
Nicolas :	Bonjour, monsieur.
M. Rollin :	Tu es Julien ?
20	Nicolas :	Non. Moi, c'est Nicolas.
Julien :	Julien, c'est moi !
M. Rollin :	Et voilà les filles, Marie et Naïma. Elles sont aussi là pour le cours.
Naïma et
25	Marie :	Salut, les garçons.
Julien et
Nicolas :	Salut !
Marie
(à Naïma) :	Ils sont super, les garçons.

30 **3**

M. Rollin :	Et maintenant… vous êtes les acteurs.
Naïma :	Génial ! Nous sommes les stars.
Marie :	Oui, et moi, je suis la superstar.
Nicolas
35	(à Julien) :	Elle est la superstar ? Pff…
M. Rollin :	Alors, on y va !

1 Non, c'est…

a) Posez des questions et répondez.
(Stellt Fragen und antwortet.)

1. – Qui est-ce ? C'est monsieur Rollin ?
   – **Oui,** c'est monsieur Rollin.

2. – Qui est-ce ? C'est Marie ?
   – **Non,** c'est…

 1 Monsieur Rollin ?

 2 Marie ?

3 Julien ? 4 Naïma ? 5 Nicolas ? 6 Monsieur Rollin ?

 b) **A vous.** Bringt ein Foto von eurem „Superstar" mit, zeigt einen Ausschnitt und fragt: ▶ PARLER
– Qui est-ce ?   – C'est Zinedine Zidane ? – Oui, c'est Zinedine Zidane.

2 A propos du texte   ▶ LIRE

a) Qu'est-ce qui va ensemble ?
(Was passt zusammen?)

1. Le théâtre
2. Marie et Naïma
3. Monsieur Rollin
4. Naïma
5. Les garçons
6. Marie

a) sont déjà là.
f) est la superstar.
b) sont super.
c) est l'animateur.
d) est à Paris.
e) est la copine de Marie.

b) Zeig deinem Nachbarn irgendein Foto aus dem Text. Er oder sie muss fünf Sätze dazu bilden. ▶ PARLER

3 Les filles et les garçons   §2

a) Formez le singulier (Bildet den Singular.)
avec **le / la / l'**.
Exemple (Beispiel) : **les** théâtres → **le** théâtre

les copines   les animateurs   les garçons
les acteurs   les cours   les filles   les stars

b) Complétez les phrases. (Vervollständigt die Sätze.)

1. Voilà ■ de l'Epouvantail. 2. Naïma est ■ de Marie. 3. Elles sont là pour ■. 4. Je m'appelle Eric Rollin. Je suis ■. 5. Bienvenue les garçons et ■ ! 6. Maintenant, vous êtes ■.

4 Le théâtre est super.   §3

a) Vervollständigt die Formen von **être** und ordnet sie den Pronomen zu.

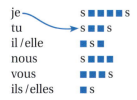

je   s ■ ■ ■ ■ s
tu   s ■ ■ s
il / elle ■ s ■
nous   s ■ ■ ■
vous   ■ ■ ■ s
ils / elles ■ s

b) Bildet sechs Sätze mit **être**. Verwendet dabei die Pronomen, z. B.: **Je** suis la star.

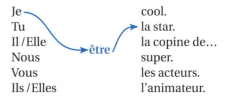

Je — cool.
Tu — la star.
Il / Elle — la copine de…
Nous — être — super.
Vous — les acteurs.
Ils / Elles — l'animateur.

| LEÇON 1 | ENTRÉE | TEXTE B | ATELIER | SUR PLACE |

A vous, les acteurs.

Avant la lecture Bevor ihr den Text lest, schaut euch die Stratégie 2 auf Seite 13 an.

1 Monsieur Rollin et les acteurs regardent la scène. Sur la scène, il y a une table. Et sur la table, il y a une lettre avec des photos.

5 M. Rollin : Maintenant, c'est à vous. D'abord, vous cherchez des idées.
   Nicolas : Euh… ce sont peut-être les photos d'une fête !
   Marie : Et la lettre, c'est une invitation…
10 Naïma : … pour un concert de MC Solaar▾.
   Julien : Ou pour un match de foot, Paris – Marseille.
   M. Rollin : C'est bien, les jeunes. On continue ?
   Naïma : Bien sûr !
15 M. Rollin : Maintenant, Nicolas et Marie imaginent une histoire. Et nous, nous regardons !
   Marie : Quoi ? Déjà ?
   M. Rollin : Mais oui ! Tu es une star – oui ou non ?

2 Nicolas et Marie montent sur la scène et jouent.
20 Nicolas regarde la lettre et Marie demande :

   Marie : C'est une lettre de Julien ?
   Nicolas : Non, c'est une lettre de Théo. Demain, il organise une fête et il invite des copains.
25 Marie : Super ! J'aime les fêtes, la musique, la danse…
   Nicolas : … et tu aimes aussi les garçons, non ?
   Marie : Pff…
   Nicolas : Théo invite aussi une star.
   Marie : Mais c'est génial ! Qui est-ce ?
30 Nicolas : La star ?… Mais c'est toi, Marie.
   Naïma,
   Julien : Bravo !
   M. Rollin : Très bien, merci ! Bon, Julien et Naïma, à vous maintenant !

35 **3** Une heure après, les jeunes quittent le théâtre.

   Marie : Le cours est super, non ?
   Naïma : Oui, et l'animateur aussi.
   Julien : Ah oui ?
40 Nicolas : Salut, les filles. Salut, Julien.
   Marie,
   Julien,
   Naïma : Salut !

| ENTRÉE | TEXTE | ATELIER B | SUR PLACE | LEÇON 1 |

1 A propos du texte

▶ LIRE

a) Lisez le texte et complétez les phrases. (Lest den Text und …)

1. Sur ■, il y a une table.
2. Et sur ■, il y a une lettre avec ■.
3. Les acteurs cherchent ■.
4. ■, c'est peut-être ■.
5. Nicolas et Marie imaginent ■.
6. Nicolas ■ la lettre.
7. Marie ■ les fêtes, ■ et la danse.
8. ■ après, les jeunes ■ le théâtre.

b) Lernt den Text B mit verteilten Rollen auswendig. Spielt ihn dann nach.
(Wenn ihr wollt, könnt ihr euch auch eine Szene für Julien und Naïma ausdenken.)

▶ PARLER

2 Stratégie – Wörter erschließen

! Im Französischen gibt es Wörter, die ihr aus dem Deutschen, Englischen, Lateinischen oder aus anderen Sprachen erschließen könnt. Achtet aber auf einige Besonderheiten:

• die Aussprache:	• die Schreibung:	• den Artikel:
un **s**an**d**wich,	un cou**rs**,	**une** star,
un **b**on**b**on,	la ma**man**,	**une** photo,
une limona**d**e	une fê**te**	**la** salade

Lernt immer den Artikel mit!

A vous. Welche Wörter aus Lektion 1 könnt ihr aus anderen Sprachen erschließen? Erstellt eine Liste.

Französisch	Deutsch	Englisch	Latein
le théâtre	das Theater	theatre	theatrum
la star	der Star	star	astrum

3 La table de Marie

§ 4

Complétez avec **un / une / des**.

1. – Voilà **une** table.
   – C'est **la** table de Naïma.

2. – Voilà **des** photos.
   – Ce sont **les** photos de Marie.

Naïma

Marie

Julien

Nicolas

monsieur Rollin

Théo

4 Jeu de sons

a) Ecoutez et répétez. (Hört zu und sprecht nach.)

[ɛ̃]	[õ]	[ã]	[R]
Dem**ain**, j'**in**vite un cop**ain**, Eric Roll**in**.	B**on**jour les garç**on**s, **on** m**on**te ?	Mainten**ant**, Julien dem**an**de : « Comm**ent** ça va ? »	Voilà une histoi**r**e avec une supersta**r** : c'est MC Solaa**r**.

b) Sucht in den Texten alle Wörter, die die Nasale [õ], [ɛ̃] oder [ã] enthalten.
Welche Besonderheiten fallen euch bei der Schreibung auf?

TREIZE 13

5 Naïma et Julien continuent…

§ 5

Complétez les phrases dans votre cahier (… in eurem Heft).

M. Rollin : Julien et Naïma, nous (continuer). Vous (imaginer) aussi une histoire et après, vous (jouer).

Naïma et Julien (monter) sur la scène.

Naïma : Julien, je (chercher) la lettre de Sophie.
Julien : Elle est là, sur la table.
Naïma (regarder) la lettre et (demander) :

Julien, tu (aimer) le foot, non ?
Julien : Euh, oui.
Naïma : Demain, Sandrine (organiser) un match de foot…
Julien : Ah, super ! Elle (inviter) aussi Eric, Théo et Farid ? Je (aimer) les matchs filles – garçons !
Naïma : Euh… non. C'est un match avec des filles.
Julien : Quoi ? Et les garçons, alors ?

6 On dit – Bonjour ! Au revoir !

▶ PARLER

!	So begrüßt man sich:	So fragt man, wie es jemandem geht und so antwortet man:	So verabschiedet man sich:
	Bonjour, madame/monsieur/ mademoiselle/ les filles/les garçons. Bonjour ! Salut, Nicolas. Salut !	Ça va ? (Oui,) ça va (bien), merci. Bof !	Au revoir, madame. monsieur. mademoiselle. Marie. Au revoir ! Salut, Naïma. Salut !

Regardez les photos et jouez les scènes.

7 Salut, Marie.

▶ ECOUTER

L 5

Ihr hört drei Gespräche. Übertragt die Tabelle in euer Heft und füllt sie beim Hören aus.

a) Notiert in der Tabelle, ob sich die Personen begrüßen, vorstellen oder verabschieden.

b) Hört euch die drei Szenen noch einmal an und gebt an, wo die Gespräche stattfinden.

c) Wer sind die Personen?

Szene	Begrüßung	Vorstellung	Verabschiedung	Wo?	Wer?
1					
2					
3					

| ENTRÉE | TEXTE | ATELIER | SUR PLACE | LEÇON 1 |

PAGE FACULTATIVE

Une pièce de théâtre

a) Dies ist ein Original-Theaterplakat, das ihr mit Hilfe bereits gelernter Sprachen schon nach der ersten Lektion verstehen könnt.

1. Welche Wörter erkennt ihr?
2. Wie heißt das Theater?
3. Wo befindet es sich?
4. Ist das Stück lustig oder traurig?
5. Wer hat es geschrieben?
6. Welche Schauspieler besetzen die männlichen bzw. weiblichen Rollen?
7. Wer führt Regie?
8. Welche U-Bahnstationen liegen in der Nähe des Theaters? Sucht sie auf der Seite 184.

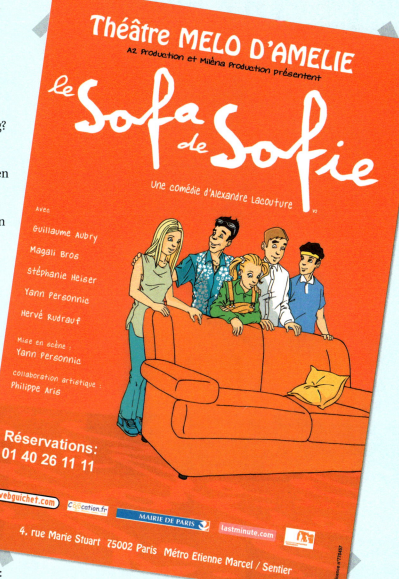

b) Lest euch die Inhaltsangabe durch: Worum geht es in dem Theaterstück?

> **Une comédie pleine de surprises…**
> Blanche, Noémie, Dimitri et Franck résident ensemble dans un appartement à Paris. Mais Dimitri veut quitter l'appartement pour vivre avec sa copine Sofie. Alors Blanche, Noémie et Franck commencent à chercher : qui va être le nouveau dans l'appartement ?

c) Denkt euch den Titel eines französischen Stücks aus und entwerft ein eigenes Plakat.

QUINZE 15

Leçon 2 — Dans le quartier Bastille

les magasins dans la rue Bréguet

le collège Anne Frank

la place de la Bastille avec l'opéra

le marché d'Aligre

le cinéma Bastille

les blocks de Bercy avec les stars du skate

la Maison des Jeunes et de la Culture (la MJC)

a) Welche Vokabeln kennt ihr schon aus dem Englischen oder Deutschen?

b) Hört euch die sieben Szenen an und ordnet sie den Fotos zu. ▶ ECOUTER
Exemple :
Scène 1 : c'est… / ce sont…

Auf welchen Fotos könnt ihr erkennen, dass sie in Frankreich aufgenommen wurden?

Samedi matin

Samedi matin, Marie et Naïma vont à la MJC.

Naïma : Marie, là, c'est Julien, non ?
Marie : Ah oui !
Julien : Salut, les filles ! Ça va ? Vous allez où ?
5 Marie : Salut, Julien. Nous allons à la MJC.
Naïma : Moi, je vais au cours de danse et Marie va à l'atelier photo. Et toi, tu vas où ?
Julien : Je vais chez Nicolas : on va aux blocks de Bercy. Pour le skate, c'est génial !

a) Sucht die Formen von **aller** mit den entsprechenden Personalpronomen heraus.

b) Woraus setzen sich **au** und **aux** zusammen? Wann gebraucht man die Präposition **chez**?

aller
- à la MJC
- à l'atelier photo
- au cours de danse
- aux blocks de Bercy
- chez un copain / Nicolas

c) Faites des dialogues (Bildet Dialoge …) avec **aller** + **à / chez**.

Exemple :
– Tu vas où ? / Vous allez où ?
– Je vais… / On va… / Nous allons au marché. Et toi ?

les cours de la MJC | le marché ✓ | la MJC
l'opéra | le théâtre | le collège Anne Frank
les blocks de Bercy | monsieur et madame Rollin
le cinéma | l'animateur | Marie | la maison

Les photos

Julien : C'est comment, l'atelier photo ?
Marie : C'est super ! Tiens, ce sont des photos du quartier.
Marie montre une photo **du** théâtre de l'Epouvantail,
5 une photo **de la** place d'Aligre,
une photo **de l'**opéra et
une photo **des** magasins du quartier.

a) Woraus setzen sich **du** und **des** zusammen?

b) Faites des dialogues.
Exemple : – Voilà une photo des copains.
– Et là, c'est une photo…

l'animateur Eric Rollin | le marché d'Aligre
les magasins | la rue Bréguet | les copains ✓
le quartier Bastille | le concert de MC Solaar
la MJC | le cinéma | l'opéra | la fête de Marie

L'après-midi des copains

1 A midi, Marie et Naïma quittent la MJC.

Naïma : Bon, je rentre à la maison.
Après, on fait les devoirs ensemble ?
Marie : Les devoirs ? Ah non, aujourd'hui,
c'est samedi. Je vais aux blocks de Bercy.
Naïma : Tiens… tu aimes le skate maintenant ?
Marie : Non, je fais des photos…
Naïma : … de Julien ?
Marie : Euh… de Julien aussi. Il est sympa, non ?
Naïma : Oui, il est cool…
Marie : Alors, on va ensemble à Bercy ?
Naïma : D'accord.

2 Dans l'après-midi, les filles vont aux blocks de Bercy. Julien et Nicolas sont déjà là.

Nicolas : Ah ! Salut, les filles ! Vous aimez aussi le skate ?
Naïma : Oui. Moi, j'aime ça ! On y va, Nicolas ?
Nicolas : D'accord. Et toi, Marie ?
Marie : Moi, je fais des photos du quartier, des blocks…
Julien : Ah, c'est pour l'atelier photo ! Marie, tu es la star du théâtre… mais aussi de la MJC !

Julien et Marie rigolent et regardent Nicolas et Naïma : ils font des figures comme les stars !

3 A trois heures, une fille arrive.
C'est Zoé, une copine de Julien.

Julien : Ah, voilà Zoé… Alors les copains, vous faites une pause ?
Nicolas : Ah non Julien, on continue !
Julien : Bon, d'accord. Alors, Zoé et moi, nous faisons un tour dans le quartier. Salut !
Marie : Bon… Salut !

4 Julien et Zoé quittent les blocks.
Marie reste là…

Marie : Bon, on rentre à la maison, Naïma ?
Naïma : Quoi, déjà ? Tu fais la tête ?
Marie : Non, mais… Zoé, c'est **une** copine ou **la** copine de Julien ?
Naïma : Euh… ils sont ensemble, non ?…
Bon, je continue encore un peu avec Nicolas et après, on rentre. D'accord ?

1 A propos du texte
▶ LIRE

Formez les phrases qui résument le texte. (Bildet die Sätze, die den Text zusammenfassen.)
Contrôlez votre résultat (Überprüft euer Ergebnis.) : A + B + C = 12

A
1. A midi, Marie et Naïma
2. Après, elles
3. Nicolas et Julien
4. Marie et Julien
5. Naïma et Nicolas
6. A trois heures, Zoé
7. Elle
8. Zoé et Julien
9. Et Marie ? Elle

B
9. vont
5. font des figures
2. font un tour
7. rentrent
5. sont
4. est peut-être la copine
4. rigolent
1. reste
3. arrive

C
1. aux blocks de Bercy.
1. de Julien.
4. déjà là.
2. comme les stars.
4. et regardent Nicolas et Naïma.
2. dans le quartier.
4. à la maison.
2. là…
3. aux blocks.

2 Tu fais déjà une pause ?
§§ 7, 8

Complétez avec faire (= ■) et du / de la / de l' / des (= ■).

1. Marie ■ des photos ■ théâtre de l'Epouvantail, ■ acteurs et ■ animateur, monsieur Rollin.
2. Après, elle ■ des photos ■ quartier Bastille, ■ opéra et ■ blocks de Bercy.
3. Marie : Bravo, Naïma et Nicolas. Vous ■ des figures comme des stars !
4. Nicolas : Bon, nous ■ une pause maintenant ?
5. Naïma : D'accord. Et après, on ■ un match de foot !
6. Zoé et Julien ■ un tour dans le quartier Bastille.
7. Naïma : Marie, tu ■ la tête ?
8. Marie : Non, mais je rentre maintenant. Je ■ les devoirs à la maison.
9. Nicolas : Marie et Naïma, demain je ■ une fête. Voilà une invitation.
10. Naïma : Merci, Nicolas, c'est super ! Moi, je ■ des photos ■ fête.

3 Vous allez où ?
§§ 6, 7

Complétez avec aller et au / à la / à l' / aux / chez.   Exemple : – Marie, tu vas où ? – Je vais au cinéma.

– Vous ■ où ?
– Nous ■ ■ blocks de Bercy.

– Tu ■ où ?
– Je ■ ■ fête de Zoé.

– Vous ■ où ?
– Nous ■ ■ un copain.

Marie, Naïma et Nicolas ■ ■ collège Anne Frank.

Là, c'est monsieur Rollin.
Il ■ ■ théâtre de l'Epouvantail.

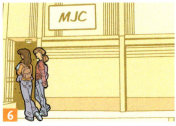
Marie ■ ■ atelier photo et
Naïma ■ ■ cours de danse.

| LEÇON 2 | ENTRÉE | TEXTE B | ATELIER B | SUR PLACE |

Est-ce qu'on va au cinéma ?

S 19

1 Une heure après, Naïma, Nicolas et Marie sont encore aux blocks de Bercy.

Marie : Bon, on y va maintenant ?
Nicolas : D'accord. Qu'est-ce qu'on fait ?
5 Est-ce qu'on va au cinéma ?
Naïma : Qu'est-ce qu'il y a au cinéma aujourd'hui ?
Nicolas : A cinq heures, il y a « Shrek 2 » au cinéma Bastille.
10 Marie : Ah oui ? Bof…

2 Tout à coup, le portable de Nicolas sonne.

Nicolas : 06 14 20 11 19 ? Ah, c'est un message de Julien !
Marie : Qu'est-ce qu'il y a ?
15 Nicolas : « Shrek 2 au ciné Bastille ! Rendez-vous à cinq heures avec Marie et Naïma ? »
Nicolas : Bon, est-ce que vous êtes d'accord, les filles ?
Marie : Oui, c'est une super idée de Julien.
20 Naïma : Alors on y va !

3 Marie, Naïma et Nicolas quittent les blocks de Bercy et vont dans le quartier Bastille. Aujourd'hui, les gens du quartier font les courses dans les magasins de la rue Bréguet ou ils vont 25 au marché d'Aligre. Les jeunes discutent sur les bancs du square Trousseau. Et les trois copains font un tour dans la rue de la Roquette. Là, il y a des falafels, des pizzas, des crêpes… Mmh !

1 A propos du texte   ▶ LIRE

a) Faites des phrases.

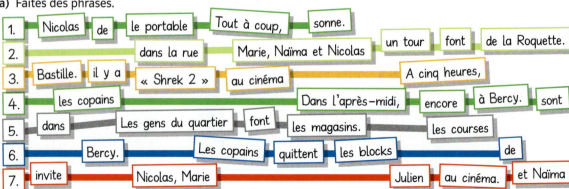

b) Puis mettez les phrases dans le bon ordre. (Setzt … in die richtige Reihenfolge.)

2 Une invitation de Malika

Malika et Nicolas sont au collège Anne Frank. Ils discutent.

Complétez avec **est-ce que / qu'** ou **qu'est-ce que / qu'**.

1. Nicolas : Salut, Malika. ■ tu rentres à la maison ?
2. Malika : Oui. Et toi, ■ tu fais ?
3. Nicolas : Je rentre aussi. ■ on fait un tour dans le quartier demain ?
4. Malika : Oui. ■ on va au square Trousseau ?
5. Nicolas : D'accord. Et ■ tu fais samedi ?
6. Malika : Samedi, je vais au cinéma. Et toi, ■ tu vas aux blocks de Bercy ?
7. Nicolas : Euh… non. ■ il y a au cinéma samedi ?
8. Malika : Il y a un film avec Audrey Tautou▾. ■ on va au ciné ensemble ?

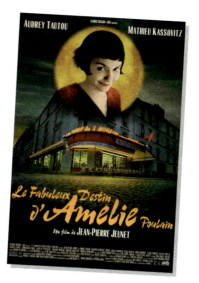

3 Jeu de nombres (Spiel mit Zahlen)

a) Schüler A : **Un.**
Schüler B : **Deux.**
Schüler A : **Trois.**

Continuez.

1, 2, ■, 4, ■, 6, 7, ■, 9, ■, 11, 12, ■, 14, 15, 16, ■, 18, 19, ■

20, 18, ■, 14, ■, 10, 8, ■, 4, ■, 0

20, 19, ■, 17, 16, 15, ■, 13, 12, ■, 10, ■, 8, 7, 6, 5, ■, 3, 2, 1, ■

b) Ecoutez et écrivez. (Hört zu und schreibt.)   Exemple : 2, 7…   ▶ ECOUTER

4 Les copains de Julien   ▶ ECOUTER

Sur le portable de Julien, il y a quatre messages.

Ecoutez les messages et complétez le tableau (Tabelle) dans votre cahier.

	Message 1 :	
Qui ?	Eric	…
Il /Elle demande :	faire les devoirs ensemble ?	…
Le numéro de téléphone :	06 12…	

5 On dit – On fait un match ?   ▶ PARLER

> **!** So könnt ihr etwas vorschlagen und ausdrücken, ob ihr zu etwas Lust habt oder nicht.
>
> Est-ce qu'on va au cinéma ?
> 🙂 C'est une super idée !
> D'accord ! Pourquoi pas ?
>
> Est-ce qu'on fait un match de foot ?
> 🙁 Un match de foot ? Bof.
> Un match de foot ? Ah non !

A vous. Du möchtest dich mit deinem/er Freund/in für Samstag verabreden. Denkt euch einen Dialog aus und spielt ihn der Klasse vor.

LEÇON 2 — TEXTE C

La fille sur le banc…

1 A cinq heures, Marie, Naïma et Nicolas ont rendez-vous avec Julien au cinéma Bastille. Julien a déjà les billets.

Nicolas : Mais on est cinq. Que fait Zoé ?
Julien :   Zoé ? Elle est dans un magasin de la rue Bréguet.
Marie :   Ah ?
Julien :   Oui, elle fait la tête.
Naïma :   Mais pourquoi ?
Julien :   Parce que moi, je déteste les magasins !
Nicolas : Tu as raison ! Les filles restent toujours des heures dans les magasins. C'est nul.
Marie :   Ha, ha…
Naïma :   Bon, on y va, le film commence !

Pendant le film, les amis rigolent beaucoup. « Shrek 2 », c'est génial !

2 Après le film, ils discutent devant le cinéma.

Marie :   Alors, est-ce que vous avez des projets pour demain ?
Naïma :   Oui, j'ai rendez-vous avec une amie.
Nicolas : Moi, je reste à la maison. Lundi, nous avons une interro d'allemand.
Marie :   Et toi, Julien, qu'est-ce que tu fais ?
Julien : Moi ? Euh…
Marie :   Moi, demain, je commence le skate ! Et je cherche un prof…
Julien : Tiens, tiens… Alors bon courage !
Naïma :   Bon, Marie, on rentre maintenant !
Marie :   Salut, les garçons !

3 Peu après, Marie et Naïma sont devant le square Trousseau.

Naïma : Ça va, Marie ?
Marie : Bof.
Naïma : Alors, c'est sûr ? Tu commences le skate ?

Marie : Et pourquoi pas ? Je fais…
Naïma : Marie ! Là, sur le banc, c'est Zoé, non ?
Marie : Mais oui… et elle est avec un garçon !

| ENTRÉE | TEXTE | ATELIER C | SUR PLACE | LEÇON 2 |

1 A propos du texte ▶ LIRE

a) Corrigez les fautes. (Verbessert die Fehler.)

1. Marie, Naïma et Nicolas ont rendez-vous avec Julien à Bercy. 2. Zoé est dans les magasins de la rue Trousseau. 3. Julien aime aussi les magasins. 4. Julien, Nicolas, Naïma et Zoé vont au cinéma. 5. Au cinéma, il y a « Shrek 3 ». 6. Après le film, les copains discutent dans le square Trousseau. 7. Lundi, Julien a une interro d'allemand. 8. Marie cherche un prof de danse. 9. Dans le square Trousseau, sur un banc, il y a Zoé et Julien.

b) Qui est le garçon avec Zoé ? Imaginez une histoire. ▶ ECRIRE

2 Vous avez des projets ? §11

Au collège Anne Frank, les jeunes discutent.

Complétez le texte avec les formes du verbe avoir.

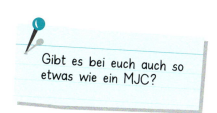

Gibt es bei euch auch so etwas wie ein MJC?

Malika : Moi, samedi, j'■ un cours de danse. Et toi, Eric ? Est-ce que tu ■ des projets pour samedi ?

Eric : Oui. J'■ une invitation pour un concert de Kyo▾. Et toi, Marie ?

Marie : Naïma et moi, nous ■ un atelier à la MJC. Et après, on ■ rendez-vous avec Julien et Nicolas. Il y ■ une fête chez Zoé.

Mme Lebœuf : Mais d'abord, vous ■ des devoirs pour lundi.

Eric : Ah oui. Les profs, ils ■ toujours raison…

3 Stratégie – Hörverstehen ▶ ECOUTER

! Wenn ihr einen französischen Text hört, ist es am Anfang ganz normal, dass ihr nicht sofort alle Einzelheiten versteht. Vieles erschließt sich erst beim zweiten oder dritten Zuhören.
- Versucht beim **ersten Hören** nur herauszufinden, wer spricht und wo / in welcher Situation sich die Personen befinden. Achtet dabei auf Hintergrundgeräusche und bekannte Wörter.
- Konzentriert euch beim **zweiten** und **dritten Hören** auf Einzelheiten: Worüber sprechen die Personen?

| **Première écoute** (= Erstes Hören) | → | Qui discute ? Où ? |

| **Deuxième écoute** (= Zweites Hören) Vrai ou faux? Si c'est faux, corrigez la phrase dans votre cahier. (Verbessert die falschen Aussagen in eurem Heft.) | → | 1. Julien aime le rap. 2. Félix est le copain de Zoé. 3. Félix est une star de la danse. 4. Marie et Naïma restent à la maison. |

4 Jeu de sons

Ecoutez et lisez. (Hört und lest.)

[s]	[z]	[ʒ]	[ʃ]
Samedi **s**oir. **C**écile **S**ouvras di**s**cute **s**ur la **s**cène avec **s**ept **s**uper**s**tars ! **C**'est **s**ympa, bien **s**ûr.	– **Z**azie et **Z**oé, vou**s** aimez la mu**s**ique ? – Non, nou**s** aimons les maga**s**ins et les pau**s**es.	C'est **g**énial : Au**j**ourd'hui, les **j**eunes du collè**g**e **j**ouent dé**j**à à la MJC. Bon coura**g**e !	Après le mat**ch**, **Ch**arles et **Ch**arlotte **ch**er**ch**ent le mar**ch**é d'Aligre.

⚠ Au**j**ourd'hui, **C**écile et **Z**azie **j**ouent devant le collè**g**e avec **Ch**arles et **Ch**arlotte. **C**'est **g**énial !

5 Un champ lexical (ein Wortfeld) ▶ ECRIRE

a) Erstellt ein Wortfeld zum Thema „le quartier". Schreibt „le quartier" als Oberbegriff in die Mitte. Schreibt die dazugehörigen Wörter um den Oberbegriff herum.

b) Benutzt so viele Wörter wie möglich aus dem Wortfeld und schreibt einen kleinen Text (mindestens sechs Sätze) über eure Wohngegend oder über das quartier Bastille.

6 On dit – J'aime ou je déteste ▶ PARLER

! So könnt ihr ausdrücken, dass ihr etwas mögt oder nicht mögt.

Est-ce que tu aimes les fêtes ? / Tu aimes les fêtes ?

Oui, j'aime les fêtes !
Les fêtes, c'est génial / super / cool / sympa.

Bof !
Les fêtes, c'est nul.
Je déteste les fêtes.
Les fêtes ? Ah non !

A vous. Est-ce que tu aimes… les concerts, les fêtes, la danse, le collège, la musique, le théâtre, les magasins, les matchs de foot

7 Les devoirs de Nicolas §§ 6, 7, 8, 9, 11

Marie est chez Naïma. Tout à coup, le portable de Marie sonne. C'est Nicolas.

Complétez les phrases dans votre cahier. ■ = est-ce que / qu'est-ce que

1. Nicolas : Salut, Marie, ■ tu ■ ? — faire
2. Marie : Salut, Nicolas. Naïma et moi, nous ■ des devoirs. Après, — faire
   nous ■ ■ Sophie, une copine. — aller + à / chez
3. Nicolas : Vous ■ une interro demain ? — avoir
4. Marie : Oui, nous ■ une interro — avoir
   d'allemand. Et toi ? ■ tu ■ ■ — aller + à / chez
   blocks de Bercy ?
5. Nicolas : Non. Je cherche des photos pour Lukas, un copain de Berlin. Euh… Marie,
   ■ tu ■ une photo ■ collège ? — avoir + de + article
6. Marie : Non. Mais demain, je ■ atelier photo et — aller + à / chez
   on ■ des photos ■ quartier. — faire + de + article
7. Nicolas : Alors ■ tu ■ une photo — faire
   ■ collège pour moi ? + de + article
8. Marie : Bien sûr.

8 En français – Dans un square à Berlin ▶ PARLER

Mia und Lisa treffen in Berlin eine Gruppe junger Franzosen. Lisa kann kein Französisch, Mia übersetzt für sie.

Bereitet das Gespräch zu dritt kurz vor: es geht nicht darum wörtlich zu übersetzen, sondern die Inhalte so gut ihr könnt zu übertragen. Spielt dann die Szene.

Lisa :	Schau mal Mia, der Junge da sieht ja echt nett aus. Frag ihn doch mal, wie er heißt.	Mia : …
Nicolas :	Je suis Nicolas.	Mia : …
Lisa :	Stellst du uns bitte auch vor? Ist er aus Paris? Was macht er denn hier?	Mia : …
Nicolas :	Oui, je suis de Paris. Mes copains et moi, nous sommes à Berlin avec le collège.	Mia : … Mia : …
Lisa :	Mag er Berlin?	
Nicolas :	Oui, c'est super.	Mia : …
Lisa :	Was macht er denn morgen? Wir können zusammen einen Spaziergang durchs Stadtviertel machen.	Mia : … Mia : …
Nicolas :	C'est une super idée !	Mia : …
Lisa :	Dann mach doch ein Treffen mit ihm morgen um 5 Uhr in der Grünanlage aus.	Mia : …
Nicolas :	D'accord. Salut !	

| ENTRÉE | TEXTE | ATELIER | **SUR PLACE** | **LEÇON 2** |

La présentation de Marie

PAGE FACULTATIVE

Pour l'atelier photo de la MJC, Marie fait une présentation du quartier Bastille sur l'ordinateur[1].

1

La Bastille en 1789

2

Le square Trousseau, c'est génial pour le ping-pong[2] !

3

La boulangerie[3] de la rue de Cotte[4]. Mmh !

4

La promenade plantée[5], c'est super, le mercredi !

5

Le magasin de BD[6] dans la rue Trousseau. C'est cool !

6

Le cinéma Bastille, c'est sympa avec les copains… Moi, j'♥ le quartier Bastille !

◉ Regardez et écoutez la présentation de Marie. Qu'est-ce qu'elle fait dans le quartier ?   ▶ ECOUTER

A vous. Vous faites une présentation de votre (eurer) ville ou de votre quartier. Regardez d'abord le champ lexical de l'exercice 5 page 24.

---

1 un ordinateur [ɛ̃nɔʀdinatœʀ] ein Computer – **2 le ping-pong** [ləpiŋpõg] (das) Tischtennis – **3 une boulangerie** [ynbulɑ̃ʒʀi] eine Bäckerei – **4 la rue de Cotte** [laʀydəkɔt] – **5 la promenade plantée** [lapʀɔm(ə)nadplɑ̃te] bepflanzte Promenade – **6 une BD** (= une bande dessinée) [ynbede (ynbɑ̃ddesine)] ein Comic(heft)

Leçon 3 La famille Laroche

S 31 Jérémy est le fils de monsieur et madame Laroche.
Les filles de monsieur et madame Laroche s'appellent Marie et Sarah.
Et il y a aussi le chien de la famille. Il s'appelle Goliath.

L 27 a) Ecoutez.
Marie a 14 ans. Et Jérémy, Sarah et Goliath, ils ont quel âge ?

b) **A vous.** Et toi, tu as quel âge?

So sieht der Frühstückstisch der Familie Laroche aus. Und wie ist es bei euch?

Marie et sa famille

Marie : Regarde, c'est ma famille :
voilà mes parents.
Et là, c'est ma sœur Sarah et là,
mon frère Jérémy avec sa copine et son skate.
5 Julien : Et là, c'est ton chien ?
Marie : Oui, il s'appelle Goliath.
C'est la terreur du quartier !

a) Lest den Text. Übertragt folgende Tabelle in euer Heft und füllt sie aus.

	singulier		pluriel	
je	mon frère	ma sœur	mes frères	soeurs
tu	■ frère	ta sœur	■ frères	soeurs
il/elle	■ frère	■ sœur	ses frères	soeurs

b) Übersetzt die Formen der 3. Person Singular: Was ist im Deutschen anders?

Jérémy et
son père / son_ami Max
sa mère / son_amie Anne
ses parents

Marie et
son père / son_ami Théo
sa mère / son_amie Léa
ses parents

c) Welche Besonderheit stellt ihr bei weiblichen Nomen fest, die mit einem Vokal beginnen?

d) Übersetzt: meine Eintrittskarten | ihr Brief | mein Haus | seine Tische | seine Einladung | deine Straße | mein Hund | ihre Fotos | dein Handy | deine Freunde | sein Vater

Marie et son appartement

Marie : Ça, c'est notre appartement.
Et voilà nos chambres.
Julien : Votre appartement est sympa.
Marie : Oui, il est super !
5 Marie montre encore des photos de monsieur
et madame Laroche dans leur cuisine avec leurs
enfants et leur chien…

a) Lest den Text und füllt folgende Tabelle in eurem Heft aus.

	singulier		pluriel	
nous	■ copain / copine		■ copains / copines	
vous	■ copain / copine		vos copains / copines	
ils/elles	■ copain / copine		■ copains / copines	

b) Ergänzt den passenden Possessivbegleiter.

l ■ chien   v ■ frère   n ■ copains   v ■ lettres
l ■ sœurs   n ■ magasin   v ■ table   l ■ skate

c) A vous. Présente ta famille. (Stelle deine Familie vor.)
Ma mère s'appelle… Mon père… J'ai une sœur. Elle s'appelle… Elle a… ans. ▶ PARLER

LEÇON 3 — TEXTE A

Marie a un problème.

1 La famille Laroche habite rue de Charonne, dans le quartier Bastille. C'est mardi soir. Marie, Jérémy et Sarah sont dans le salon quand leurs parents rentrent à la maison.

Mme Laroche : Salut, les enfants ! Ça va ?
Marie : Bof.
Mme Laroche : Qu'est-ce que tu as, Marie ? Tu fais la tête ?
Marie : Oui. Regarde ! Qu'est-ce que c'est, maman ?
Mme Laroche : Ah, l'annonce de samedi… Je comprends maintenant.
M. Laroche : Ecoute, Marie, ta mère et moi, nous cherchons un appartement dans la banlieue de Paris.

2
Marie : On quitte notre quartier ? Mais nous avons nos copains ici !
Sarah : Où est-ce qu'on va, maman ?
Mme Laroche : On va à Bagnolet.
Jérémy : Mais pourquoi est-ce qu'on déménage ?
M. Laroche : Parce qu'ici, il y a seulement trois pièces, tu comprends ?
Mme Laroche : … et à Bagnolet, il y a un appartement avec quatre pièces, un balcon et un jardin !
Jérémy : Un jardin ? Super !
Marie : Et mon cours de théâtre ?
Mme Laroche : Euh… à Bagnolet, il y a peut-être une MJC avec des ateliers le mercredi, comme ici !
Marie : Non, je reste à Paris !
Sarah : Moi aussi !

Françoise Dufour
38 rue Sadi Carnot
93170 BAGNOLET
Tél. 01 43 60 29 57

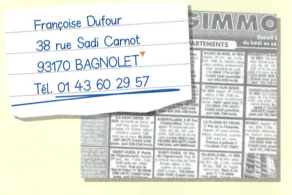

3
Mme Laroche : Bon, nous comprenons. Ici, vous avez vos activités, vos copains…
M. Laroche : Mais à Bagnolet, c'est sympa et pas cher.
Marie : Alors c'est sûr, vous prenez l'appartement ?
Jérémy : Quand est-ce qu'on déménage, alors ?
Mme Laroche : Ecoutez, on a rendez-vous vendredi. On visite l'appartement ensemble et après, on décide.

Les parents discutent encore un peu avec leurs enfants. Puis ils prennent leurs sacs et vont dans la cuisine. Et Marie ? Elle va dans sa chambre et prend son portable. Elle a une idée…

1 A propos du texte

a) Complétez les phrases.

1. Marie fait la tête parce que…
2. Les Laroche déménagent parce que…
3. A Bagnolet, il y a un appartement avec…
4. Vendredi, la famille Laroche…
5. Les parents discutent encore un peu. Puis…
6. Marie va dans sa chambre et…

b) Expliquez (Erklärt …) le problème de Marie.

2 Des questions

Trouvez des questions.
Exemple : Les Laroche habitent **le quartier Bastille**.
Où est-ce qu'ils habitent ?

Pourquoi est-ce que…   Quand est-ce que…
Qu'est-ce que…   Où est-ce que…

1. **Mardi soir**, il y a un problème chez les Laroche.
2. Marie regarde **l'annonce de samedi**.
3. Marie fait la tête **parce que ses parents quittent le quartier Bastille**.
4. Les Laroche discutent **dans le salon**.
5. Les parents cherchent un appartement **dans la banlieue de Paris**.
6. Il y a **un super appartement** à Bagnolet.
7. **Vendredi soir**, les parents vont à Bagnolet.
8. Les parents comprennent **le problème de leurs enfants**.
9. Marie va dans sa chambre **parce qu'elle a une idée**…

3 Tu comprends les enfants ?

Complétez avec **prendre** ou **comprendre**.

Marie ■ l'annonce et demande :
« Qu'est-ce que c'est, maman ? »

« Mais… j'ai mes copains ici, vous ■ ? »

Les parents ■ le problème de leurs enfants et discutent dans la cuisine.

« Alors, Philippe, qu'est-ce qu'on fait ? Nous ■ l'appartement ? »

« Je suis en colère. Tu ■ ? »

« Je ■ les enfants, mais l'appartement à Bagnolet est sympa et pas cher. »

4 Prenez vos sacs !

§13

Ein Schüler /eine Schülerin fordert die Klasse auf, verschiedene Dinge zu tun. Dabei verwendet er/sie den Imperativ Plural (z. B. **Jouez.**) und die Klasse mimt die gewünschten Tätigkeiten. Aber aufgepasst: Wenn er /sie den Imperativ Singular (z. B. **Joue.**) verwendet, darf die Klasse nicht reagieren. Wer sich trotzdem bewegt, geht als neuer Spielleiter nach vorne und denkt sich weitere Imperative aus.

- discuter avec tes / vos copains
- rigoler
- faire une photo du / de la prof
- montrer tes / vos devoirs
- regarder le Cours intensif / le prof
- prendre ton sac / vos sacs
- faire la tête
- chercher ton portable / vos portables

5 Marie et son projet

§12

Complétez avec **mon**, **ma**, **mes** // **ton**, **ta**, **tes** // **son**, **sa**, **ses**.

1. Marie est dans ■ chambre quand ■ père arrive.
2. M. Laroche : Qu'est-ce que tu fais, ■ devoirs ?
3. Marie : Non, je regarde les photos pour ■ projet.
4. M. Laroche : Euh… ■ projet ?
5. Marie : Mais oui, le projet à la MJC ! Regarde, tu aimes ■ photos ?
6. M. Laroche : Elles sont super… Tu as aussi une photo avec ■ copains de l'atelier ?
7. Marie : Oui, là, je suis avec ■ copine Emma.
8. M. Laroche : Et là, c'est ■ amie Naïma, non ?
9. Marie : Oui, elle est dans le jardin de ■ parents avec ■ frère Farid.
10. M. Laroche : Et là, au square Trousseau, c'est toi et ■ sœur ! La photo est sympa !

6 Une visite de Paris

§12

Léa arrive de Paris et visite votre collège. Elle pose des questions…

Exemple: Léa : Comment s'appelle **votre** collège ?
Toi : **Notre** collège…

Continuez avec **notre** / **nos** // **votre** / **vos**.

1. Comment s'appelle ■ prof d'allemand ?
2. Comment s'appelle ■ prof de français ?
3. Comment s'appelle ■ quartier / cinéma / MJC ?
4. Quand est-ce que vous faites ■ devoirs ?
5. Où est-ce que vous faites ■ devoirs ?
6. Quand est-ce que vous faites ■ courses ?

7 Un problème de famille

§12

Complétez avec **son**, **sa**, **ses** ou **leur**, **leurs**.

1. Monsieur et madame Laroche discutent dans ■ cuisine.
2. Bien sûr, ils comprennent très bien le problème de ■ enfants :
3. Ils aiment ■ quartier et détestent l'idée de ■ parents.
4. Marie a ■ cours de théâtre et ■ atelier photo dans le quartier.
5. Jérémy aime ■ copains et Sarah aime ■ copine Amandine.
6. Mais vendredi, madame Dufour montre ■ appartement et ■ jardin à la famille Laroche.
7. Est-ce que les Laroche quittent ■ quartier ou est-ce qu'ils restent dans ■ appartement ?

Marie téléphone à madame Dufour.

1 Marie fait le numéro de madame Dufour : le 01 43 60 29 57.

Mme Dufour : Allô ?
Marie : Madame Dufour ? Bonsoir, je suis la fille de monsieur et madame Laroche.
Mme Dufour : Ah ?... Bonsoir, mademoiselle.

2 Marie : J'ai une question. Vous habitez aussi dans l'immeuble ?
Mme Dufour : Oui. Pourquoi ?
Marie : Parce que mon frère et moi, on adore la musique. Vous aimez aussi la guitare électrique ? Le dimanche, il y a toujours un concert à la maison.
Mme Dufour : Euh…
Marie : Et les chiens ? Vous aimez les chiens ?
Mme Dufour : Ah non ! J'ai un chat. Et Lulu et moi, on déteste les chiens.
Marie : C'est dommage… Dans ma famille, on adore les chiens. Nous avons un rottweiler.
Mme Dufour : Oh !
Marie : Mais il est sympa avec nos voisins ! Mon frère a aussi des rats… Allô ? Madame Dufour ? Vous êtes encore là ?

3 Tout à coup, madame Laroche entre… et trouve sa fille au téléphone.
Mme Laroche : Marie ! Qu'est-ce que tu fais ?
Marie : Euh… c'est madame Dufour…

Marie donne le téléphone à sa mère.

Mme Laroche : Allô, madame Dufour ?
Mme Dufour : Bonsoir, madame. Ecoutez : votre famille dans mon appartement ? Avec la musique, le chien et les rats ? Ah non ! Au revoir !

4 Madame Laroche regarde Marie. Elle est en colère.

Mme Laroche : Marie ! Ton père et moi, nous cherchons un appartement et toi, qu'est-ce que tu fais ?
Marie : Mais maman… c'est parce que…

Marie explique son problème à sa mère : quitter le quartier, c'est une catastrophe.

Mme Laroche : Ecoute, Marie. On arrête là. Tu restes dans ta chambre et je raconte l'histoire à papa.

LEÇON 3 — ATELIER B

1 A propos du texte
▶ LIRE

a) Quel titre va avec quelle partie du texte ?
(Welcher Titel passt zu welchem Abschnitt?)

Au revoir, Bagnolet ! | Le numéro de madame Dufour | L'histoire de Marie | Madame Laroche est en colère.

b) Qu'est-ce que Marie raconte à madame Dufour ?
« Mon frère et moi… ; Ma famille… ; Jérémy… »

▶ PARLER

2 Où est-ce qu'ils habitent ?
L 28 — §16 — ▶ ECOUTER

Ecoutez et écrivez les nombres.

Nom :	Nicolas Brunel	M. Rollin	M. et Mme Laroche	M. et Mme Kherour
Adresse :	■ rue de la Roquette	■ rue Jean Macé	■ rue de Charonne	■ rue des Taillandiers
Numéro de téléphone :	Tél. …	Tél. …	Tél. …	Tél. …

3 Bingo
§16

Zeichnet eine Bingotabelle mit 9 Zahlen in euer Heft, z. B. mit Zahlen zwischen 20 und 69. Bildet Gruppen von 4–6 Mitspieler/innen. Ein Gruppenmitglied leitet das Spiel und nennt Zahlen. Die Mitspieler/innen kreuzen an, sobald sie eine Zahl richtig haben. Wer als Erster 3 Zahlen in einer Reihe angekreuzt hat, ruft „Bingo", liest seine Zahlen noch einmal vor und ist der/die nächste Spielleiter/in.

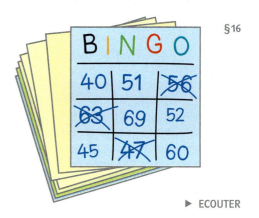

4 L'appartement de la famille Laroche
L 32 — ▶ ECOUTER

a) Ecoutez les cinq scènes et complétez le tableau dans votre cahier.

	Qui ?	Où ?
Scène 1	…	…
Scène 2		

b) Dessinez (zeichnet) votre appartement/votre maison.
Puis expliquez le dessin (Zeichnung) à votre voisin(e).

▶ PARLER

5 La machine à phrases §17

Trouvez une phrase par verbe (pro Verb).

Marie	donner	le problème	**à Julien**
Le père	chercher	**des photos**	à Mme Dufour
Les parents	regarder	un appartement	à leurs filles / fils
J' / Je	expliquer	des annonces	à des copains
Nous	détester	**une histoire**	à sa sœur
Ils / Elles	inviter	Marie	à leurs copines
Tu	**montrer**	mon chat	à mes / tes / nos frères
Vous	aimer	le collège	(…)
(…)	raconter	le téléphone	
	visiter	les devoirs	
	imaginer	(…)	

6 On dit – C'est moi ! ▶ ECRIRE / PARLER

!	**Mein Name und Alter** Je m'appelle… Moi, je suis… J'ai… ans.	**Meine Adresse** J'habite… Je suis de… Mon adresse e-mail, c'est…	**Mein Telefon** Voilà mon numéro de portable : … Mon numéro de téléphone à la maison, c'est le…
	Was ich (nicht) gerne mag J'aime… / J'adore… Je déteste… / …, bof !	**Meine Familie** Mon père… / Ma mère… J'ai… frère(s) / sœur(s).	**Meine Tiere** J'ai un chien / chat / rat. Il / Elle s'appelle…
	Meine Schule Je vais au collège…	**Meine Freunde** Mon ami… / mon amie… s'appelle… Mes ami(e)s / copains / copines, ce sont …	

a) Schreibe einen Steckbrief von dir.

b) Du bist in einer französischen Klasse zu Besuch. Du hast zwei Minuten, um dich vorzustellen.

Je m'appelle Sandra. J'habite à Reutlingen. Je…

7 La semaine de Marie ▶ PARLER

a) Faites des dialogues.
Exemple:
– Que fait Marie lundi ? / Qu'est-ce qu'elle fait lundi ?
– Lundi, elle fait les courses avec sa mère…

b) **A vous.** Racontez votre semaine.

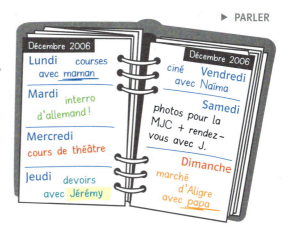

LEÇON 3 — ATELIER B

8 Stratégie – Sprechen
▶ PARLER

> ! Wenn ihr eine Sprache lernt, kommt es darauf an, dass ihr sie möglichst oft sprecht, am besten in Dialogen zu zweit oder zu dritt.

- Lest den Text (einen Dialog aus dem Lektionstext oder einen selbst geschriebenen Dialog) mit verteilten Rollen.
  Sprecht dabei laut und deutlich.
  Denkt an Sprechpausen zwischen den Textteilen.
- Überlegt, welche Mimik und Gestik zur Situation und zu den Charakteren der Personen passen (Freude, Frust, Wut, Trauer …).
- Lernt euren Teil am besten auswendig.
  Ein kleiner Tipp: Markiert euch Stichwörter, die besonders wichtig sind.
- Spielt die Szene in der Gruppe.

A vous.
a) Spielt den Dialog zwischen Marie und Madame Dufour nach.
b) Schreibt einen Minidialog und spielt ihn nach: Monsieur Laroche ruft Madame Dufour an.

9 20 rue de Chanzy
L 37 ▶ ECOUTER

Avant l'écoute
Regardez le titre : de quoi parle le texte ?
(Wovon handelt der Text?)

Première écoute
1. Qui discute ?
2. Où est-ce qu'ils discutent ?

Deuxième écoute
1. Comment est l'appartement ?
2. Pourquoi est-ce que Marie aime l'appartement ?
3. Expliquez le problème de monsieur Laroche.
4. Que font monsieur et madame Laroche jeudi ?

10 Jeu de sons
S 41

Lisez le texte à haute voix. Faites attention aux liaisons. (Lest den Text laut vor. Achtet auf die Bindungen.)

Les Laroche ont trois_enfants. Ils_habitent dans_un immeuble rue de Charonne.
Les parents regardent les_annonces et visitent des_appartements.
Mais les_enfants aiment leur quartier. Ils_aiment aussi leurs_amis et leurs_activités. Alors, que faire ? Vous_avez des_idées ?

11 En français – Un appartement à Munich
▶ PARLER

Les parents d'Océane cherchent un appartement à Munich, mais ils ont encore des problèmes avec l'allemand. Voilà deux annonces. Katrin, la copine d'Océane, explique.

Formez des phrases complètes.

> **Preiswertes Wohnen im Grünen!** Einfamilienhaus in Münchner Vorort. 4 Zimmer, 2 Badezimmer mit Toilette, tolle Küche, Garten. Kinder- und tierliebe Nachbarn. Im Viertel Einkaufsmöglichkeiten, Schulen, Jugendzentrum usw. Terminvereinbarung unter Tel. 089/76226217 (Mittwoch- und Donnerstagabend).

> **Preiswerte 4-Zimmerwohnung** in Mehrfamilienhaus in nettem Stadtviertel. Wohnzimmer mit Balkon. Kleine Grünanlage mit Kinderspielplatz direkt vor dem Haus. Besichtigung nur montags und samstags möglich. Chiffre: B7140973
> 4-Zimmer im Süden. Günstige Vor…

| ENTRÉE | TEXTE | ATELIER | SUR PLACE | LEÇON 3 |

La chambre d'une fille

PAGE FACULTATIVE

À vous. Qu'est-ce qu'il y a dans votre chambre ? Racontez.

---

1 les autres [lezotʀ] die anderen – **2 Enfin, presque !** [ɑ̃fɛ̃pʀɛsk] Na, fast! – **3 une peluche** [ynpəlyʃ] ein Plüschtier – **4 oser faire qc** [oze] wagen, etw. zu tun – **5 se marier avec qn** [səmaʀje] jdn heiraten – **6 des fringues** f. [defʀɛ̃g] Klamotten – **7 Au secours !** [osəkuʀ] Hilfe! – **8 J'ai rien à me mettre.** [ʒeʀjɛ̃namɛmɛtʀ] Ich habe nichts anzuziehen. – **9 Y'a rien à voir !** [jaʀjɛ̃navwaʀ] Hier gibt's nichts zu sehen!

| RÉCRÉ 1 | PLAISIR DE LIRE | RÉVISIONS | DELF |

Une année[1] en France[2]

Listet die wichtigsten Feiertage und Feste in Deutschland auf. Schaut euch dann die Fotos an:

Finden die dargestellten Ereignisse auch in Deutschland statt? Wenn ja, welche Gemeinsamkeiten und Unterschiede gibt es?

La Fête des Rois[3]

Le 6 janvier, on mange[4] la galette des rois[5]. Quand on trouve la fève[6], on est le roi !

Poisson[7] d'avril !

Le premier avril, c'est le jour des farces[10].

Joyeuses Pâques[11]

A Pâques, il y a un repas[12] en famille. On cache[13] des œufs[14] en chocolat[15] pour les enfants.

La Fête de la Musique

Le 21 juin, le premier[8] jour[9] de l'été[16], on va dans la rue et on fait de la musique ou on écoute les concerts.

---

1 une année ein Jahr – **2 en France** in Frankreich – **3 un roi** ein König – **4 manger** essen – **5 la galette des rois** der Dreikönigskuchen – **6 une fève** *früher:* eine Saubohne, die im Kuchen versteckt wurde, *heute:* eine Porzellanfigur – **7 un poisson** ein Fisch – **8 le premier** der erste – **9 un jour** ein Tag – **10 une farce** ein Streich – **11 Joyeuses Pâques !** Fröhliche Ostern! – **12 un repas** eine Mahlzeit – **13 cacher** verstecken – **14 un œuf** ein Ei – **15 le chocolat** die Schokolade – **16 l'été** (*m.*) der Sommer

36 TRENTE-SIX

| PLAISIR DE LIRE | RÉVISIONS | DELF | RÉCRÉ 1 |

Le Tour de France

En juillet, le Tour de France est une fête pour les gens qui aiment le vélo[1].

La Fête nationale[2]

PAGES FACULTATIVES

Le 14 juillet, on fête la prise de la Bastille[3] du 14 juillet 1789 ! Il y a des feux d'artifice[4] et des bals[5] dans la rue.

Joyeux Noël[6]

Le 24 décembre, c'est le réveillon[7] : le soir, on fait un repas de Noël avec la famille. On mange une dinde[8] et une bûche[9]. Les enfants mettent[10] leurs chaussures[11] au pied du sapin[12] pour le Père Noël[13]. Après minuit[14], le 25 décembre, on ouvre[15] les cadeaux.

La Saint-Sylvestre

Le 31 décembre, c'est le deuxième[16] réveillon de l'année. On fête la fin[17] de l'année avec des amis.

◉ Ecoutez les six scènes et trouvez les fêtes.

JUILLET		AOÛT		SEPTEMBRE	
1	S			1	V
2	D			2	S
3	L			3	D
.	.				
.	.				
.	.				
14	V Fête nationale				
.	.				

OCTOBRE		NOVEMBRE		DÉCEMBRE	
1	D	1 M Toussaint		1	V
2	L	2 J		2	S
.	.	3 V		.	.
.	.	4 S		.	.
.	.	5 D		25	L Noël
.	.	6 L		26	M
.	.	. .		27	M
29	D	. .		28	J
30	L	. .		29	V
31	M Halloween			30	S
				31	D Saint-Sylvestre

---

1 un vélo ein Fahrrad – **2 la Fête nationale** der Nationalfeiertag – **3 la prise de la Bastille** der Sturm auf die Bastille (*damaliges Pariser Gefängnis*) – **4 un feu d'artifice** ein Feuerwerk – **5 un bal** ein Ball – **6 Joyeux Noël !** Fröhliche Weihnachten! – **7 le réveillon** das Mitternachtsessen – **8 une dinde** ein Truthahn – **9 une bûche** *Kuchen in Form eines Holzscheits* – **10 mettre** stellen – **11 une chaussure** ein Schuh – **12 un sapin** ein Tannenbaum – **13 le Père Noël** der Weihnachtsmann – **14 minuit** Mitternacht – **15 ouvrir** aufmachen – **16 le deuxième** der / das zweite – **17 la fin** das Ende

| RÉCRÉ 1 | PLAISIR DE LIRE | RÉVISIONS | DELF |

On fait des révisions.

PAGES FACULTATIVES

In der *Révision 1* kannst du allein oder mit einem Partner wiederholen, was du in den Lektionen 1, 2 und 3 gelernt hast. Kontrolliere deine Lösungen auf den Seiten 168 ff.

1 Les activités du week-end
§ 6, 7

Dans une lettre, Marie explique ses activités à sa copine.
Complétez avec **au**, **à la**, **à l'**, **aux** ou **du**, **de la**, **de l'**, **des**.

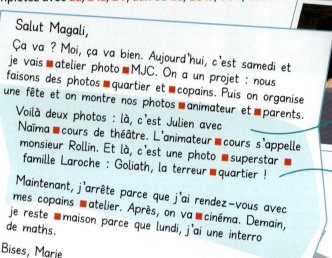

Salut Magali,

Ça va ? Moi, ça va bien. Aujourd'hui, c'est samedi et je vais ■ atelier photo ■ MJC. On a un projet : nous faisons des photos ■ quartier et ■ copains. Puis on organise une fête et on montre nos photos ■ animateur et ■ parents.

Voilà deux photos : là, c'est Julien avec Naïma ■ cours de théâtre. L'animateur ■ cours s'appelle monsieur Rollin. Et là, c'est une photo ■ superstar ■ famille Laroche : Goliath, la terreur ■ quartier !

Maintenant, j'arrête parce que j'ai rendez-vous avec mes copains ■ atelier. Après, on va ■ cinéma. Demain, je reste ■ maison parce que lundi, j'ai une interro de maths.

Bises, Marie

2 Un, deux, trois…
§ 10 ▶ ECOUTER

a) Ecoutez et écrivez les numéros de téléphone dans votre cahier.

Nicolas : ■   Julien : ■   Naïma : ■
Zoé : ■   Marie : ■   M. Rollin : ■

+ plus
− moins
= ça fait

b) Calculez. (Rechnet.)
1. Onze **plus** quarante-trois **moins** seize, ça fait ■.
2. Vingt-cinq **moins** dix-sept **plus** soixante-et-un, ça fait ■.
3. Trente-deux **plus** quatorze **plus** treize, ça fait ■.
4. Cinquante-cinq **moins** quinze **moins** vingt-quatre, ça fait ■.

3 Le problème de Marie
§ 5, 6, 14

Mettez les verbes à la bonne forme.
Naïma **(arriver)** au théâtre de l'Epouvantail. Marie et Nicolas **(être)** déjà là et **(discuter)**.

Naïma : Ça **(aller)** ?
Marie : Non ! Nous **(quitter)** le quartier. Nous **(déménager)**.
Nicolas : Mais tu **(adorer)** le quartier !
Naïma : Vous **(aller)** où ?
Marie : Mes parents **(chercher)** un appartement dans la banlieue de Paris. Je **(détester)** la banlieue. Vous **(comprendre)** ?
Nicolas : Oui, je **(comprendre)**. Moi aussi, j'**(aimer)** le quartier.

Naïma : **(Ecouter)**, Marie : moi, j'**(avoir)** une idée. Tu **(rester)** ici dans le quartier Bastille ! Et tu **(habiter)** chez moi !
Nicolas : Oui, Naïma **(avoir)** une super idée !
Marie : Et comment est-ce que vous **(expliquer)** ça à mes parents ? J'**(imaginer)** leur tête !
Naïma : Tes parents **(prendre)** l'appartement, c'**(être)** sûr ?
Marie : Euh… peut-être. Nous **(visiter)** l'appartement demain, et puis ils **(décider)**.

4 Chez madame Dufour

§12

Samedi, les Laroche visitent l'appartement à Bagnolet. Madame Dufour est encore en colère…

Complétez avec un déterminant possessif.

M. et Mme Laroche : Bonjour, madame Dufour.
Mme Dufour : Bonjour, madame. Bonjour, monsieur. Ce sont ■ enfants, là ?
M. Laroche : Euh oui. Là, c'est ■ fils Jérémy.
Mme Laroche : … et voilà ■ filles Sarah et Marie.
Mme Dufour : Alors Jérémy, ■ rats vont bien ? Et que fait ■ rottweiler ?
M. Laroche : Ecoutez, madame Dufour : le chien et les rats, c'est encore une histoire de ■ sœur !
Mme Laroche : Vous comprenez, ■ enfants aiment ■ quartier et ■ copains.
M. Laroche : Oui, et Marie adore ■ atelier photo.
Mme Dufour : Je comprends, mais…

M. Laroche : Qu'est-ce qu'il y a, Marie ? Tu fais la tête ?
Marie : Madame, je déteste ■ appartement. La banlieue, pfff ! Moi, je reste avec ■ copains dans ■ quartier. Et… j'habite chez ■ copine !
Mme Laroche : Quoi ! Chez ■ copine ?
Marie : Oui, chez Naïma. ■ parents sont d'accord et ■ frère est très sympa.
Mme Laroche : Oh, Marie !

5 Cherchons les verbes !

§ 3, 6, 8, 11

a) Trouvez les douze verbes. Ecrivez-les dans votre cahier avec les **pronoms personnels** :

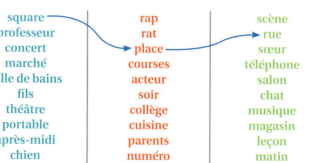

faitesvontvasallonssuisfaitasvafaisonsavonsestêtes

b) Utilisez les verbes de a) pour faire des rimes.
Exemple : 1. Ils v**ont** dans le sal**on**.

1. Ils ■ dans le salon.
2. Pierre ■ au cinéma.
3. Je ■ à Paris.
4. Nous ■ une invitation.
5. Tu ■ un chat sympa.
6. Nous ■ à la maison.
7. Où ■ ton billet ?
8. Nous ■ un jeu de sons.
9. Vous ■ avec Juliette ?
10. Tu ■ à l'opéra ?
11. On ■ un projet.
12. Vous ■ une fête ?

6 Jeu de mots

a) Trouvez les mots qui vont ensemble (… die zusammengehören).

Ajoutez les articles (Fügt die Artikel hinzu).

Exemple : un square
une place
une rue

square — rap — scène
professeur — rat — rue
concert — place — sœur
marché — courses — téléphone
salle de bains — acteur — salon
fils — soir — chat
théâtre — collège — musique
portable — cuisine — magasin
après-midi — parents — leçon
chien — numéro — matin

▶ ECRIRE

b) Choisissez (wählt) trois mots de la partie a) pour votre voisin/e. Il/Elle écrit un petit texte avec les trois mots dans son cahier.
Exemple : Samedi matin, Nicolas fait les **courses**. Tout à coup, son **portable** sonne : « Salut, Nicolas, c'est Julien. On va au **concert** à la MJC ce soir ? »

7 Des questions…

Complétez les questions avec Est-ce que… ? / Qu'est-ce que… ? /
Où est-ce que… ? / Quand est-ce que… ? / Pourquoi est-ce que… ?

1. – ■ Naïma va aux blocks de Bercy ?
   – A trois heures.
2. – ■ monsieur Laroche fait les courses ?
   – Au marché d'Aligre.
3. – ■ les parents de Marie visitent samedi ?
   – Un appartement dans la banlieue de Paris.
4. – ■ Marie aime le cours de théâtre ?
   – Parce que l'animateur est cool.
5. – ■ madame Dufour habite dans l'immeuble ?
   – Oui, elle habite là aussi.
6. – ■ Julien regarde mercredi ?
   – Un match de foot.

8 Tu montres tes devoirs à Marie ?

Faites des phrases. Exemple : la famille Laroche / Madame Dufour / appartement / montrer
→ Madame Dufour montre l'appartement à la famille Laroche.

1. Marie / madame Dufour / raconter / une histoire
2. sa fille / écouter / Madame Laroche
3. une question / Julien et Nicolas / poser / l'animateur
4. Monsieur Rollin / les acteurs / la scène / expliquer
5. téléphoner / Julien / sa copine Zoé
6. Marie / un CD de Kyo / donner / ses amies

9 Au collège

Qu'est-ce qu'ils disent ? Utilisez l'**impératif**. (Verwendet den Imperativ.)

a) Im **Unterricht** fordert euer Französischlehrer euch auf …
   1. … eure Hausaufgaben eurem Nachbarn / eurer Nachbarin zu geben.
   2. … eure Hefte (heraus) zu nehmen.
   3. … die Lektion anzuschauen.
   4. … Ideen zu suchen.
   5. … eine Geschichte zu erzählen

b) Er möchte außerdem, dass …
   1. … Lisa ihre Fotos zeigt.
   2. … Marco seinem Nachbarn zuhört.
   3. … Lukas den Text erklärt.
   4. … Anne ihre Hausaufgaben macht.
   5. … Paula die Szene spielt.

c) In der **Pause** überlegt ihr, was ihr nachmittags tun könntet. Ihr schlagt vor, zusammen …
   1. … ins Kino zu gehen.
   2. … einzukaufen.
   3. … ein Fußballspiel anzuschauen.

10 Qu'est-ce qu'on dit en français ?

1. **Du sagst**, … dass du in Kassel wohnst.
   … dass du Falafel magst, aber Pizza nicht.
   … in welche Schule du gehst.
   … dass du den Deutschlehrer / die Deutschlehrerin sympathisch findest.

2. **Du fragst**, … wie jemand heißt.
   … wo jemand wohnt.
   … wo das Kino „Rex" ist.
   … deine Mutter, wann sie nach Hause kommt.
   … Marie, warum sie sauer ist.
   … was Zoé am Freitagabend macht.

3. **Du schlägst vor**, … ins Theater zu gehen.
   … zusammen Hausaufgaben zu machen.

4. **Du nennst** deine Telefonnummer und deine E-Mail-Adresse.

| PLAISIR DE LIRE | RÉVISIONS | DELF | RÉCRÉ 1 |

On prépare le DELF A1.

Für eure berufliche Zukunft spielen Fremdsprachen eine wichtige Rolle. Das **DELF** (= **D**iplôme d'**E**tudes en **L**angue **F**rançaise) ist ein Französisch-Diplom, das in allen Ländern anerkannt wird. Auf den Seiten 41, 79 und 115 könnt ihr euch gezielt auf die DELF-Prüfung vorbereiten.

1 Des scènes de tous les jours ▶ ECOUTER ET COMPRENDRE

Ecoutez les deux scènes. Trouvez pour chaque scène une image. Notez si c'est **A** ou **B**, **C** ou **D**.

A

B

C

D

2 « Pl@nète Jeunes » ▶ ECOUTER ET COMPRENDRE

Ecoutez et donnez la bonne réponse.

a) C'est une interview pour   la radio.   la télévision.   un journal.

b) Les journalistes font un reportage   à Terre.   à Nanterre.   à Nantes.

c) Les journalistes interviewent d'abord   Rachid.   Sérachit.   Achid.

d) Qu'est-ce qu'il aime ?   La danse.   La musique.   L'école.

e) Après les cours, Amina fait   les courses.   la cuisine.   des photos.

f) A la maison, Vincent a des tonnes de   DVD.   CD.   vidéos.

3 Qui cherche trouve ! ▶ LIRE ET COMPRENDRE

S.O.S. Je cherche une personne pour donner des cours de chimie à mon fils. Tél: 06.43.12.25.18 ; e-mail : Marie.Pelissier@wanadoo.fr

Deux billets d'entrée pour « Tryo » au Rhénus, samedi prochain. Appelez au 06.88.28.54.55. e-mail : lise007@yahoo.fr

Ma fille a trouvé un chien. Il a un tatouage XL 3456. Envoyez un SMS au 06.46.27.39.11

Jeune Allemande donne cours d'allemand. Tél : 06.11.69.01.15

a) Lisez les petites annonces et trouvez le bon numéro de téléphone pour

1. Zoé et Théo : Ils cherchent des places pour le concert de « Tryo ». Ils font le numéro ■.
2. Julien : Il est élève en Terminale S et veut se perfectionner en allemand. Il téléphone au ■.
3. Aurélie : Elle est étudiante en chimie et donne des cours particuliers. Elle fait le numéro ■.
4. Les Souvras : Ils sont très triste parce que leur chien Filou a quitté la maison. Ils téléphonent au ■.

b) Répondez par SMS ou par e-mail à une des petites annonces. ▶ ECRIRE ET COMPRENDRE

Leçon 4 Au collège Anne Frank

S 56 Nicolas Brunel, Marie Laroche et Naïma Kherour vont au collège Anne Frank dans la rue Trousseau. Nicolas est en 4ᵉ A et les deux filles sont en 4ᵉ C. Voilà leur collège :

le collège Anne Frank

au CDI

dans la cour

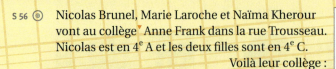
à l'infirmerie

au gymnase

à la cantine

dans la salle de classe

L 47 Ecoutez : c'est où ?
Exemple : scène 1 : c'est à…/dans…

▶ ECOUTER

Vergleicht die Fotos vom Collège Anne Frank mit eurer Schule. Gibt es Gemeinsamkeiten/Unterschiede?

ENTRÉE | TEXTE | ATELIER | SUR PLACE | LEÇON 4

Au CDI

Au CDI du collège Anne Frank, les élèves lisent des livres ou font leurs devoirs. Nicolas est devant l'ordinateur et il lit un texte sur Internet.

Naïma : Qu'est-ce que tu lis, Nicolas ?
5 Nicolas : Je lis un texte sur le Salon du Bourget▼. Regardez.
Naïma : Ah, c'est sur les avions…
Marie : Bof !
Nicolas : Mais qu'est-ce que vous dites ! Les avions, c'est génial… Tiens, vous écrivez un e-mail ?
10 Marie : Oui, nous écrivons à nos copines de Berlin et après, nous lisons un texte pour le cours d'allemand.

Les filles écrivent leur e-mail.
Tout à coup, Nicolas dit :

15 Nicolas : Super ! Vendredi après-midi, les pilotes d'Airbus sont au Salon du Bourget…
Naïma : Mais on a cours vendredi après-midi !

Übertragt die Tabelle in euer Heft und füllt sie aus.

	dire	lire	écrire
je	■	■	■
tu	■	■	écris
il / elle / on	■	■	■

	dire	lire	écrire
nous	disons	■	■
vous	■	lisez	■
ils / elles	disent	■	■

Non, je n'aime pas les pilotes !

Naïma : Nicolas, est-ce que tu vas à la cantine ?
Nicolas : Non, je ne vais pas à la cantine. Je lis.
Naïma : Oh là là, encore tes histoires d'avions !
Nicolas : Tu n'aimes pas les pilotes… ?

a) Wie bildet man die Verneinung im Französischen?

b) Répondez aux questions. Utilisez la négation avec **ne … pas**. (Verwendet die Verneinung mit **ne … pas**.)

1. Est-ce que Julien lit ?
2. Est-ce que les filles écrivent ?
3. Est-ce que les garçons sont à la cantine ?
4. Est-ce que Marie fait ses devoirs ?

Nicolas est malade ?

Avant la lecture
Regardez les photos et imaginez l'histoire.

1 Vendredi matin, Nicolas arrive au collège à huit heures moins cinq. Ses copains sont déjà devant le gymnase.

Théo : Salut, Nicolas. Mais… qu'est-ce que tu as ?
Nicolas : Euh… ça ne va pas bien aujourd'hui.
Pierre : Alors tu ne vas pas au cours de sport ?
Nicolas : Si, si…
Pierre : Bon… alors on y va ?

2 A midi et quart, Nicolas va à la cantine avec ses copains.

Pierre : Alors Nico, tu n'aimes plus les frites ?
Nicolas : Si, mais je n'ai pas faim.
Théo : Mais nous avons encore une interro de maths aujourd'hui. Et moi, quand j'ai une interro, j'ai toujours faim !

3 Après la cantine, Nicolas et ses copains ont cours d'allemand. Puis, à deux heures et demie, l'interro de maths commence. Les élèves ne parlent plus, ils lisent les exercices et écrivent. Mais Nicolas n'écrit pas, il demande : « Cécile, il est quelle heure, s'il te plaît ? » Cécile dit : « Il est trois heures moins le quart. »

Mme Lebœuf : Nicolas, on ne parle pas pendant les interros !
Nicolas : Madame, ça ne va pas. J'ai mal au ventre.
Mme Lebœuf : Tu es malade ? Bon… alors va vite à l'infirmerie avec Cécile.

4 Peu après, Cécile quitte Nicolas devant l'infirmerie. Mais Nicolas n'entre pas : il va vite à l'entrée du collège. Et il a de la chance : la surveillante ne regarde pas…
A trois heures moins dix, Nicolas est dans la rue. A Bastille, il prend le métro… et va au Salon du Bourget !

1 A propos du texte

▶ LIRE

a) Cherchez les informations dans le texte et complétez le tableau dans votre cahier.

	Quand ?	Où ?	Qui ?	Quoi ?
1	vendredi matin, à huit heures moins cinq	devant le gymnase	Nicolas, Théo et Pierre	Nicolas ne va pas bien.
2	-----	-----	-----	-----
3	-----	-----	-----	-----
4	-----	-----	-----	-----

b) Résumez (fasst zusammen) l'histoire avec les informations de votre tableau.

▶ PARLER

2 Toujours des questions !

§19

Les amis de Nicolas posent toujours des questions !

Répondez pour Nicolas. Utilisez **ne... pas / ne... plus**.
Exemple : – Est-ce que tu vas à la cantine aujourd'hui ?
– Non, je **ne** vais **pas** à la cantine aujourd'hui.

Arrêtez !

1. Est-ce que ça va ?
2. Est-ce que tu as encore mal au ventre ?
3. Est-ce que tes copains discutent encore dans la cour ?
4. Est-ce que Julien et toi, vous allez à Bercy samedi ?
5. Est-ce que Zoé est encore la copine de Julien ?
6. Est-ce que tu commences l'atelier photo à la MJC ?
7. Est-ce que tu aimes la danse ?
8. Est-ce que tu es encore sur Internet ?
9. Est-ce que Théo et toi, vous restez au CDI après les cours ?
10. Est-ce qu'on fait encore les devoirs ensemble ?

3 Marie écrit un e-mail.

§18

Complétez dans votre cahier. 👁 = lire ✎ = écrire 💬 = dire

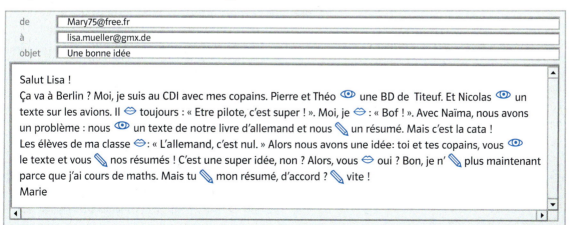

de: Mary75@free.fr
à: lisa.mueller@gmx.de
objet: Une bonne idée

Salut Lisa !
Ça va à Berlin ? Moi, je suis au CDI avec mes copains. Pierre et Théo 👁 une BD de Titeuf. Et Nicolas 👁 un texte sur les avions. Il 💬 toujours : « Etre pilote, c'est super ! ». Moi, je 💬 : « Bof ! ». Avec Naïma, nous avons un problème : nous 👁 un texte de notre livre d'allemand et nous ✎ un résumé. Mais c'est la cata ! Les élèves de ma classe 💬 : « L'allemand, c'est nul. » Alors nous avons une idée: toi et tes copains, vous 👁 le texte et vous ✎ nos résumés ! C'est une super idée, non ? Alors, vous 💬 oui ? Bon, je n' ✎ plus maintenant parce que j'ai cours de maths. Mais tu ✎ mon résumé, d'accord ? ✎ vite !
Marie

LEÇON 4 — ATELIER A

4 On dit – L'heure §20

So fragst du nach der Uhrzeit:	So fragst du, wann jemand etwas macht:	Und so triffst du eine Verabredung:	
Il est quelle heure, s'il vous plaît / s'il te plaît ? Vous avez l'heure, s'il vous plaît ? Tu as l'heure, s'il te plaît ?	A quelle heure est-ce que tu rentres à la maison ? Quand est-ce que tu vas à Toulouse ?	Rendez-vous	à cinq heures (devant le cinéma). dans un quart d'heure. dans une demi-heure.

So sagst du, wie spät es ist :

12 h 00	Il est midi.	16 h 30	Il est quatre heures et demie. Il est seize heures trente.
16 h 00	Il est quatre heures. Il est seize heures.	16 h 40	Il est cinq heures moins vingt. Il est seize heures quarante.
16 h 12	Il est quatre heures douze. Il est seize heures douze.	16 h 45	Il est cinq heures moins le quart. Il est seize heures quarante-cinq.
16 h 15	Il est quatre heures et quart. Il est seize heures quinze.	16 h 55	Il est cinq heures moins cinq. Il est seize heures cinquante-cinq.
16 h 29	Il est quatre heures vingt-neuf. Il est seize heures vingt-neuf.	24 h 00	Il est minuit.

A vous.
– Il est quelle heure, s'il vous plaît ? / Tu as l'heure, s'il te plaît ?
– Il est midi et demie. / Il est midi trente.

Continuez. ▶ PARLER

`11:45` `15:20` `13:25` `10:30`
`07:55` `17:15` `09:40` `20:35`

5 Le mercredi après-midi de Marie §20 ▶ ECOUTER

a) Copiez d'abord le tableau dans votre cahier.
(Übertragt ...)

b) **Première écoute** : Notez l'ordre des activités à l'aide des chiffres de 1 à 6.
(Notiert die Reihenfolge der Aktivitäten mit Hilfe der Zahlen von 1 bis 6.)

c) **Deuxième écoute** : Ajoutez les heures.
(Ergänzt die Uhrzeiten.)

Qu'est-ce qu'elle fait ?	A quelle heure ?
Elle arrive au théâtre.	(4)
Elle rentre à la maison.	A 12 h 15
Elle fait un tour dans la rue Bréguet.	
Elle fait ses devoirs.	
Elle téléphone à une copine.	
Elle fait des crêpes.	

6 Des rendez-vous ▶ PARLER

Rendez-vous **où** et **à quelle heure** ? Faites des dialogues.

Exemple :

– Demain, il y a « Shrek 2 » au ciné Bastille.
– A quelle heure est-ce que le film commence ?
– Il commence à six heures.
– Alors, rendez-vous à six heures moins le quart devant le cinéma, d'accord ?

un cours de danse à la MJC
une fête chez un copain / une copine
un match de foot à Bercy
un concert de MC Solaar

L'interro de maths

1 Dans la classe de Nicolas, les élèves terminent leur interro.

Mme Lebœuf : Bon, il est 15 h 15. Vous arrêtez, s'il vous plaît.
Théo : Pfff ! Lebœuf est la terreur du collège. Il a de la chance, Nicolas !
Pierre : Oui, mais pour Nicolas, les maths, ce n'est pas un problème. Il a toujours des super notes.
Mme Lebœuf : Qu'est-ce que vous dites ?
Pierre : Euh, nous disons que Nicolas a de la chance.
Mme Lebœuf : Mais Nicolas va faire l'interro lundi. Et vous, vous allez avoir vos notes.
Théo : Elle est vache, Lebœuf !
Mme Lebœuf : Qu'est-ce que tu dis ?
Théo : Euh… je dis que vous travaillez vite, madame.

2 A quinze heures vingt, c'est la récré. Théo et Pierre quittent la salle de classe.

Théo : Je vais avoir un zéro, c'est sûr. Ça va être une catastrophe pour mes parents.
Pierre : Mes parents aussi, ils vont aimer la surprise !
Théo : Bon, on oublie l'interro, maintenant. On va à l'infirmerie ?
Pierre : D'accord.

A l'infirmerie, madame Sireau explique aux deux garçons que leur copain n'est pas là.

3 Peu après, Théo et Pierre discutent avec Marie et Naïma dans la cour. Ils racontent aux filles que Nicolas est malade mais qu'il n'est pas à l'infirmerie.

Marie : Tiens, tiens ! Mais… Naïma, c'est vendredi aujourd'hui…
Naïma : Mais oui, c'est le jour des pilotes au Salon du Bourget !

Marie demande si les garçons ont le numéro de Nicolas. Elle prend vite son portable, puis téléphone à Nicolas.

Théo : Alors ?
Marie : Il n'est pas là. Mais je vais laisser un message… Salut, Nico, c'est Marie. Alors, c'est sympa au Salon du Bourget ?

LEÇON 4 — ATELIER B

1 A propos du texte

▶ LIRE

a) **Vrai** ou **faux** ? (Richtig oder falsch?)
Si c'est faux, expliquez pourquoi.

Exemple : Les élèves aiment leur prof de maths.
→ C'est **faux**. Théo dit : Lebœuf est la terreur du collège.

1. Les élèves terminent l'interro à seize heures.
2. Nicolas va faire l'interro de maths lundi.
3. Nicolas a des problèmes avec les maths.
4. Pendant la récré, Pierre et Théo sont avec Nicolas à l'infirmerie.
5. Peu après, les garçons discutent avec leurs copains dans la cour.
6. Marie a le numéro de Nicolas.
7. Elle téléphone avec son portable.
8. Nicolas discute avec Marie au téléphone.

b) Lundi soir, Théo rentre à la maison. Il a un zéro en maths. Ecrivez le dialogue avec ses parents, puis jouez la scène.

▶ ECRIRE / PARLER

Regardez aussi la stratégie page 34.

2 Le collège ou le Salon?

§ 21

a) Nicolas est dans la rue. Qu'est-ce qu'il va faire ?
Mettez les phrases au *futur composé*.

Exemple : Nicolas, tu / rentrer / au collège.
→ Nicolas, tu **vas rentrer** au collège.

1. Nicolas, tu / faire / l'interro de maths !
2. Tes notes en maths / être / super !
3. Madame Lebœuf / téléphoner / à ta mère.
4. Ça / être / la catastrophe à la maison.
5. Tes amis et toi, vous / visiter / le Salon dimanche.
6. Nicolas, tu / aller / au Salon du Bourget !
7. Les pilotes et toi, vous / monter / dans les avions.
8. Julien / aimer / tes photos des avions.
9. Les filles de la 4ᵉ C / adorer / ton histoire !
10. Tu / être / la star du collège.

b) Qu'est-ce que Nicolas décide ? Imaginez la suite (Fortsetzung). « Je vais… Puis je… »

3 Marie téléphone.

§ 22

Nicolas arrive au Salon du Bourget. Sur son portable, il écoute le message, puis il téléphone vite à Marie.

Mettez les phrases au discours indirect.
Utilisez **dire que** / **expliquer que** / **demander si**
Exemple :
Nicolas : Salut ! Je suis au Salon du Bourget.
→ Marie : Nicolas **dit qu'**il est au Salon du Bourget.
Pierre : Est-ce qu'il discute avec les pilotes ?
→ Marie : Pierre **demande si** tu discutes avec les pilotes.

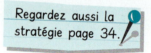

1. Pierre : Il a encore mal au ventre ?	2. Nicolas : Non, je n'ai plus mal au ventre.
3. Naïma : Est-ce qu'il regarde déjà les avions ?	4. Nicolas : Oui, je suis devant les avions.
5. Théo : Il va faire des photos ?	6. Nicolas : Oui, j'ai mon appareil photo.
7. Pierre : Nous allons avoir nos notes de maths lundi.	8. Nicolas : Et est-ce que je vais faire l'interro lundi ?
9. Théo : Oui… mais sa note va être super !	10. Nicolas : Les pilotes arrivent… Salut !

Deux surprises pour Nicolas

Avant la lecture — Imaginez les « deux surprises ».

1 Vendredi, à quatre heures. Quand Nicolas arrive au Salon du Bourget, la conférence commence. Une heure après, un pilote propose : « Vous n'avez plus de questions ? Alors on va regarder les avions. » Nicolas prend vite son appareil photo. Mais il n'a pas de chance…

M. Forestier : Tiens, Nicolas… Tu n'es pas au collège ?

Zut ! C'est le prof de français, monsieur Forestier.

Nicolas : Monsieur, s'il vous plaît, vous n'allez pas raconter ça à ma mère ?
M. Forestier : Ecoute Nicolas, je vais parler à ton professeur principal. Tu vas avoir des heures de colle, c'est sûr !
Nicolas : Mais monsieur…
M. Forestier : Il n'y a pas de « mais », Nicolas.

2 Mercredi, à dix-sept heures, au collège Anne Frank. Nicolas est encore au CDI.
Il donne les exercices de monsieur Forestier à la surveillante. Pour Nicolas, les maths, ce n'est pas un problème. Mais le français, c'est la cata : il n'aime pas les exercices de grammaire.
Et trois heures de colle pour une photo de l'Airbus : merci, monsieur Forestier !

3 Jeudi, à dix heures. Pendant la récré, Nicolas rencontre monsieur Forestier.

Nicolas : Bonjour, monsieur.
M. Forestier : Bonjour, Nicolas. Regarde, j'ai des photos. Là, dans l'avion, c'est moi.
Nicolas : Mais c'est l'Airbus A 380 ▾ ! Qu'est-ce que vous faites là, monsieur ?
M. Forestier : C'est à Toulouse ▾. Et là, c'est mon frère.
Nicolas : Votre frère est pilote ? C'est génial !
M. Forestier : Alors, lis mon affiche ! Tu ne vas pas être malade mercredi ?

Mon frère prépare une conférence pour le 29 juin.

1 A propos du texte

▶ LIRE

Voilà l'histoire de Nicolas.   Complétez.

<u>Vendredi 17 juin</u>
Je suis au 🖊️. Discuter avec les 🖊️, c'est génial. Je vais faire des 🖊️ des avions. Mais je n'ai pas de 🖊️ : il y a mon 🖊️. C'est la cata ! Il dit qu'il va parler à mon 🖊️ et que je vais avoir des 🖊️. Est-ce qu'il va aussi parler à ma 🖊️ ?

<u>Lundi 20 juin</u>
Aujourd'hui, je fais l'interro de 🖊️. Et madame Lebœuf donne les 🖊️. Zut ! Théo a un zéro.

<u>Mercredi 22 juin</u>
Il est déjà 5 heures. Je suis encore au 🖊️ parce que j'ai 🖊️ heures de colle. Je fais des 🖊️ de 🖊️. Je déteste mon 🖊️ de français ! Il est vache !

<u>Jeudi 23 juin</u>
Non ! Monsieur 🖊️ est super ! Pendant la 🖊️, il raconte que son 🖊️ est 🖊️ et qu'il va faire une 🖊️ mercredi au 🖊️. Et il 🖊️ des photos : il est à 🖊️ dans l'🖊️. C'est génial !

2 Le prof n'est pas là !

§ 23

Qu'est-ce qu'il y a dans la salle de classe ?

Exemple :
Il y a une affiche, mais il n'y a pas de photos.

3 Après le collège

§§ 19, 23

Nicolas rentre à la maison. Sa mère demande :

Répondez avec ne … plus ou ne … plus de.

1. Est-ce que tu as encore des devoirs pour demain ?
2. Est-ce que tu écris encore des e-mails ?
3. Est-ce qu'il y a encore des problèmes avec madame Lebœuf ?
4. Est-ce que tu aimes encore les maths ?
5. Est-ce que tu as encore des heures de colle ?
6. Est-ce que tu vas encore au Salon du Bourget ?

4 Paris n'est pas la France !

§ 24

Faites des dialogues.

– Il y a trois-cent-quarante-six kilomètres entre (zwischen) Paris et Rennes. Et entre Paris et Bordeaux ?
– Il y a ■ kilomètres. Et entre Paris et… ?

Continuez.

> Ihr könnt mehr über die Städte erfahren, wenn ihr sie euch auf der Frankreichkarte vorne im Buch anschaut.

5 Je ne vais plus oublier mes devoirs ! C'est sûr !

§§ 19, 21

Exemples :
– Est-ce que Nicolas va faire l'interro mardi ?
– Non, il ne va pas faire l'interro mardi.

– Est-ce que Théo va encore parler pendant l'interro ?
– Non, il ne va plus parler pendant l'interro.

Complétez les questions et donnez des réponses au futur composé.

1. Est-ce que Nicolas ■ encore quitter le collège pendant les cours ?
2. Est-ce que Nicolas et monsieur Forestier ■ encore aller au Salon du Bourget ?
3. Est-ce que Nicolas ■ être malade mercredi 29 juin ?
4. Est-ce que Jerôme Forestier ■ discuter avec les jeunes à la MJC ?
5. Est-ce que Marie et Naïma ■ aller à la conférence de Jérôme Forestier ?
6. Est-ce que Théo et Pierre ■ encore oublier leurs devoirs de maths ?

6 Jeu de sons

Haltet eine Hand nahe vor den Mund und sprecht das deutsche Wort „Papa". Bei den beiden „p" spürt ihr euren Atem an der Hand.

- Nun sprecht das Wort „papa" französisch aus. Wenn ihr es richtig macht, spürt ihr euren Atem kaum.
- Macht dasselbe mit den Vornamen „Thomas" und „Christine", die es auf Deutsch und auf Französisch gibt.

Ecoutez et lisez.

[p]	[t]	[k]
Le **p**a**p**a de **P**ierre a des **p**roblèmes avec l'a**pp**artement de ses **p**arents.	**T**iens, **Th**omas, **t**u fais la **t**ête à huit heures du ma**t**in ?	Ni**c**o et **K**arim sont en **c**olère : les **c**rêpes de la **c**antine, **c**'est la **c**ata.

LEÇON 4

ENTRÉE | TEXTE | ATELIER C | SUR PLACE

7 Un champ lexical – L'école ▶ ECRIRE

a) Complétez le champ lexical dans votre cahier.

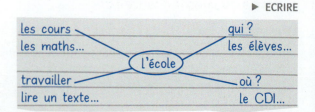

les cours — qui ?
les maths… — les élèves…
                l'école
travailler — où ?
lire un texte… — le CDI…

b) Présente ton école (Stell deine Schule vor.) à un /une élève du collège Anne Frank. ▶ ECRIRE / PARLER

Moi, je vais au Schillergymnasium.
Dans mon école, il y a…
Mon prof de… s'appelle…

8 Stratégie – Sich leichter verständigen können

! In manchen Situation fehlen euch bestimmt noch die passenden französischen Wörter. Die folgenden fünf **Tipps** helfen euch, unbekannte Wörter einfach zu umschreiben:

1. Mit einem **Oberbegriff**:	Schreibtisch	→ C'est une table. Sur la table, il y a des livres et on fait ses devoirs.
2. Mit einer **Erklärung**, einem **Vergleich** oder **Beispiel**:	Wie lange dauert… ?	→ Pendant un cours, on reste 55 minutes dans la salle de classe. Et vous ?
3. Mit dem **Gegenteil**:	gesund	→ Quand on n'est pas « malade », on est…
4. Mit **einfacheren Wörtern**:	Notensystem	→ les notes
5. Mit **Umschreibungen**, die etwas Ähnliches ausdrücken:	Lieblingsfach	→ j'adore… / Pour moi, …, c'est super.

A vous. Benutzt die Tipps um folgende Wörter zu erklären.

Sportplatz (z.B. Tipp 2)
Erwachsene (z.B. Tipp 3)
Schulpartnerschaft
Klassensprecher
Ferien
schwänzen

9 En français – L'école en France et en Allemagne

Du unterhältst dich mit einem Schüler des **collège Anne Frank**.
Ihr möchtet voneinander wissen, …

1. wann bei euch der Unterricht beginnt/endet;
2. wie lang eine Unterrichtsstunde dauert;
3. was ihr tut, wenn euch schlecht wird;
4. welche eure Lieblingsfächer sind;
5. was ihr in der Pause macht;
6. was ihr mittags macht;
7. wann und wo ihr eure Hausaufgaben macht;
8. ob ihr ein CDI habt;
9. welche Noten es gibt;
10. an welchen Tagen ihr frei habt.

a) Formulit die Fragen auf Französisch. ▶ ECRIRE
Benutzt dabei die Wörter aus dem *champ lexical* und die Tipps aus der Stratégie.
Wenn ihr etwas nicht wisst, schlagt im landeskundlichen Lexikon unter dem Begriff collège▾ nach.

b) Stellt euch nun gegenseitig die Fragen und beantwortet sie. ▶ PARLER
Ein Schüler übernimmt die Rolle des Franzosen, der andere die Rolle des Deutschen.

L'emploi du temps[1] de Nicolas

Classe : 4ᵉ A				Professeur principal : Mme Mallard	
HEURES	LUNDI	MARDI	MERCREDI	JEUDI	VENDREDI
8 h 05 – 9 h 00	maths	latin	sciences physiques	anglais[2]	E.P.S.
9 h 00 – 9 h 55	anglais	E.P.S.[3]	sciences physiques	histoire-géo	E.P.S.
9 h 55 – 10 h 10	Récréation				
10 h 10 – 11 h 05	français	maths	allemand	allemand	français
11 h 05 – 12 h 00	technologie	français	histoire-géo	/	français
12 h 00 – 13 h 30	Cantine				
13 h 30 – 14 h 25	technologie	arts plastiques	/	S.V.T.[4]	allemand
14 h 25 – 15 h 20	latin	maths	/	S.V.T.	maths
15 h 20 – 15 h 35	Récréation				
15 h 35 – 16 h 30	/	anglais[2]	/	histoire-géo	vie de classe
16 h 30 – 17 h 25	éducation musicale	/	/	latin	/

PAGE FACULTATIVE

Schaut euch Nicolas' Stundenplan an. Einige Fächer kennt ihr noch nicht: Könnt ihr sie mithilfe anderer Sprachen oder deutscher Fremdwörter erraten?

Du hast jetzt viel über das französische Schulsystem gelernt: Was sind für dich die wichtigsten Unterschiede zur deutschen Schule? Was wisst ihr über die Schule in anderen Ländern?

Les cours de Zoé

▶ ECOUTER

a) **Première écoute:**
   Um welche Fächer handelt es sich? Welche Schlüsselwörter (mots-clés) habt ihr verstanden?
b) **Deuxième écoute:**
   Notiert die Uhrzeit.

Scène	Cours	Mots-clés	Heure
1	?	?	?

Titeuf

1. Titeuf a un projet. Expliquez son idée.
2. Et ses parents, qu'est-ce qu'ils disent ?
3. Ils demandent : « Mais pourquoi, Titeuf ? » Que dit Titeuf ? Cherchez des idées.

"ARRÊTER L'ÉCOLE ET T'INSTALLER EN AUSTRALIE" TU VAS BIEN, TITEUF...?

---

1 un emploi du temps [ɑ̃nɑ̃pwladytɑ̃] ein Stundenplan – **2 anglais** [ɑ̃glɛ] Englisch – **3 E.P.S.** éducation physique et sportive [əpeɛs] Sportunterricht – **4 S.V.T.** sciences de la vie et de la terre [ɛsvete] Biologie

Leçon 5 — Une visite de Paris

S 71

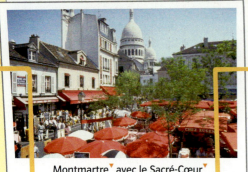
Montmartre avec le Sacré-Cœur

Notre-Dame

La place de la Concorde

Le Centre Pompidou

Le Louvre et la pyramide du Louvre

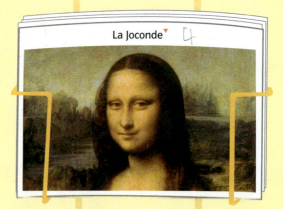
La Joconde

a) Regardez les photos. Qu'est-ce qu'il y a encore à Paris ?

L 64 b) Ecoutez le texte et suivez (verfolgt) la visite de Paris sur le plan page 182.
Puis racontez : d'abord, les touristes vont à… Après, ils…

Ça t'intéresse ?

Yasmine, la cousine de Naïma, est à Paris pour le week-end. Vendredi soir, les filles discutent avec Farid, le frère de Naïma.

Naïma : Demain, je te montre la tour Eiffel.
Ça t'intéresse ?
Yasmine : Ah non, c'est pour les touristes.
Ça ne m'intéresse pas.
Naïma : Bon, alors, tu me donnes une idée ?
Farid : Ecoutez, les filles : moi, je vous montre Paris.
Naïma : Et qu'est-ce qu'on va faire ?
Tu nous expliques ?
Farid : Non, c'est une surprise…

a) Übersetzt die Formen me, m' / te, t' / nous / vous.
b) Welche Funktion haben sie im Satz?
c) Was fällt euch bei der Wortstellung auf? (Achtet auch auf die Verneinung!)

d) Bildet Sätze mit den angegeben Objektpronomen.

1. Tu / montrer / Paris ?   (→ mir)
2. Oui, Paris / intéresser.   (→ mich)
3. Je / donner / l'appareil photo ?   (→ euch)
4. Tu / donner / des idées ?   (→ uns)

Je leur montre Paris !

Naïma : N'oublie pas ton appareil photo, Yasmine.

Yasmine le cherche dans son sac.

Yasmine : Zut ! Je ne l'ai pas… Comment est-ce que je vais faire des photos ?
Farid : Pas de problème, tu les fais avec mon appareil.
Yasmine : Et la visite, on la commence à quelle heure ?
Farid : A neuf heures.

Peu après, Farid discute avec sa mère. Il lui raconte qu'il va visiter Paris avec les filles et qu'il va leur montrer le Printemps. Madame Kherour lui dit que c'est une super idée.

a) Welche Objekte werden durch le, l' / la, l' / les / lui / leur ersetzt?
b) Wo stehen die Objektpronomen im futur composé ?
c) Ersetzt die unterstrichenen Satzteile durch ein Objektpronomen.

Exemple : Yasmine cherche son portable.
→ Yasmine le cherche.

1. Farid montre Paris à sa cousine.
2. Yasmine montre ses photos à ses cousins.
3. Yasmine n'aime pas la tour Eiffel.
4. Farid ne dit pas aux filles où ils vont aller.
5. Farid va donner son appareil à Yasmine.
6. Naïma regarde sa cousine.

La visite commence.

1 Samedi matin, à neuf heures, les filles dorment encore.

Farid : Alors les filles, quand est-ce que vous sortez du lit ?
Naïma : Yasmine, tu dors encore ?
Yasmine : Non, maintenant, je ne dors plus !
Naïma : Il est quelle heure, Farid ? On part déjà ?
Farid : Oui, nous partons dans un quart d'heure. Alors vite !

2 Finalement, les trois jeunes partent à dix heures. Ils prennent le métro et arrivent à la station Opéra.

Farid : Bon, on va au Printemps.
Naïma : Ah, je comprends…
Yasmine : On va faire du shopping ? C'est cool !
Farid : Non, on n'est pas là pour les soldes, Yasmine. Je vais te montrer Paris !

Peu après, les jeunes entrent dans le magasin.

Yasmine : Alors, Farid, tu nous montres ta surprise ?
Farid : Une minute, les filles. D'abord, on prend l'ascenseur…

3 Quand ils sortent de l'ascenseur, les jeunes arrivent sur la terrasse du Printemps. Là, il y a une super vue sur Paris.

Naïma : Alors on t'écoute, Farid…
Farid : Là, à droite, c'est l'Arc de triomphe avec les Champs-Elysées. A gauche, c'est le Centre Pompidou… Et là, derrière le centre, c'est Notre-Dame.
Yasmine : Waouh ! C'est génial, Paris ! Bon, je vous prends en photo. Tu me donnes ton appareil, Farid ?

Yasmine fait des photos de la ville et de ses cousins, puis elle leur demande où ils vont après. Farid montre le Sacré-Cœur à sa cousine et lui explique que Montmartre est le quartier des artistes.

Yasmine : Super ! Alors on sort du magasin ?
Naïma : D'accord, on va à Montmartre. Et après, Farid, qu'est-ce que tu nous proposes ?
Farid : Il y a encore le Louvre, les Tuileries…

| ENTRÉE | TEXTE | **ATELIER A** | SUR PLACE | **LEÇON 5** |

1 A propos du texte
▶ LIRE

Quel est le bon résumé du texte ?
Expliquez pourquoi les autres sont faux.

1. Samedi matin, Farid et ses cousines vont au Printemps et font des photos du magasin. Après, ils montent sur la terrasse et regardent Paris.

2. Samedi matin, les trois jeunes arrivent sur la terrasse du Printemps. Farid explique aux filles la vue sur Paris.

3. Samedi matin, Farid et Yasmine sont sur la terrasse d'un magasin. Ils font des photos de Paris et du magasin.

2 Les filles dorment encore.
§ 26

Complétez les phrases avec les verbes **partir**, **dormir** et **sortir**.

1. Mme Kherour : Farid, quand est-ce que tu ■ avec les filles ?
2. Farid : Nous ■ à neuf heures.
3. Mme Kherour : Mais il est déjà neuf heures. Où sont les filles ? Elles ■ encore ?
4. Farid ■ de la cuisine et écoute à la porte de la chambre des filles.
5. Farid : Vous ■ encore, les filles ? Je ■ dans un quart d'heure, alors maintenant, ■ du lit !
6. Naïma : Moi, je ne ■ plus. Et toi, Yasmine, tu ■ encore ?
7. Yasmine : Non, non. Une minute, Farid, on ■ ensemble !
8. A dix heures, les trois jeunes ■ de la maison.

3 Paris, ça nous intéresse !
§ 25

Complétez avec **me**, **te**, **nous**, **vous**. Faites attention à la place des pronoms objets.

Farid : Je ■ écoute ■, les filles : vous ■ donnez ■ vos idées.
Naïma : D'abord, tu ■ vas ■ montrer ta surprise. Et après, qu'est-ce que tu ■ proposes ■ ?
Farid : Je ■ propose ■ la visite du Centre Pompidou.
Yasmine : Euh… Bof.
Farid : Ça ne ■ intéresse ■ pas, Yasmine ? Alors écoutez, les filles : je ■ vais ■ montrer Montmartre et les artistes.
Yasmine : D'accord. Ça, c'est génial !
Farid : Et je ■ propose ■ aussi la visite du Louvre.
Yasmine : Ah oui, la Joconde, ça ■ intéresse ■ beaucoup.
Farid : Et Notre-Dame, ça ■ intéresse ■ aussi ?
Yasmine : Bien sûr. Est-ce que tu ■ vas aussi ■ raconter l'histoire de Notre-Dame ?

4 Le métro
§ 25

Mettez **le**, **la**, **les**, **lui**, **leur** à la place des expressions soulignées (anstelle der unterstrichenen Ausdrücke).

1. A dix heures, Farid sort de la maison avec les filles. Il va montrer le Printemps <u>à sa sœur et à sa cousine</u>. 2. Là, il y a une super vue sur Paris. Sa cousine va prendre <u>la super vue</u> en photo. 3. Quand ils arrivent à la station de métro, Farid cherche les tickets de métro mais il ne trouve pas <u>les tickets</u>. 4. Alors Naïma demande <u>à son frère</u> : « Où sont les tickets ? » 5. Yasmine rigole : elle a <u>les tickets</u> dans son sac. 6. Alors elle donne <u>les tickets</u> à son cousin. 7. Après, ils regardent le plan de métro et Yasmine dit à Farid qu'elle ne comprend pas <u>le plan de métro</u>.

Regardez le plan à la page 184.

8. Farid explique <u>à Yasmine</u> qu'ils vont aller à la station Opéra et Yasmine cherche <u>la station Opéra</u> sur le plan. 9. Farid montre la station <u>à Yasmine</u>, puis ils prennent le métro.

A Montmartre

1 A onze heures et demie, Yasmine et ses cousins font un tour dans les jolies rues de Montmartre, puis ils vont à la place du Tertre. Yasmine la prend en photo et regarde les petites maisons.

Yasmine : C'est joli, ici. C'est comme un petit village !

Sur la petite place, les artistes font des portraits. Yasmine et Naïma les regardent : il y a des portraits de stars, de touristes…

Naïma : Regardez, c'est Yannick Noah ! Je l'adore !
Yasmine : Ah oui, il est cool, mais sur le portrait, il a des grands pieds !

2 Tout à coup, un artiste demande à Yasmine si elle aime le quartier. Il est très sympa et il lui propose de faire son portrait.

Yasmine : D'accord, c'est une très bonne idée !

L'artiste commence le portrait de Yasmine. Peu après, il le montre aux jeunes. Yasmine a une mauvaise surprise… Son portrait n'est pas très bon.

Yasmine : Pourquoi vous me regardez comme ça ?
Naïma : Tu as une tête marrante, Yasmine !
Farid : Oui… c'est un portrait bizarre !
L'artiste : Vingt-cinq euros, s'il vous plaît.
Farid : Quoi ? Vingt-cinq euros pour ça ? Non, ma cousine n'est pas contente. On te donne dix euros, c'est tout !

3 Les trois cousins quittent vite la place du Tertre et font une pause devant le Sacré-Cœur. Là, ils rencontrent une jeune fille. Tabea habite à Bonn et elle va souvent à Paris. Elle leur raconte qu'elle adore les petits cafés du quartier Latin et les magasins branchés des Champs-Elysées.

Yasmine : Les Champs-Elysées ? Ah oui, ça m'intéresse !
Farid : Bon… mais d'abord, on va au Louvre.
Naïma : Moi, je vous quitte, maintenant. Je rentre à la maison.

Naïma a rendez-vous avec ses parents. Le samedi, elle les aide dans leur restaurant Au p'tit Cahoua.

1 A propos du texte

▶ LIRE

Vrai ou **faux** ? Si c'est faux, expliquez pourquoi.
  Exemple : Madame Kherour et ses enfants arrivent à Montmartre.
    → C'est faux. Yasmine et ses cousins arrivent à Montmartre.

1. Sur la place du Tertre, Yasmine regarde les petites maisons.
2. Un artiste propose de prendre Yasmine en photo.
3. Elle est d'accord parce que c'est une bonne idée.
4. Le portrait est très bon et les jeunes donnent vingt-cinq euros à l'artiste.
5. Après, ils font une pause sur la place du Tertre.
6. Devant le Sacré-Cœur, ils rencontrent une jeune fille.
7. Farid propose à Yasmine d'aller au Louvre.
8. Naïma rentre : elle va aider ses copains au resto.

2 Je fais ton portrait ?   ▶ PARLER

Un artiste fait ton portrait. Après, il dit : « 20 euros, s'il vous plaît. » Mais, toi, tu n'es pas d'accord.
Ecrivez un dialogue et jouez la scène.

3 « Ici Radio Paname ! »   ▶ ECOUTER

Anne de Villèle travaille pour Radio Paname. Aujourd'hui, elle est dans un quartier de Paris et pose des questions aux gens.

a) **Première écoute** : Répondez.
  1. Où est Anne ?
  2. Qu'est-ce qu'elle demande aux gens ?
b) **Deuxième écoute** : Faites un tableau et remplissez-le (füllt sie aus).

Personne	il / elle aime	il / elle n'aime pas
1. ♂	???	???
2. ???		

4 « Allô, Naïma ? C'est Marie. »   §27

Complétez avec bon ■, content ■, grand ■, mauvais ■ et petit ■. Puis écoutez le CD et vérifiez (überprüft) vos phrases.

1. Allô, Naïma ? C'est Marie.

2. Salut, Marie.

3. Tu es où ? Moi, je suis dans le ■ magasin de photo dans la rue Trousseau.
4. Moi, je vais au resto. Mon ■ frère reste avec Yasmine : ils vont faire une ■ visite du Louvre.
5. Ah oui, ce n'est pas une ■ idée, le Louvre. Et elle est ■, ta cousine ?
6. Oui, elle adore Paris et les ■ magasins. Alors ils vont aussi aller aux Champs-Elysées.
7. Ecoute, dans la rue de la Roquette, il y a un ■ café avec une ■ terrasse. Je t'invite. Et après, tu vas travailler. C'est une ■ idée, non ?
8. Oui, c'est super. Comme ça, je fais une ■ pause. Tu as toujours des ■ idées ! J'arrive dans un quart d'heure, d'accord ?

5 La place du Tertre   §27

Mettez les mots dans l'ordre. Attention à l'**accord** et à la **place** de l'adjectif.

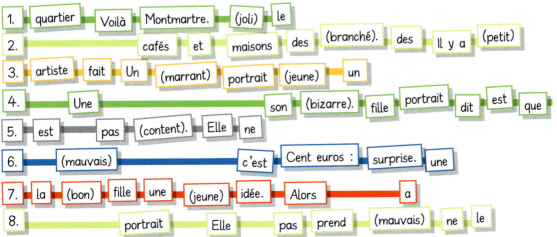

LEÇON 5 — TEXTE C

Aux Champs-Elysées

Avant la lecture

Le soir, au P'tit Cahoua, Yasmine a une surprise pour Naïma. Imaginez.

1 Yasmine continue sa visite de Paris avec Farid. D'abord, ils vont à la pyramide du Louvre.

Yasmine : Ecoute, Farid, on a le temps pour la Joconde ?
5 Farid : Mais regarde, Yasmine, c'est impossible : la queue est trop longue !
La Joconde, c'est pour une autre fois.
Yasmine : Bon, d'accord… Et comment est-ce qu'on va aux Champs-Elysées ? C'est long, à pied ?
10 Farid : Non. On va tout droit, on traverse la place de la Concorde et on arrive aux Champs-Elysées.

2 Vingt minutes après, Farid et Yasmine sont sur les Champs-Elysées. C'est leur dernière étape.
15 Devant le Virgin Mégastore, un grand magasin, des jeunes crient : « Yannick, une chanson ! Yannick, une chanson ! ».

Yasmine : Regarde l'affiche, Farid ! Yannick Noah est au Virgin ! Et la pauvre Naïma n'est pas
20 là… On entre ?
Farid : Ah non. Sa musique est nulle !
Yasmine : Mais il chante les chansons de son dernier CD. C'est super !
Farid : Bon… Mais après, on rentre. Moi, je suis
25 fatigué !
Yasmine : D'accord. Alors on y va ? J'ai une idée…

3 A dix-neuf heures, la famille a rendez-vous au P'tit Cahoua. Quand Naïma sort de la cuisine, Yasmine lui donne une photo.

Yasmine : Regarde, Naïma : c'est une surprise… 30
Naïma : Quoi ? Mais… Yasmine ! Un autographe de Yannick Noah !
C'est génial, merci beaucoup !

Yasmine raconte à Naïma sa promenade avec Farid sur les Champs-Elysées. 35
Puis, madame Kherour arrive.

Mme Kherour : Vite, les enfants ! Voilà le bon couscous du P'tit Cahoua !

| ENTRÉE | TEXTE | **ATELIER C** | SUR PLACE | LEÇON **5** |

1 A propos du texte
▶ LIRE

a) Répondez aux questions par une phrase complète.

1. Où est-ce que Farid et Yasmine vont après leur visite de Montmartre ? 2. Pourquoi est-ce qu'ils ne visitent pas le Louvre ? 3. Où est-ce qu'ils sont vingt minutes après ? 4. Pourquoi est-ce que Farid n'est pas content? 5. Pourquoi est-ce que Yasmine entre dans le magasin ? 6. Où et quand est-ce que la famille a rendez-vous ? 7. Qu'est-ce que Yasmine donne à Naïma ?

b) Yasmine rencontre Yannick Noah au Virgin Mégastore. Imaginez et jouez le dialogue.

2 Un livre de Fanny Joly
▶ ECRIRE/PARLER

§27

Complétez.
Faites attention à l'accord et à la place des **adjectifs**.

Le livre de Fanny Joly t'intéresse ?
Regarde à la page 74.

1. Samedi, à 21 heures. Après leur ■ visite ■ de Paris, les cousines sont ■. — long / fatigué / petit / jeune
2. Dans la ■ chambre ■ de Naïma, Yasmine lit l'histoire d'une ■ fille ■. C'est dans un livre de Fanny Joly.
3. « La fille s'appelle Marion. Elle n'est pas très ■, mais elle est ■. — joli / cool
4. Et ce n'est pas une ■ élève ■. — bon
5. En maths, elle est ■ : elle a toujours des ■ notes ■. — nul / mauvais
6. Sa ■ interro ■ : une catastrophe. — dernier
7. Mais son ■ problème ■, c'est qu'elle aime Félix. — grand
8. Félix est un ■ ami ■ du frère de Marion. Les deux garçons sont très ■. — bon / sympa
9. Et Félix est un ■ garçon ■… — joli
10. Mais la ■ Marion ■ ne l'intéresse pas. — petit
11. Alors Marion n'est pas ■ : elle et Félix, c'est une ■ histoire ■. — content / impossible
12. Et Félix aime une ■ fille ■, c'est sûr ! — autre
13. Mais Marion a de la chance : elle a une très ■ copine ■, Camille. — bon
14. Camille a des ■ idées ■, mais c'est une ■ fille ■. — bizarre / marrant
15. C'est aussi une ■ fille ■, et elle habite dans un ■ appartement ■. — branché / grand
16. Et quand Marion a des problèmes, Camille aide toujours sa ■ copine ■ … » — pauvre

3 On dit – En ville
▶ ECOUTER / PARLER

!	**So fragt man nach dem Weg:**	**So beschreibt man den Weg:**	
	Pardon, monsieur / madame / mademoiselle, … – où est…, s'il vous plaît ? – comment est-ce que je vais à… ?	– Vous prenez la première / deuxième / troisième rue à droite / à gauche. – Vous continuez (tout droit).	– Vous arrivez à… – Vous tournez à gauche / à droite. – Vous allez tout droit. – Vous traversez la rue / la place…

A vous.

a) Naïma t'invite au restaurant de ses parents et elle t'explique comment on va au P'tit Cahoua.

A : Le Louvre → B : Le Centre Pompidou

Ecoute le texte et regardez le plan à la page 181. Où est le restaurant ?

A : Les Halles → B : Notre-Dame

b) Regarde le plan de Paris à la page 181. Explique à ton voisin le chemin pour aller de A à B. Puis changez de rôle.

A : Le Centre Pompidou → B : Les Tuileries

4 Un champ lexical – La ville

▶ PARLER

a) Complétez le champ lexical.

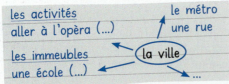

b) Présente ta ville / ton village à un / une élève du collège Anne Frank.

Quand je vais au collège, je prends…

Les touristes aiment visiter…

Dans ma ville / mon village, il y a…

5 Stratégie – Fehler vermeiden

! Wenn du einen Text geschrieben hast, lies ihn dir mehrmals durch. Achte auf typische Fehler:

1. **Stimmen die Verbformen?**
   tu regard**es**, ils cherch**ent**, vous **êtes**, vous **allez**

2. **Hast du an die Angleichung (den Accord) gedacht?**
   le**s** fille**s**, le**s** joli**es** maisons

3. **Stimmen die Possessivbegleiter?**
   Marie cherche **sa** sœur (ihre).
   Farid cherche **sa** sœur (seine).
   Ils cherchent **leur** frère / **leurs** parents.

4. **Ist die Wortstellung z. B. der Pronomen richtig?**
   Farid ne **me** regarde pas.

5. **Hast du die Rechtschreibung – vor allem die Akzente! – beachtet?**
   le père, le métro, le garçon…

1 Verben	ils montrent
2 Accord	des filles fatiguées
3 Begleiter	leurs copains
4 Wortstellung	Tu m'aimes ?
5 Rechtschreibung	déjà

A vous. Diktiert eurem Nachbarn / eurer Nachbarin fünf Sätze aus dem Text C. Korrigiert die Sätze gemeinsam und ordnet die Fehler den fünf Fehlerquellen zu. Tauscht danach die Rollen.

Lege dir nach Korrekturen (vom Hausheft, Cahier und Tests) eine Fehlertabelle als Checkliste an, auf der du deine häufigsten Fehler vermerkst. Überprüfe sie regelmäßig z. B. vor Klassenarbeiten.

6 En français – Shopping in Berlin

Die 4eC des Collège Anne Frank macht eine Klassenfahrt nach Berlin. Im Internet stehen folgende Informationen zum Einkaufen. Fasst das Wichtigste auf Französisch zusammen.

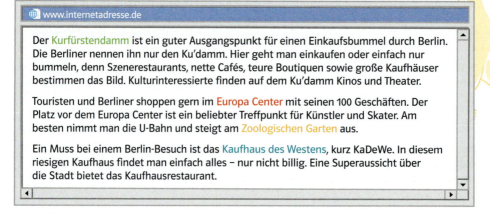

🌐 www.internetadresse.de

Der Kurfürstendamm ist ein guter Ausgangspunkt für einen Einkaufsbummel durch Berlin. Die Berliner nennen ihn nur den Ku'damm. Hier geht man einkaufen oder einfach nur bummeln, denn Szenerestaurants, nette Cafés, teure Boutiquen sowie große Kaufhäuser bestimmen das Bild. Kulturinteressierte finden auf dem Ku'damm Kinos und Theater.

Touristen und Berliner shoppen gern im Europa Center mit seinen 100 Geschäften. Der Platz vor dem Europa Center ist ein beliebter Treffpunkt für Künstler und Skater. Am besten nimmt man die U-Bahn und steigt am Zoologischen Garten aus.

Ein Muss bei einem Berlin-Besuch ist das Kaufhaus des Westens, kurz KaDeWe. In diesem riesigen Kaufhaus findet man einfach alles – nur nicht billig. Eine Superaussicht über die Stadt bietet das Kaufhausrestaurant.

Paris et ses chansons

« Paris »
Camille

Paris, tu paries[1],
Paris, que je te quitte
Que je change de cap, de capitale[2]
Paris, tu paries,
Paris que je te quitte
Je te plaque[3] sur tes trottoirs sales[4].

Jamais, Camille
© 2002 by Blonde Music/Delabel Editions
Rolf Budde Musikverlag GmbH, Berlin
EMI Music Publishing Germany GmbH & Co. KG,
Hamburg

« Aux Champs-Elysées »
Joe Dassin

Aux Champs-Elysées,
aux Champs-Elysées
Au soleil[5], sous la pluie[6],
à midi ou à minuit
Il y a tout ce que vous voulez[7]
aux Champs-Elysées

Pierre Delanoë © 1969
by Intersong Music Ltd., London

a) Ecoutez les chansons et chantez « Aux Champs-Elysées ».

b) **A vous.**
Ecrivez une chanson sur votre ville.

Du hast jetzt einen Eindruck von Paris bekommen.
Was ist für dich das Besondere an dieser Stadt?
Wo siehst du die Unterschiede oder Gemeinsamkeiten zu einer deutschen Stadt, die du gut kennst?

Yannick Noah

Naïma est fan de Yannick Noah. Voilà des informations sur le chanteur et ex-champion de tennis célèbre en France. Et sur le CD, vous trouvez une chanson de son album Pokhara.

Yannick Noah est né en 1960. Il quitte la France à 3 ans et va avec sa famille au Cameroun. Dans sa jeunesse, il a deux passions : le sport et la musique. A l'âge de dix ans, il est déjà un petit champion de tennis. Il retourne en France et devient une vraie star du tennis : victoire au tournoi junior de Wimbledon à 17 ans, puis à Roland-Garros en 1983, et enfin en Coupe Davis en 1991. Dans la même année, il commence sa carrière de chanteur. Il publie plusieurs albums et donne des concerts. Yannick Noah s'engage aussi dans des associations caritatives, il aide les enfants pauvres.

Quelles sont les étapes dans la vie de Yannik Noah ?
(Welche Etappen gibt es im Leben von Yannik Noah?)

Pour d'autres informations, regardez sur le site Internet de Yannick Noah.

---

1 parier [paʀje] wetten – **2 une capitale** [ynkapital] eine Hauptstadt – **3 plaquer qn** [plake] jdn abservieren –
4 sale [sal] schmutzig – **5 au soleil** [osɔlɛj] in der Sonne – **6 sous la pluie** [sulaplɥi] im Regen –
7 tout ce que vous voulez [tuskəvuvule] alles, was das Herz begehrt

Leçon 6 — Les activités des jeunes

S 1

la musique

la danse

le dessin

l'escalade

le VTT

la natation

L 73 **a)** Voilà sept jeunes et leurs activités.
 Ecoutez les scènes : qu'est-ce qu'ils aiment ?

 Charles aime…, Sophie…, Malika…, Cécile et Pierre…, Yannick…, Anne…

b) Et maintenant, voilà Pauline.
 Ecoutez : Elle est où ?
  Qui est là aussi ? Qu'est-ce qu'ils font ?

Tu as répété ?

C'est vendredi soir : les jeunes du cours de théâtre discutent au téléphone. Demain, ils vont répéter une dernière fois leur pièce « Histoire d'un soir ». Et dimanche, ils vont la jouer au Théâtre de l'Epouvantail.

1. Naïma : Alors, tu <u>as regardé</u> la vidéo de notre dernière répétition ?
   Marie : Oui. Mercredi, après le cours, j'<u>ai regardé</u> la vidéo avec Julien et on <u>a répété</u> nos rôles ensemble. La pièce est super !

2. Naïma : Julien et toi, vous <u>avez répété</u> la pièce ?
   Nicolas : Oui, nous <u>avons répété</u> hier soir avec mes parents, et ils <u>ont adoré</u> la pièce…

3. Julien : Nous n'<u>avons</u> pas <u>joué</u> ensemble depuis une semaine. Alors, tu n'<u>as</u> pas <u>oublié</u> ton rôle ?!
   Pauline : Non, bien sûr ! Mais j'ai un problème : la dernière fois, monsieur Rollin n'<u>a</u> pas <u>aimé</u> ma façon de jouer…

« Histoire d'un soir » vous intéresse ?
Regardez sur www.klett.de

a) Die unterstrichenen Verben im Text stehen im *passé composé*.

   1. Was drückt das *passé composé* aus?
   2. Wie bildet man das *passé composé*? Vergleiche auch mit ähnlichen Zeitformen im Englischen und Deutschen.
   3. Finde heraus, wie man im *passé composé* die Verneinung bildet.
   4. Vergleiche die Bildung des *passé composé* mit der des *futur composé*.

b) Ecrivez les phrases au *passé composé* dans votre cahier.

   Exemple :
   Monsieur Rollin (expliquer) le rôle à Pauline.
   Monsieur Rollin **a expliqué** le rôle à Pauline.

   Pauline (écouter) pendant la répétition.
   Pauline **n'a pas écouté** pendant la répétition.

   1. Hier, les acteurs (discuter) au téléphone.
   2. Julien : Nicolas, tu (montrer) la pièce à tes parents ?
   3. Les parents de Nicolas (trouver) la pièce mauvaise.
   4. Marie et Julien (répéter) leurs rôles ensemble.
   5. Pauline (téléphoner) à Julien.
   6. Nicolas et Naïma : Nous (regarder) la vidéo de monsieur Rollin.
   7. M. Rollin : J'(organiser) une fête au théâtre.
   8. M. Rollin : Marie et Naïma, vous (inviter) vos parents ?
   9. Naïma : Je (travailler) hier.

c) Ecoutez les 12 phrases. Elles sont au *présent*, au *passé composé* ou au *futur composé*. Faites un tableau dans votre cahier et cochez la bonne réponse. (Kreuzt die richtige Antwort an.)

	présent	passé composé	futur composé
1		✓	
2			
3			

LEÇON 6

Répétition générale

Avant la lecture Regardez la photo 2 : Pauline n'est plus sur la scène. Pourquoi ?

1 Samedi après-midi, c'est la répétition générale. Les jeunes et monsieur Rollin sont très nerveux.

M. Rollin : Ecoute, Pauline. Ton rôle est très difficile. Tu as fait des progrès, d'accord… mais tu ne peux pas jouer demain.
Pauline : Quoi ?… Mais je veux jouer, moi ! J'ai beaucoup travaillé !
M. Rollin : Ecoute, Pauline : tu as voulu jouer le rôle et tu as eu le temps. Moi, j'ai été patient, mais je pense que tu n'es pas prête.
Pauline : Alors Charlotte va jouer ? Vous voulez la prendre pour demain ?
M. Rollin : Oui. Elle a appris le même rôle l'an dernier et elle fait du théâtre depuis deux ans. Elle peut jouer demain. Et toi, tu vas jouer la prochaine fois.

2 Pauline est en colère. Elle a envie de crier. Elle quitte la scène et la répétition continue.

M. Rollin : Bon, on joue la dernière scène : Marie, tu rencontres Charlotte. Toi, Charlotte, tu fais de la musique avec ton groupe et tu es amoureuse de Julien… Naïma, tu as pu prendre des bonnes photos ?… Très bien.

Les jeunes jouent encore une demi-heure. Puis Julien demande :

Julien : Pour la scène avec la police, est-ce que nous pouvons jouer avec nos costumes, maintenant ?
M. Rollin : Oui, d'accord.

3 Les jeunes vont dans les coulisses. Ils veulent prendre leurs costumes. Tout à coup, Julien crie, en colère : « Mon costume, mais où est mon costume ? »

Naïma : Qu'est-ce qu'il y a, Julien ?
Julien : J'ai laissé mon costume de policier ici, sous la table. Et j'ai déjà cherché partout ! Qui a pris mon costume ?!

Sans le costume de Julien, les jeunes ne peuvent pas jouer demain. Et trouver maintenant un autre costume de policier, c'est impossible !

1 A propos du texte

§§ 28, 29, 30 ▶ LIRE

a) Faites des phrases au **présent**. Puis mettez-les dans le bon ordre.
Exemple : phrase 4 → phrase 1 : A la répétition générale, monsieur Rollin est nerveux.

1. Julien – chercher – partout – costume de policier.
2. Alors elle – ne pas pouvoir jouer.
3. Puis les jeunes – vouloir jouer avec – costumes.
4. A la répétition générale – monsieur Rollin – être – nerveux.
5. Charlotte – prendre – le rôle de Pauline.
6. Mais il – ne pas trouver – costume de policier.
7. Pauline – avoir – un rôle difficile – ne pas être prête.
8. Alors Pauline – être en colère – quitter la scène.
9. Et sans costume – Julien – ne pas pouvoir jouer !

b) Mettez les phrases au **passé composé**.

c) Imaginez la suite (die Fortsetzung) :
qu'est-ce que les jeunes vont faire ? ▶ PARLER

2 On veut, mais on ne peut pas.

§ 28

Complétez les phrases avec une forme de **vouloir** et de **pouvoir** et reliez (verbindet) les phrases.

1. Naïma et Nicolas ■ regarder une vidéo, mais ils ne ■ pas…
2. – Tu ■ téléphoner à monsieur Rollin, s'il te plaît ?
   – Non, je ne ■ pas…
3. Nous ■ faire un match de foot, mais nous ne ■ pas…
4. Je ■ aller au cinéma, mais je ne ■ pas…
5. – Vous ■ aller à la MJC aujourd'hui?
   – Oui. Mais nous ne ■ pas…
6. Pauline ■ jouer dans la pièce, mais elle ne ■ pas…

parce que/ parce qu' →

il n'y a pas d'ateliers aujourd'hui
nous sommes seulement neuf garçons.
elle n'est pas prête.
ils ont des devoirs pour demain.
mes parents ne sont pas d'accord.
je n'ai pas son numéro de téléphone.

3 Moi, je fais du foot !

le volley · le ping-pong · le vélo/le VTT · la danse · le tennis · le piano · le foot · le théâtre · le dessin · la natation · le judo · l'athlétisme · l'escalade · la batterie · la guitare · le shopping

a) Trouvez les mots qui vont avec les dessins.
b) **A vous.** – Qu'est-ce que tu fais comme activité(s) ?
– Moi, je fais **du**… / **de la**… / de l'… Et toi ?

Regarde aussi dans le dictionnaire (Wörterbuch).

4 Mercredi

§ 29, 30

Qu'est-ce que les élèves ont fait dans l'après-midi ?

Racontez au passé composé.

Sarah et Jérémy :
« Nous… » (chercher)

Zoé (être)…

Nicolas (regarder, ne pas travailler)…

Pauline : « Je… » (faire)

Mme Kherour : « Naïma, tu… » (ne pas aider) papa au restaurant ?

Charlotte et Karim (apprendre)…

Marie (avoir) une mauvaise note.

Julien (vouloir, mais ne pas pouvoir)…

Les acteurs (répéter).

5 Un e-mail

§ 29, 30

Aujourd'hui, Karim n'a pas joué parce qu'il est malade. Après la répétition, Julien lui écrit un e-mail.

Complétez les phrases avec les verbes au *présent* ou au *passé composé*. Ecrivez l'e-mail dans votre cahier.

> Cher Karim,
> Comment ça ■ ? Je t'■ parce que je ■ te raconter la répétition.
> Aujourd'hui, on ■ une mauvaise surprise. D'abord, nous ■ avec Pauline.
> Mais monsieur Rollin ■ très patient. Tout à coup, il ■ :
> «Pauline, tu ■ demain ! Charlotte ■ ton rôle !»
> Il ■ vache, non ? Pauline ■ des progrès depuis la dernière fois !
> Après, Pauline ■ son sac et elle ■ le théâtre.
> Alors on ■ la répétition sans Pauline. La pauvre !
> On ■ jouer avec les costumes. Mais je ■ mon costume de policier.
> C'est la cata ! Tu ■ peut-être m'aider ?
> Salut, Julien.

aller/écrire/ vouloir/
avoir/jouer/
ne pas être/crier/
ne pas jouer/prendre/
être/faire/
prendre/quitter/
continuer
vouloir/ne pas trouver
pouvoir

6 On répète ?

§ 32

Ecoutez le CD et écrivez les formes du verbe **répéter** avec le sujet.

Faites attention aux accents !

Au fond de la scène...

1 Après la répétition, Naïma, Marie et Nicolas vont au café du théâtre et parlent de leur problème.

Nicolas : Zut ! On n'a pas de chance.
D'abord, l'histoire avec Pauline, et maintenant, il faut trouver un autre costume pour Julien !
Marie : Qui peut nous aider ? Les autres sont partis et Julien est rentré à la maison.
Naïma : Regardez ! La photo, là...
Qu'est-ce que vous voyez ?
Marie : Mais... ce n'est pas possible !

3

Naïma : Tiens, tiens... Pauline, tu n'as pas vu le costume de Julien ?
Pauline : Euh... Non. J'ai... oublié mon sac...
Marie : Pauline ! Tu as volé le costume !
Comment est-ce que tu as pu faire ça ?!
Pauline : Non, ce n'est pas vrai !
Naïma : Mais si, tu vois la photo, là ? J'ai fait un zoom. Le fond de la scène est dans le noir. Mais avec le flash, on voit tout !
Nicolas : Et là, c'est toi !

2 Marie demande à ses copains : « Alors qu'est-ce qu'on fait maintenant ? ». Les trois copains discutent et cherchent une solution... Tout à coup, Nicolas et Naïma voient Pauline dans la rue. Elle entre dans le théâtre. Alors les trois jeunes sortent vite du café et entrent aussi dans le théâtre. Là, ils trouvent Pauline : elle est allée dans les coulisses...

4

Pauline : Euh... Bon, d'accord. C'est vrai.
Marie : Alors tu nous expliques ?
Pauline : J'ai voulu jouer un tour à monsieur Rollin. Quand il a dit : « Tu ne joues pas demain », j'ai craqué. Après, Charlotte et Marie sont montées sur la scène et moi, je suis allée dans les coulisses... pour prendre le costume...
Nicolas : C'est nul, Pauline. Il ne faut pas voler !
Naïma : Et pourquoi est-ce que tu es retournée au théâtre ?
Pauline : J'ai compris : j'ai fait une bêtise. Alors voilà le costume. Je vous demande pardon.
Marie : Ouf ! On peut jouer demain !
Nicolas : Monsieur Rollin est parti pour chercher un autre costume... Il faut lui téléphoner. Il va être content !

LEÇON 6 — ATELIER B

1 A propos du texte   ▶ LIRE

a) Cherchez le bon résumé du texte.   b) Choisissez un des deux faux résumés et corrigez les fautes.

1 Après la répétition, Marie, Naïma et Nicolas sont au café du théâtre. Ils discutent et regardent des photos. Tout à coup, ils voient Pauline. Elle a pris le costume de policier parce qu'elle veut jouer un tour à Charlotte. Mais elle comprend qu'elle a fait une bêtise. Alors elle retourne au théâtre avec le costume. Marie a vu pendant la répétition que Pauline a volé le costume.

2 Après la répétition, Marie, Naïma et Nicolas sont au café du théâtre. Tout à coup, ils voient Pauline. Elle entre dans le théâtre. Alors ils entrent aussi dans le théâtre et trouvent Pauline dans les coulisses. Pauline a volé le costume de policier pour jouer un tour à monsieur Rollin. Mais elle a compris qu'elle a fait une bêtise et elle est retournée au théâtre avec le costume. Naïma a vu sur une photo que Pauline a volé le costume.

3 Après la répétition, Marie, Nicolas et Naïma sont au café du théâtre. Ils discutent. Tout à coup, ils voient Pauline. Elle entre dans le théâtre pour voler les costumes des acteurs. Elle veut jouer un tour à monsieur Rollin et à Charlotte. Marie, Naïma et Nicolas quittent le café. Dans les coulisses du théâtre, ils trouvent Pauline. Elle comprend qu'elle a fait une bêtise et elle donne les costumes à Marie, Naïma et Nicolas.

2 Pauline craque…   ▶ ECRIRE / PARLER

Samedi soir, Pauline rentre à la maison. Ses parents lui disent : « Alors, demain, c'est ton grand jour ! » Pauline raconte qu'elle a volé le costume…

Utilisez le vocabulaire des textes A et B pour écrire le dialogue entre Pauline et ses parents. Puis jouez le dialogue.

3 Un week-end   § 29, 30, 31

Au collège, les élèves racontent leur week-end.

a) Racontez au *passé composé*.

1. Zoé : Samedi, je ■ dans la rue Bréguet avec Eric. On ■ du shopping. — **aller / faire**
2. Charlotte : Moi, j'■ de l'escalade avec mes parents. Nous ■ à 7 heures et nous ■ à Fontainebleau. — **faire / partir / aller**
3. Marie et Naïma : On ■ à un concert à la MJC. On ■ à 20 heures. — **aller / rentrer**
4. Pauline : Hier, je ■ au lit ! Le matin, j'■ des e-mails. L'après-midi, j'■ un livre de Fanny Joly. — **rester / écrire / lire**
5. Julien : Je ■ à huit heures au théâtre. Là, j'■ mon texte. — **arriver / répéter**
6. Nicolas : Je ■ avec Karim. On ■ au cinéma Bastille. — **sortir / aller**

b) Et toi ? Qu'est-ce que tu as fait pendant le week-end ? Prends d'abord des notes (Notizen). Puis raconte à ton voisin/à ta voisine : Vendredi soir… Samedi matin…   ▶ PARLER

4 Pendant la pause   § 34

Mettez les mots dans le bon ordre. Faites attention à la place des pronoms objets.

1. J'ai aimé la pièce.
2. Charlotte est super.
3. Voilà les acteurs.
4. Monsieur Rollin est là ?
5. Mon rôle est difficile.

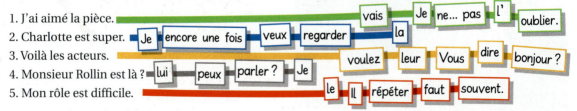

5 Dans ma rue

§ 33

a) Complétez avec les formes du verbe **voir**. Elles riment (reimen) avec les phrases à droite.
Puis reliez les formes aux phrases et écrivez un petit poème (Gedicht).

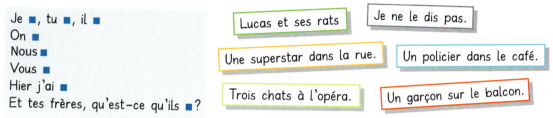

 b) Choisissez un verbe et écrivez un autre poème : avoir, être, partir, prendre. ▶ ECRIRE

6 Au théâtre et à l'école

§ 23 ▶ ECRIRE

a) Pendant le cours de théâtre. Qu'est-ce qu'**il faut faire** ? Qu'est-ce qu'**il ne faut pas faire** ?
Utilisez les verbes suivants (folgenden) et écrivez 10 phrases.

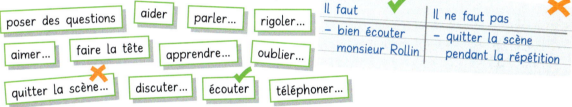

b) **A vous.** A l'école : Qu'est-ce qu'il faut faire ? Qu'est-ce qu'il ne faut pas faire ? Faites une liste.

7 Content ou pas content ?

a) Décrivez (Beschreibt) Titeuf et ses copains.

b) **A vous.** – Moi, je suis en colère quand mon frère fait de la batterie. Et toi ?   ▶ PARLER
– Moi, je suis en colère quand… – Mais je suis content(e) quand… Et toi ?

LEÇON 6 — ATELIER B

8 Pauline n'est plus en colère.
▶ ECOUTER

L 76

Ecoutez. C'est **vrai** ✓ ou **faux** ✗ ? Si c'est faux, corrigez.

1. Les jeunes sont au café.
2. Ils parlent de la pièce.
3. Charlotte a oublié son rôle.
4. Pauline a regardé la pièce.
5. Monsieur Rollin téléphone à Pauline.
6. Pauline ne va plus jouer dans le groupe de monsieur Rollin.

9 Le rendez-vous de Marie
§ 29, 30, 31

Samedi, Marie a rendez-vous à 15 heures avec Eric. Voilà les activités de Marie avant son rendez-vous.

a) Lisez le texte.

1. Marie quitte la maison à 14 heures.
2. D'abord, elle veut faire des courses pour sa mère.
3. Mais elle oublie la liste des courses et elle rentre à la maison.
4. Elle voit la liste sur la table de la cuisine et un message de sa mère.
5. Elle lit le message et écrit une réponse.
6. Puis elle retourne au Monoprix.
7. Là, elle rencontre sa copine Sophie et les deux filles discutent un peu.
8. Puis elles quittent le magasin et Marie rentre vite à la maison.
9. Elle veut aller dans la cuisine, mais Goliath arrive… Il veut faire un tour.
10. Alors Marie sort avec son chien.
11. Finalement, elle part de la maison à 15 h 45.
12. Et elle arrive à Bercy seulement à 16 h 00.

b) Quand Marie arrive à Bercy, Eric est en colère : Marie arrive une heure après leur rendez-vous !

Eric :   Ecoute, Marie, il est 16 h 00 !
Marie : Pardon, Eric, mais j'ai quitté la maison à 14 heures. D'abord,…

Continuez l'explication (die Erklärung) de Marie au passé composé.

c) Imaginez le message de madame Laroche et la réponse de Marie.
▶ ECRIRE

10 Stratégie – Kreatives Schreiben

> ❗ ❓ In dieser Lektion hast du unsere Clique bei der Generalprobe ihres Theaterstückes erlebt. Folgende Fragen können dir helfen, selber eine kleine Szene zu schreiben:

Wo?	Wo soll das Stück spielen?	**Wann?**	Wann spielt das Stück?
Wer?	Welche Personen sind beteiligt? Welche Gefühle und Eigenschaften haben sie?	**Was?**	Was passiert in dem Stück? Überlege dir einen Handlungsstrang und notiere dazu wichtige Verben.

A vous. Aus dem Text wisst ihr, dass in dem Stück eine Polizeiuniform und eine Musikgruppe eine Rolle spielen. Entwerft jetzt dazu selber eine kleine Theaterszene. Wenn ihr möchtet, könnt ihr euch auch eine Szene mit einem anderen Thema überlegen.

ENTRÉE | TEXTE | ATELIER | SUR PLACE

LEÇON 6

PAGE FACULTATIVE

Que font les filles et les garçons ?

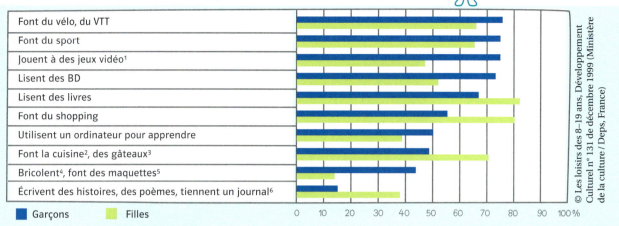

© Les loisirs des 8–19 ans, Développement Culturel n° 131 de décembre 1999 (Ministère de la culture / Deps, France)

Choisissez trois activités et comparez.
Exemple : 75 %[7] des garçons et 65 % des filles font du sport.
Est-ce que les garçons et les filles ont les mêmes activités ?

> Informiert euch über die Freizeitgewohnheiten der deutschen Jugendlichen (Umfrage in der Schule oder unter Freunden; Internet). Vergleicht eure Ergebnisse mit der Statistik oben auf der Seite.

A vous. Posez des questions dans votre classe et faites des statistiques. Est-ce que vous trouvez les mêmes résultats ?

L'accordéon[8] de Charles-Henry

Dans le groupe « Rob, Wed & Co », Martoon et Wed jouent de la guitare[9] et Rob joue de la batterie. Ils ont un copain, Charles-Henry…

Expliquez pourquoi la mère de Charles-Henry va être déçue[10].

 A vous. Est-ce que vous jouez d'un instrument de musique ? Cherchez le nom de votre instrument dans un dictionnaire ou sur Internet. Vous faites aussi de la musique avec des copains ?

---

1 un jeu vidéo [ɛ̃ʒøvideo] ein Computerspiel – **2 faire la cuisine** [fɛʀlakɥizin] kochen – **3 un gâteau / des gâteaux** [ɛ̃gato/degato] ein Kuchen / Kuchen – **4 bricoler** [bʀikɔle] basteln – **5 une maquette** [ynmakɛt] ein Modell – **6 tenir un journal** [təniʀɛ̃ʒuʀnal] ein Tagebuch führen – **1 % (= un pour cent)** [ɛ̃puʀsɑ̃] ein Prozent – **8 un accordéon** [ɛ̃nakɔʀdeɔ̃] ein Akkordeon – **9 jouer d'un instrument** [ʒwedɛ̃nɛ̃stʀymɑ̃] ein (Musik)Instrument spielen – **10 déçu(e)** [desy] enttäuscht

| RÉCRÉ 2 | PLAISIR DE LIRE | RÉVISIONS | DELF |

Moi et les autres

S 12

Le remplaçant

Avant la lecture — Regardez d'abord les images, puis décrivez-les.

Le prof de maths de Marion est malade. Aujourd'hui, il y a un remplaçant…

Le remplaçant nous explique le théorème de Pythagore. Je regarde ses mains sur le tableau. J'écoute sa voix, plus veloutée que celle d'un chanteur de charme. Peu à peu, Pythagore cesse d'être un ennemi. C'est un grand savant, **un type remarquable. Son théorème est passionnant.** Je le comprends sans aucun problème.

Tiré de : Joly, Fanny/Catel (2002): Les aventures de Marion et Charles. Mon frère, quelle galère … ma sœur, quelle horreur, Paris : Bayard Editions Jeunesse, p. 30-32

a) Pourquoi est-ce que Marion aime les mathématiques, maintenant ?

b) Pendant la récré, les élèves de la classe parlent du remplaçant. Imaginez des dialogues, puis jouez la scène.

---

un remplaçant [ɛ̃ʀãplasã] ein Vertretungslehrer – **un prénom** [ɛ̃pʀenõ] ein Vorname – **le théorème de Pythagore** [ləteɔʀɛmdəpitagɔʀ] der Lehrsatz des Pythagoras – **une main** [ynmɛ̃] eine Hand – **un tableau** [ɛ̃tablo] eine Tafel – **une voix** [ynvwa] eine Stimme – **plus velouté,e… que** [plyvəlute…kə] samtiger … als – **un chanteur de charme** [ɛ̃ʃãtœʀdəʃarm] ein Schnulzensänger – **cesser de faire qc** [sese] aufhören etw. zu tun – **un ennemi** [ɛ̃n(ə)mi] ein Feind – **un savant** [ɛ̃savã] ein Wissenschaftler – **un type** [ɛ̃tip] ein Typ – **remarquable** [ʀ(ə)maʀkabl] bewundernswert – **passionnant,e** [pasjɔnãt] fesselnd – **sans aucun…** [sãzokɛ̃] ohne jegliche …

Premier amour[1]

PAGES FACULTATIVES

8 septembre
Il y a une nouvelle élève dans notre classe. Elle s'appelle Sylvie. Mme Delibes lui a dit de s'asseoir[2] à côté de[3] moi.

17 septembre
Sylvie m'a donné une gomme[4]. Je lui ai donné mon stylo à plume[5].

8 octobre
Sylvie est malade. J'irai[6] chez elle pour lui porter[7] les devoirs.

13 octobre
Sylvie est revenue[8] ce matin. Après la classe, je l'ai raccompagnée[9] jusque chez elle[10].

2 décembre
J'ai écrit un poème[11] pour Sylvie. Je l'ai jeté[12].

29 décembre
Vacances[13]. Elle me manque[14].

17 janvier
Sylvie ne veut plus que je la raccompagne après la classe.

18 janvier
Je l'ai vue à la bibliothèque. Elle parlait[15] à Rocco.

20 janvier
J'ai écrit à Sylvie.

21 janvier
Elle a demandé à changer de place[16]. Elle est au premier rang[17] maintenant.

30 juin   Je l'aime toujours…

© Editions Milan / *Histoires pressées* de Bernard Friot (1991)

a) Ecrivez une petite pièce de théâtre : imaginez une scène pour chaque jour.
Exemple : **8 septembre**   Mme Delibes : Bonjour ! Voilà Sylvie. C'est une nouvelle élève.
Sylvie, tu vas à côté de Bernard, s'il te plaît.
Sylvie :   Oui, madame. Salut, Bernard…   Continuez.

b) Mettez-vous à la place de Sylvie et écrivez un texte.
Exemple : **8 septembre** : C'est le premier jour dans mon nouveau collège…

Projet – Ecrire des poèmes

Ihr habt schon so viel Französisch gelernt, dass ihr Gedichte schreiben könnt.

1. Wählt zuerst ein Thema aus, z. B. les copains, l'école…
2. Sucht französische Wörter, die euch zu eurem Thema einfallen.
3. Wählt eine Gedichtform, schreibt ein Gedicht und tragt es vor.

Kalligramm

Il t'aime ? Je ne sais pas ! Tu l'aimes ? Je ne veux pas ! Alors, qui est-ce que tu aimes ? C'est toi !

Akrostichon

Amoureux, il l'adore.
Il la regarde toujours.
Mais elle, elle ne l'aime plus.
Elle le quitte et lui dit au
Revoir !

Quartett

Dans les poèmes, « amour »
Rime[18] souvent avec « toujours ».
Mais quand je dis « je t'aime »,
Pourquoi ça rime avec « problèmes » ?

---

1 l'amour (m.) [lamuʀ] die Liebe – **2 s'asseoir** [saswaʀ] sich hinsetzen – **3 à côté de** [akotedə] neben – **4 une gomme** [yngɔm] ein Radiergummi – **5 un stylo à plume** [ɛ̃stiloaplym] ein Füller – **6 j'irai** [ʒiʀe] ich werde gehen – **7 porter qc à qn** [pɔʀte] jdm. etw. bringen – **8 elle est revenue** [ɛlɛʀəv(ə)ny] sie ist zurückgekommen – **9 raccompagner qn** [ʀakɔ̃paɲe] jdn. begleiten – **10 jusque chez elle** [ʒyskʃezɛl] bis nach Hause – **11 un poème** [ɛ̃pɔɛm] ein Gedicht – **12 jeter** [ʒ(ə)te] wegwerfen – **13 les vacances** (f.) [levakɑ̃s] die Ferien – **14 manquer à qn** [mɑ̃ke] jdm. fehlen – **15 elle parlait** [ɛlpaʀlɛ] sie sprach – **16 changer de place** [ʃɑ̃ʒedəplas] den Platz wechseln – **17 un rang** [ɛ̃ʀɑ̃] eine Reihe – **18 rimer** [ʀime] sich reimen

RÉCRÉ 2

PLAISIR DE LIRE | RÉVISIONS | DELF

On fait des révisions.

In der *Révision 2* kannst du alleine oder mit einem Partner wiederholen, was du in den Lektionen 4–6 gelernt hast. Deine Lösungen kannst du auf den Seiten 169 ff. überprüfen.

1 Cherchez les verbes.

§ 18, 28

Ecrivez les verbes dans votre cahier et ajoutez les **pronoms**.
Puis trouvez **l'infinitif** et **le passé composé**.
Les lettres entre les verbes forment une expression :
C'est une activité…

Exemple :

Pronom + verbe	infinitif	passé composé
je lis / tu lis	lire	j'ai lu

```
LISFVEULENTADISONSIPEUX
RECRITELISONSDVEUTUE
CRIVENTSPOUVONSHDITESO
VOULEZPDISENTPPEUVEN
TILISENTNECRIVEZGLISEZ
```

2 Encore des intrus !

a) Cherchez d'abord **l'intrus** : par exemple : l'affiche.
b) Puis trouvez un terme général (einen Oberbegriff) : par exemple : la ville.

l' affiche	l'escalade	le gymnase	le CD	le rôle	la fille
l' immeuble	le VTT	l' infirmerie	la guitare	le dessin	les parents
le restaurant	la natation	la cuisine	le concert	l'acteur	le frère
le café	le piano	le CDI	la radio	la scène	le voisin
le cinéma	le tennis	la cantine	la BD	les coulisses	la cousine
la ville	■	■	■	■	■

3 Petit ou grand ?

Trouvez le contraire (das Gegenteil).

1. Nous restons deux jours à Paris. Aujourd'hui, c'est notre **premier** jour, et demain déjà le ■.
2. A l'interro de maths, Naïma a une **bonne** note, mais la note de Marie est ■.
3. Naïma **adore** les cours d'allemand, mais sa copine Elodie les ■.
4. Pierre **a encore** des devoirs, Sophie ■ devoirs.
5. Lucas **sort** de la salle de classe et ■ dans le CDI.
6. Nicolas ■ les cours à 8 h 05 et **termine** à 17 h 25.
7. M. Forestier : « Maintenant, Luc, tu poses **les questions** et les autres donnent des ■, d'accord ? »
8. Eric a un ■ problème avec sa **grande** sœur.

4 En français

Sage auf Französisch, …

1. … dass es 20 vor 5 ist.
2. … dass du eine Sechs (in Mathe) haben wirst.
3. … dass dich etwas nicht interessiert.
4. … dass du Bauchweh hast.
5. … dass jemand fies ist.
6. … dass du Hunger hast.
7. … wütend bist.

Frage auf Französisch, …

8. … wie spät es ist.
9. … wie du zum Eiffelturm kommst.
10. … was deine Freundin gestern gemacht hat.
11. … ob dein Freund Zeit für Kino hat.
12. … ob deine Freundin Lust hat, einkaufen zu gehen.
13. … ob etwas wahr ist (stimmt).

5 Le jeudi de Naïma

§ 20, 29, 31

Racontez au **passé composé**.   Exemple : 1. A huit heures, Naïma est arrivée au collège.

1. `08:00` arriver au collège
2. `08:05` avoir cours de maths
3. `11:15` faire une interro de maths
4. `12:00` manger à la cantine
5. `12:35` lire une BD au CDI
6. `16:40` rentrer à la maison
7. `18:20` faire ses devoirs
8. `19:45` regarder une vidéo
9. `22:00` aller au lit

6 Des projets pour le week-end

§ 21

Lundi, Naïma est au collège, mais elle a déjà des projets pour le week-end.
Mettez les phrases au **futur composé**.

1. Samedi après-midi, je (faire du vélo avec Marie – ne pas faire mes devoirs)
2. Après, on (aller au cinéma – regarder un film avec Audrey Tautou)
3. Dimanche, mon frère et moi, nous (aider nos parents au restaurant)
4. Mais d'abord, je (encore aller cinq jours au collège)

7 L'histoire de Goliath et Minnie

§ 29, 31

Hier, Marie et Jérémy ont fait des courses avec Goliath.   Ecrivez l'histoire au **passé composé**.

1. Hier, Marie et Jérémy – faire les courses – aller dans
2. Leur chien Goliath – rester
3. Tout à coup, la jolie Minnie – sortir
4. Goliath – partir avec sa copine

5. Peu après – sortir – chercher leur chien – ne pas trouver Goliath
6. Alors – rentrer à la maison – ne pas voir leur chien
7. A 2 heures, Sarah et Marie – partir pour chercher Goliath
8. Finalement – arriver avec sa copine et six autres chiens

RÉCRÉ 2

PLAISIR DE LIRE   RÉVISIONS   DELF

8 Qui fait quoi ?

PAGES FACULTATIVES

Complétez les phrases avec **faire du/de la/de l'**.

1 Charlotte ■   2 Qui ■ et qui ■ ?   3 Moi, je ■   4 Tu ■, Lucas ?

5 Sophie ■   6 Zoé ■   7 Nous ■   8 Anne, tu ■ ?

9 La classe de Marie   §27

Ecrivez le texte dans votre cahier. Attention **à l'accord** et **à la place de l'adjectif** !

1. Dans la classe de Marie, il y a des ■ élèves ■ (sympa). 2. Naïma est une ■ fille ■ (joli), et c'est une ■ élève ■ (bon). 3. Elle a un ■ frère ■ (grand), Farid. 4. Karim, un ■ garçon ■ (cool), raconte toujours des ■ histoires ■ (marrant). 5. Cécile et Charlotte sont des ■ élèves ■ (mauvais).

6. En allemand, elles sont ■ (nul). 7. Et en cours de maths, Cécile est souvent ■ (fatigué). 8. Il y a aussi Elodie. C'est une ■ fille ■ (branché). 9. Mais elle est un peu ■ (bizarre). 10. Elle est ■ (amoureux) de Félix. 11. Mais Félix, c'est un ■ garçon ■ (difficile). 12. Il est toujours ■ (triste).

10 Nicolas est malade.   §25

Complétez avec des **pronoms objets** (direct ou indirect).

1. Après l'école, Pierre arrive avec une BD chez Nicolas et ■ donne à son copain. 2. Il ■ montre aussi les devoirs d'allemand. 3. Mais Nicolas ne ■ comprend pas. 4. Charlotte et Zoé arrivent aussi et Nicolas ■ dit bonjour. 5. Il dit à ses copains : « Je vais ■ montrer mes CD ». 6. Charlotte et Zoé demandent à Nicolas : « Tu ■ montres aussi le dernier CD de Kyo ? » 7. Nicolas dit : « D'accord. On va ■ écouter ensemble. » 8. Nicolas cherche le CD de Kyo, mais il ne ■ trouve pas. 9. A 19 heures, Pierre veut rentrer à la maison. Il dit à Nicolas : Demain, je vais ■ téléphoner, et tu vas ■ dire comment ça va. D'accord ? »

11 Un mail   §22

Voilà un e-mail de Timo.

Raconte en français ce qu'il a écrit
(… was er geschrieben hat).
Utilise le **discours indirect**.

> Liebe(r)_____,
> mir geht es nicht so gut. Ich konnte heute nicht zur Schule gehen: Gestern habe ich 2 Pizzas gegessen. Und jetzt habe ich Bauchschmerzen. Haben wir Hausaufgaben? Kannst du mich anrufen?
> Liebe Grüße, Timo

| PLAISIR DE LIRE | RÉVISIONS | DELF | RÉCRÉ 2 |

On prépare le DELF A1.

Auf dieser Seite habt ihr wieder die Möglichkeit, euch auf die DELF-Prüfung vorzubereiten.

1 Situations ▶ ECOUTER ET COMPRENDRE

Ecoutez les quatre scènes. Puis trouvez l'image qui va avec chaque scène.
Notez la bonne lettre dans votre cahier.

A

B

C

D

2 SMS ▶ LIRE ET COMPRENDRE

a) Lisez les messages.

> Salut, Julie ! Rendez-vous devant le ciné à 19 h 30 ce soir. A + Emma

> Yann, j'ai un problème pour demain. Tu peux me téléphoner ce soir ? Farid

> Salut, Farid ! J'ai oublié mon livre de maths chez toi. Pierre

> Salut, Pierre. OK pour le ciné ce soir. Elodie

b) C'est vrai ? C'est faux ? Ou pas dans le texte ?

1. Emma donne rendez-vous à Julie devant le cinéma.
2. Pierre a proposé à Elodie d'aller au ciné ce soir.
3. Yann demande à Farid de lui téléphoner demain.
4. Pierre et Sophie ont fait leurs devoirs chez Farid.

3 Une journée au collège ▶ ECRIRE

Tu passes une semaine en France chez ton / ta corres.

Décris une journée typique au collège pour le site Internet de ton école en Allemagne.

4 Jeux de rôles ▶ COMMUNIQUER

Choisissez une situation et imaginez un dialogue. D'abord, notez vos idées. Puis jouez le dialogue.

1 Tu as oublié de faire tes devoirs de maths et ton professeur n'est pas content. Vous discutez.

2 Tu téléphones à ton amie Emma. Tu lui proposes d'aller au concert de Kyo samedi soir.

3 Tu téléphones pour la première fois à ton/ta corres français/e. Vous discutez de votre famille, votre école, vos activités…

4 Tu vas chez ton / ta corres à Paris pour une semaine. Vous discutez au téléphone des activités que vous allez faire ensemble.

SOIXANTE-DIX-NEUF 79

Leçon 7 Les vêtements des jeunes

a) Regardez les vêtements. Qu'est-ce que vous aimez ?
   Qu'est-ce que vous n'aimez pas ?

b) Au Printemps, il y a les soldes. Ecoutez les textes et notez le nom des vêtements.

c) Allez sur les sites Internet de magasins comme Les 3 Suisses ou La Redoute et cherchez comment on dit en français : Socken, Kleid, Hemd, Mantel.

Pour être à la mode

Père : Tu as vu la veste ? Elle est super. Et les chaussures, elles…
Garçon : Ecoute papa, mon look, c'est mon problème. J'adore mon pantalon noir et mon t-shirt vert. Et je veux des chaussures vertes.
Père : Bon, d'accord, d'accord !

Mère : Bon, on va chercher une petite robe, maintenant… La robe verte, là, elle est jolie, non ?
Fille : Maman, tu ne me comprends pas. Moi, j'aime les vêtements noirs. Je déteste les robes de petites filles !

Fille : Maman, regarde la jupe rouge. C'est une Miss Eighty ! Avec mon t-shirt blanc et les chaussures rouges, c'est cool.
Mère : Oui, mais 150 € pour des chaussures, c'est trop !
Fille : Mais maman ! Ce sont les chaussures Lolita !

Mère : Mais le pantalon est trop grand. Et avec tes grosses chaussures blanches, c'est… euh…
Garçon : … super branché ! Et avec le pull rouge et ma casquette blanche, c'est génial !

 a) Donnez le nom du vêtement et ajoutez les couleurs qui manquent (… die fehlenden Farben).

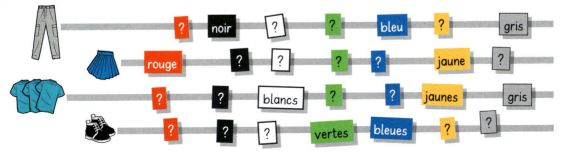

b) A vous. Décrivez les vêtements de votre voisin/voisine.

LEÇON 7

TEXTE A

Quels vêtements pour la fête ?

1 Ce matin, Marie et Naïma ont essayé leurs vêtements préférés parce que Julien organise une fête aujourd'hui. Mais Naïma pense que son t-shirt est trop petit. Alors cet après-midi, elle fait les magasins avec Marie.

2
Naïma : J'ai pris deux kilos. Quelle catastrophe !
Marie : Arrête, Naïma. Cette jupe rouge te va très bien. Et on va trouver un super t-shirt pour ce soir chez Miss Eighty.
Naïma : Une minute, Marie… Regarde les deux filles devant le magasin.
Marie : Quelles filles ?
Naïma : Mais là, c'est Zoé avec sa copine : elle achète aussi des fringues. Ah zut, elles arrivent.
Zoé : Salut ! Alors, quelles fringues est-ce que vous achetez ? Tu trouves ta taille, Naïma ?
Marie : Tu es vraiment nulle, Zoé.

3
Naïma : Tu vois, Marie, Zoé a raison. Je suis trop grosse…
Marie : Mais non, tu es très jolie ! Tiens, regarde ces vestes grises… et ces t-shirts verts, là. Ils sont marrants, non ? Et ils ne sont pas chers.
Naïma : Quels t-shirts ? Montre ! Ah oui, ça me plaît !
Marie : Alors nous les essayons. Je demande au vendeur. Regarde, il est mignon !
S'il vous plaît, est-ce que vous avez ces t-shirts en taille S et en… euh… Naïma ?
Naïma : En… euh… en S aussi.
Le vendeur : Je vais voir.

4 Peu après.
Le vendeur : Ils sont vraiment sympas, les t-shirts de cet été. Et vous avez de la chance : ce sont les derniers en S. Alors, vous les essayez ?
Naïma : Euh, non… Nous achetons les t-shirts tout de suite.
Marie : Mais Naïma…, tu n'essaies pas ?
Naïma : Non, non, c'est notre taille. On paie maintenant : le magasin ferme dans cinq minutes !

Les deux amies achètent vite les t-shirts, puis elles sortent du magasin.

1 A propos du texte   ▶ LIRE

a) Trouvez les phrases qui correspondent au texte et écrivez-les dans le bon ordre.

1. Naïma veut acheter un t-shirt avec Marie.
2. Marie veut essayer les t-shirts, mais Naïma n'est pas d'accord.
3. Zoé et sa copine ont rendez-vous avec Marie et Naïma.
4. Zoé n'est pas sympa avec Naïma.
5. Naïma ne trouve pas sa taille, alors Zoé l'aide.
6. Marie trouve des t-shirts sympas.
7. Julien a invité Marie et Naïma à sa fête. ✔
8. Cet après-midi, Zoé et sa copine font aussi les magasins.
9. Naïma pense qu'elle est trop grosse.
10. Marie trouve un pantalon marrant.
11. Ce soir, Marie et Naïma vont chez Zoé.
12. Les filles achètent les t-shirts en taille S.
13. Alors Marie est en colère.

b) Notez les mots-clés (Schlüsselwörter) de la partie **a)** dans votre cahier et racontez l'histoire.   ▶ PARLER

2 Comment est-ce que tu trouves cette robe ?   §§ 36, 37

Faites des dialogues. Après chaque dialogue, changez de rôle.

– Comment est-ce que tu trouves **cette** robe ?
– **Quelle** robe ?
– **Cette** robe **bleue**, là.
– Elle est super…
– Bof !…

3 Faire du shopping, c'est cool !   § 35

Complétez avec les verbes *essayer*, *payer* ou *acheter*.

1
– Vous ■ cet appareil photo ?
– Peut-être. Nous ■ encore le flash.
– Bon … Pour ■ , c'est à l'entrée.

2
– Vous ■ ces t-shirts ?
– Non, nous les ■ tout de suite.
– D'accord. Vous ■ comment?

3
– Tu ■ ces chaussures ?
– Oui, mais je les ■ d'abord.
– Et ta mère ■ , comme toujours !

4
– Sarah, j'■ (p. c.) un pull. Tu l'■ ?
– Non. Il ne me plaît pas.
– Quoi ! Mais j'■ (p. c.) ce pull très cher !

5
– Alors, vous ■ (p. c.) la robe ? C'est votre taille ?
– Oui, elle me va. Je l'■ . Où est-ce que je ■ ?

6
– Pff ! Elles ■ vingt pantalons et puis elles n'■ rien !
– Oui. Elles ont dit : « Nous ne ■ pas 100 € pour un pantalon ! »

4 Qu'est-ce que Marie va faire aujourd'hui ?

Marie raconte.   Complétez avec **ce, cet, cette**.

1. ■ matin, je vais faire des courses au marché d'Aligre avec mon père.
2. Puis, ■ midi, on va aller dans un restaurant de la rue Bréguet.
3. ■ après-midi, je vais faire du shopping avec Naïma.
4. Et ■ soir, il y a la fête de Julien ! 5. ■ semaine est super !

A vous. Et vous, qu'est-ce que vous faites **cet** après-midi ? / **ce** soir ? / **ce** week-end ? / **cette** semaine ?

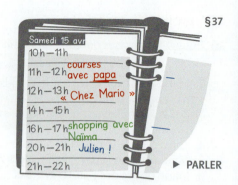

§37

▶ PARLER

5 En français – Il y a une fête ici ?

Tu fais du shopping avec Léa, une copine française. Dans un magasin, vous voyez une affiche. Mais Léa ne comprend pas l'allemand. Alors tu lui expliques.

Léa : Regarde, il y a une fête ici !
   C'est un nouveau magasin ?
Toi : Non, il y a… parce que…
Léa : M-O-D-I-S-C-H, c'est la mode, et
   S-C-H-U-H-E, c'est l'école, non? C'est bizarre.
Toi : Mais non, Léa,…
Léa : Ah, d'accord. Alors, ils ont des t-shirts, des jeans.
   Et les autres vêtements, qu'est-ce que c'est ?
   Ils sont comment ?
Toi :   …

Léa : Il y a aussi des minijupes ? Parce que là, il y a « mini ».
Toi :   …
Léa : Et là, qu'est-ce qu'ils posent comme question ?
Toi :   …
Léa : Et les « 3 Teilen », qu'est-ce que c'est en français ?
Toi :   …
Léa : Super ! Mais, on y va demain ? Je suis un peu fatiguée maintenant !
Toi :   …

6 Jeu de sons

S 31

a) Ecoutez et lisez.

[ɥi]	[wa]	[v]
Aujourd'h**ui**, c'est le h**ui**t j**ui**llet. Dep**ui**s min**ui**t, je s**ui**s avec Julie dans la c**ui**sine !	Hier s**oi**r, mon v**oi**sin a raconté tr**oi**s f**oi**s la même hist**oi**re dans le n**oi**r. V**oi**là.	**V**endredi, **v**ous a**v**ez **v**isité le **v**illage avec **V**ictor. Mais on a **v**olé son **v**élo et sa **v**este **v**erte.

b) Regardez page 116. Choisissez un son et faites un petit poème de quatre lignes.

▶ ECRIRE

Un nouveau look ?

Avant la lecture

Regardez les photos. Quel est le problème de Naïma ?

1 Naïma rentre à la maison et va dans la salle de bains. Elle met son nouveau t-shirt.

Naïma : Mais il est beaucoup trop petit ! Zoé va bien rigoler. Et ses nouvelles fringues vont être super à la mode.
Mme Kherour : Naïma… mais qu'est-ce que tu fais ? Je peux entrer ?
Naïma : Voilà, voilà…
Mme Kherour : Enfin ! … mais, euh… tu mets ce t-shirt pour la fête ? Il est un peu…
Naïma : PETIT !!! Oui, ça va, maman, merci ! Mais pour ce soir, je veux mettre des beaux vêtements. Moi, je ne mets pas de vieilles fringues comme papa et toi.
Mme Kherour : Dis donc, Naïma, nous sommes peut-être vieux, mais au moins, nous mettons des vêtements à la bonne taille.

2 Naïma est de très mauvaise humeur : elle sort de la salle de bains et va vite dans sa chambre. Puis elle met ses vêtements sur son lit et les essaie. D'abord, elle prend une petite veste marron, mais elle ne lui plaît pas. Alors elle met son pull beige, mais il est trop vieux ! Tout à coup, Farid entre dans la chambre.

Farid : Naïma, regarde ! J'ai acheté un nouvel anorak en soldes. Il est beau, non ? J'ai aussi acheté un jean et des nouvelles chaussures… Mais qu'est-ce que tu fais ?
Naïma : Rien ! Sors ! Et mets ton bel anorak !

3 Quand Farid sort de la chambre, monsieur Kherour arrive.

M. Kherour : Est-ce que je peux entrer ?
Naïma : Oui…
M. Kherour : Ecoute, je suis peut-être un vieil imbécile, mais je veux te dire une chose. Tu es une très belle fille… quand tu es de bonne humeur.
Naïma : Mais regarde ça, papa…
M. Kherour : Naïma, tu ne peux pas aller à la fête comme ça ! Alors mets vite un autre t-shirt… Et rentre à la maison avant minuit !

1 A propos du texte

▶ LIRE

a) Trouvez **la** ou **les** phrase(s) correcte(s).

1. Naïma est de très mauvaise humeur parce que
   a) sa mère est déjà dans la salle de bains.
   b) son t-shirt n'est pas à la bonne taille.
   c) sa mère veut lui donner un vieux t-shirt.

2. Naïma dit que ses parents
   a) achètent toujours des nouvelles fringues.
   b) ont toujours des beaux vêtements.
   c) mettent toujours des vieilles fringues.

3. Naïma essaie des vêtements pour la fête, mais
   a) sa veste ne lui plaît pas.
   b) son pull est trop vieux.
   c) sa veste et son pull sont trop petits.

4. Monsieur Kherour dit à Naïma qu'il ne faut pas
   a) aller à la fête.
   b) mettre le t-shirt.
   c) rentrer après minuit.

b) Naïma a un problème : Son nouveau t-shirt est trop petit. Qu'est-ce qu'elle va faire ? ▶ PARLER

2 Julien prépare sa fête.

§ 38

Ses parents et ses copains l'aident. Ils posent des questions.

Faites des dialogues. Utilisez le verbe mettre et Où... ? Quand... ? Qu'est-ce que... ?
Exemple : Nicolas : **Où est-ce que** je **mets** la table ?
          Julien :   Tu **mets** la table sur le balcon.

1. Nicolas :	je / la table	→	Julien :	sur le balcon
2. M. Davot :	tes copains / leurs vestes	→	Julien :	sur mon lit
3. Mme Davot :	tu / pour ta fête	→	Julien :	mon vieux jean, bien sûr
4. Nicolas et Pierre :	on / comme CD	→	Julien :	un CD de Diam's
5. Pierre :	on / les pizzas	→	Julien :	dans la cuisine
6. Nicolas :	nous / le nouveau CD de Yannick Noah	→	Julien :	quand Naïma arrive
7. Nicolas :	tu / ton appareil photo (passé composé)	→	Julien :	dans ma chambre

3 Dans mon sac à dos, je mets ...

§ 38

Utilisez **mettre**, les **vêtements** et les **couleurs**.
Continuez.

Tobias : Dans mon sac à dos, je mets un pantalon vert.
Lara : Dans mon sac à dos, je mets un pantalon vert et une jupe blanche.

4 Radio Bastille

▶ ECOUTER

Lisez d'abord les questions, puis écoutez.

a) **Première écoute :**
Décrivez la situation : Où sont les personnes ? Qui parle ? Qu'est-ce que Frédéric demande aux jeunes ?

b) **Deuxième écoute :**
Qui est-ce ? Sarah, Victor, Clémence, Simon ?
Ou leurs parents, frères et sœurs, profs ?
1. Qui donne des cours de maths ?
2. Qui aime faire du shopping avec ses copines ?
3. Qui n'aime pas les casquettes en classe ?
4. Qui déteste les piercings ?
5. Qui ne peut pas souvent acheter des nouveaux vêtements ?
6. Qui n'aime pas beaucoup les fringues ?

5 Un vieil ami

Complétez avec les formes de
beau, **vieux**, **nouveau**.

1.
Karim : Waouh ! Tu as un ■ skate.
Julien : Non, ce n'est pas mon skate. C'est le ■ skate de Nicolas. Mon père dit que je fais encore des ■ figures avec mon ■ skate.

2.
Nicolas : Monsieur Rollin dit qu'on va avoir des ■ acteurs dans notre groupe.
Charlotte : Oui, deux ■ filles. Elles s'appellent Anne et Cécile. Et elles sont très ■. Ce sont des ■ copines de Naïma.

3.
M. Kherour : Regarde, c'est mon ■ copain Bernard.
Naïma : Ah, le peintre. Il a un ■ atelier, dis donc !
M. Kherour : Oui, son atelier est ■, mais il est ■. Et c'est une ■ photo, bien sûr.
Naïma : Tiens, il y a un ■ autographe…

Pour Ali, mon vieil ami. Bernard

4.
Marie : Elle est ■, cette affiche. C'est où ?
Naïma : C'est dans les ■ quartiers de Toulouse. Ils sont très ■ – Yasmine habite là !

6 Un champ lexical – La mode

▶ ECRIRE / PARLER

a) Complétez le champ lexical dans votre cahier.

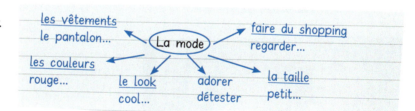

b) Regardez le dessin. Choisissez une situation et écrivez le dialogue entre les deux personnes. Puis jouez le dialogue.

Je suis pour la paix !

1 A sept heures et demie, Marie est devant l'immeuble de Naïma. Elle a rendez-vous avec elle.

Marie : Salut, Naïma. Tu es prête ?
Naïma : Euh… non… Enfin, si…
Marie : Tu es déjà allée chez Julien ?
Naïma : Non, je ne suis jamais allée chez lui…
Marie : Mais qu'est-ce que tu as, Naïma ? Ça va être sympa !
Naïma : Ecoute, mon look n'est pas super, ce soir…
Marie : Mais si. Tu vas voir, Julien va adorer nos t-shirts.
Naïma : Zoé, elle, elle va bien rigoler…
Marie : Ecoute, Zoé est nulle. Mais les autres invités, eux, ils vont être très sympas ! …

2 Les deux filles arrivent chez Julien.

Julien : Salut, les filles. Entrez ! Il y a déjà une super ambiance. Vous me donnez vos vestes ?
Naïma : Euh… merci. Mais moi, je préfère la garder.
Julien : Ah bon… Alors, un coca ou une limonade ? Qu'est-ce que vous préférez ? Ah, une minute, on a sonné !
Marie : Naïma, tu ne vas pas garder ta veste ?!
Naïma : Ecoute, Marie, j'ai un petit problème… Regarde.
Marie : Quoi ? Tu n'as pas mis le t-shirt ? Ce n'est pas sympa pour moi !

3 Peu après, Zoé arrive. Elle porte ses nouveaux vêtements.

Zoé : Salut, les filles ! Oh, il est marrant, ce t-shirt. « C'est ma… » Il ne manque pas quelque chose ? Ah, ah ! On a toujours des surprises avec vous.
Marie : Arrête, Zoé. Tu es une peste.
Zoé : Bon, moi, je veux danser, et toi, Julien ? Les filles préfèrent regarder, alors on peut danser sans elles !
Marie : Oui, nous, nous te regardons. On va bien rigoler…
Zoé : Oh là là ! Bon, Julien, tu danses avec moi ou tu préfères rester avec cette fille ?
Julien : Une minute, la bombe. J'arrive.

4 Julien va dans sa chambre et écrit quelque chose sur son t-shirt blanc. Quand il retourne au salon, il montre son t-shirt à Zoé.

Julien : Voilà, Zoé. Je suis prêt !

Sur le t-shirt, on peut lire :
« Et moi, je suis pour la paix ! ».

1 A propos du texte

▶ LIRE

Formez des phrases qui correspondent au texte (… die dem Text entsprechen).

1. Naïma est nerveuse
2. Marie et Julien trouvent Naïma bizarre
3. Julien quitte Marie et Naïma
4. Marie n'est pas contente
5. Marie est en colère
6. Julien écrit quelque chose sur son t-shirt

parce qu(e)

Zoé dit encore des bêtises.
elle veut garder sa veste.
Naïma n'a pas mis le nouveau t-shirt.
il déteste les histoires de filles.
son look n'est pas super.
on a sonné.

2 Stratégie – Einen Text zusammenfassen und den Inhalt erzählen

▶ PARLER

! Wenn du einen Text zusammenfassen willst, musst du dich auf die **Hauptpunkte** konzentrieren:

a) Lege dir eine Tabelle an, in der du zu den **W-Fragen** (Wer?, Wo?, Wann?, Was?) die wichtigsten Informationen notierst.

b) Erzähle die Geschichte, indem du aus deinen **Stichworten** ganze Sätze im Präsens bildest.

c) Um den **Zeitablauf** zu verdeutlichen, verbinde deine Sätze durch Zeitadverbien.

(peu) après — tout à coup — d'abord — puis — alors

A vous. Hier ist der Anfang einer Tabelle für den Text von Lektion 7 C. Vervollständigt die Tabelle in eurem Heft. Tragt euer Resümee anhand der Stichworte möglichst frei vor.

Wer?	Marie
Wo?	devant l'immeuble de Naïma
Wann?	samedi soir
Was?	…

3 Toi, tu aimes quelle musique ?

§ 41

Complétez le texte avec **moi / toi / lui, elle / nous / vous / eux, elles**.

Nicolas : ■, j'aime le rap. On écoute Diam's ?
Julien : D'accord. Mais les filles, ■, elles ne veulent sûrement pas écouter Diam's… Marie et Naïma, qu'est-ce que je mets pour ■ ?
Zoé : Mets un CD de Yannick Noah. ■, il est cool. Naïma l'adore !
Naïma : Oui, et alors ? Je ne suis pas comme ■, Zoé. ■, je n'aime pas la techno.
Marie : Arrête. Zoé est une peste, on ne discute pas avec ■.

Karim : J'ai une idée ! Pourquoi est-ce que Pierre et Romain ne jouent pas pour ■ ?
Pierre : Ah non, ■, on joue seulement avec les copains de notre groupe. Sans ■, c'est impossible.
Romain : Et ■, je n'ai pas ma guitare. Elle est chez ■.
Julien : Pas de problème, Romain. Mon père a une guitare pour ■.
Karim : Et ■, Pierre, tu peux chanter avec Romain !

4 Vous préférez les BD ?

§§ 32, 40

Faites des rimes avec les formes de **répéter** et de **préférer**.

Exemple : Je préf**è**re le t-shirt v**ert**.
Tu…
Il / Elle…

Continuez.

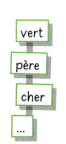
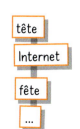
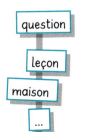

5 On dit – Décrire* une personne

▶ PARLER

!	Aussehen	Alter	Augenfarbe
	il/elle est grand(e) ⟷ petit(e), gros(se) ⟷ mince[1], beau/belle/ joli(e), mignon(ne)	il/elle est jeune ⟷ vieux/vieille il/elle a 14 ans	il/elle a les yeux[2] bleus/verts/ marron/gris
	Kleidung	Haarfarbe	besondere Merkmale
	il/elle porte un pull noir/un jean bleu/ une veste blanche…	il/elle a les cheveux[3] blonds[4]/bruns[5]/ noirs/roux[6]/gris	il/elle porte des lunettes[7] // un appareil dentaire[8] il/elle a un piercing

A vous. Décrivez un(e) élève de votre classe. Votre voisin(e) devine (errät) : Qui est-ce ?

6 Qui a volé le sac ?

▶ ECOUTER

Alexis et Camille font du shopping dans un magasin.
Mais un jeune vole le sac d'Alexis.
Et les deux jeunes vont à la police…

Regardez le dessin et écoutez le dialogue. Qui a volé le sac ?

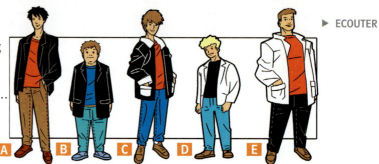

A   B   C   D   E

7 Qu'est-ce que vous préférez ?

§ 32, 35, 38, 40

Formez douze phrases avec les verbes **préférer**, **mettre**, **acheter**, **essayer**, **répéter**, **payer**.

Attention ! Utilisez chaque verbe deux fois ! Utilisez tous les mots !

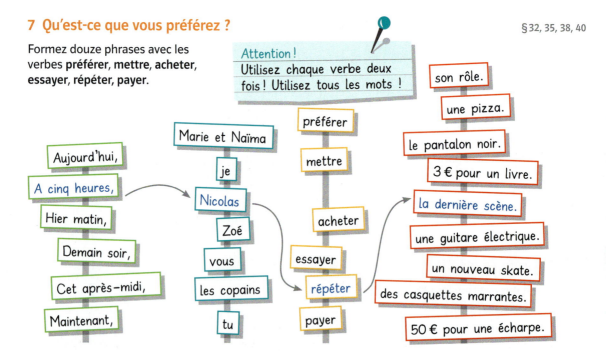

---

1 mince [mɛ̃s] dünn – **2 les yeux** [lezjø] die Augen – **3 les cheveux** [leʃ(ə)vø] die Haare – **4 blond** [blɔ̃] blond – **5 brun** [bʀɛ̃] braun – **6 roux** [ʀu] rothaarig – **7 des lunettes** [delynɛt] eine Brille – **8 un appareil dentaire** [ɛ̃napaʀɛjdɑ̃tɛʀ] eine Zahnspange

| ENTRÉE | TEXTE | ATELIER | SUR PLACE | LEÇON 7 |

PAGE FACULTATIVE

Test : Est-ce que tu fais attention[1] à ton look ?

1. C'est les soldes !
a) Génial ! Tu adores faire du shopping !
b) Tu achètes un jean pas cher. Et c'est tout.
c) Les soldes, non merci !

2. Ce soir, c'est la fête du collège.
a) Tu vas être la star ! Tu prépares ton look depuis des semaines !
b) Tu mets des vêtements sympas, mais tu ne passes[2] pas trois heures devant la glace[3].
c) Pas de problème ! Tu vas à la fête en jean.

3. Ton petit frère Jules a fait un trou[4] dans ton nouveau pull.
a) Pour toi, c'est la cata ! Tu vois rouge.
b) C'est dommage, mais Jules est encore petit.
c) Et alors ? Le pull est super avec des trous !

4. Ta mère veut t'acheter des nouvelles chaussures.
a) Tu dis : Les nouvelles Filou ou rien !
b) C'est une super idée, mais tu ne veux pas acheter des marques[5] chères.
c) Tu penses que ta mère a toujours des idées bizarres.

5. Tu as rendez-vous dans 20 minutes avec ton copain/ta copine. Qu'est-ce que tu fais ?
a) Tu passes 19 minutes devant la glace pour trouver ton look.
b) Tu mets ton jean et ton t-shirt préférés et tu vas vite acheter un petit cadeau[6].
c) Tu gardes les mêmes vêtements. Il/Elle t'aime comme tu es.

6. Ton nouveau voisin / ta nouvelle voisine te plaît beaucoup… mais son look, c'est la cata !
a) Sortir avec lui/elle dans la rue, pour toi, c'est impossible !
b) Tu peux peut-être l'inviter à faire du shopping.
c) Tu trouves ses vêtements marrants. C'est peut-être la prochaine mode !

Note les réponses **a**, **b**, **c** dans ton cahier et regarde tes résultats page 172.

MC Solaar : « Victime[7] de la mode »

Dans cette chanson de MC Solaar, Dominique fait tout pour plaire à son copain : elle veut être mince et elle fait très attention à la mode. Alors MC Solaar donne un conseil[8] :

« … Prendre ou perdre[9] quelques[10] kilos L'essentiel[11] est d'être vraiment[12] bien dans sa peau[13]. »

Est-ce que vous êtes d'accord ? Ecoutez maintenant la chanson. Le texte vous intéresse ? Vous trouvez le texte et sa traduction sur Internet : www.klett.de

Man sagt, Frankreich sei das Land der Mode. Kannst du dir erklären, woher diese Einschätzung kommt? Teilst du diese Einschätzung?

---

1 faire attention à qc [fɛʀatɑ̃sjɔ̃] auf etwas achten – **2 passer** [pase] *hier :* Zeit verbringen – **3 une glace** [ynglas] ein Spiegel – **4 un trou** [ɛ̃tʀu] ein Loch – **5 une marque** [ynmark] eine Marke – **6 un cadeau** [ɛ̃kado] ein Geschenk – **7 une victime** [ynviktim] ein Opfer – **8 un conseil** [ɛ̃kɔ̃sɛj] ein Rat – **9 perdre qc** [pɛʀdʀə] etw. verlieren – **10 quelques** [kɛlkə] einige – **11 l'essentiel est de faire qc** [lesɑ̃sjɛl] das Wichtigste ist, etw. zu tun – **12 vraiment** [vʀɛmɑ̃] wirklich – **13 la peau** [lapo] die Haut

Leçon 8 En Normandie

Le marché de Honfleur… … et le supermarché Leclerc.

a) Quel numéro va avec quel mot ?
   Exemple : Le numéro 7, c'est le beurre.

b) Ecoutez les scènes : Où sont les deux personnes ?
   Dites pourquoi elles sont là.

l'eau minérale · le jus d'orange · le beurre · le
les pommes · le sucre · les œufs · l'huile
les pêches · les tomates · la crème · le lai

| ENTRÉE | TEXTE | ATELIER | SUR PLACE | **LEÇON 8** |

Au marché de Honfleur

Nicolas est chez ses grands-parents en Normandie. Demain, c'est l'anniversaire de sa grand-mère. Alors ce matin, il fait les courses avec son grand-père au marché de Honfleur.

Nicolas : Papi, regarde ! C'est madame Bertin… On achète les œufs et le beurre ?
5 Mme Bertin : Bonjour, monsieur Caron ! Salut, Nicolas.
M. Caron : Bonjour, madame ! Je voudrais des œufs et du beurre, s'il vous plaît !
Mme Bertin : Oui, combien ?
10 M. Caron : Euh… douze œufs et 200 grammes de beurre.
Nicolas : Et la crème, papi ? Il faut aussi de la crème pour mon gâteau !
M. Caron : Alors un peu de crème pour Nicolas, s'il vous plaît.
15 Mme Bertin : Et avec ça ?
M. Caron : On prend aussi un litre de lait. Alors… nous avons des œufs, du beurre, assez de crème pour le dessert… Ah ! Il nous
20 faut encore de l'huile et de la farine.

Nicolas : Et aussi du jus d'orange !
M. Caron : D'accord. On va aller au supermarché et on va acheter aussi de l'eau et deux ou trois bouteilles de bon vin.

a) Monsieur Caron achète **du** beurre et **de la** crème.

1. Übersetzt den Satz und vergleicht ihn mit der deutschen Übersetzung. Was ist anders?
2. Sucht vier weitere Ausdrücke mit **du** …/**de la** …/**de l'**… aus dem Text heraus und übersetzt die jeweiligen Sätze. Man nennt **du**, **de la**, **de l'** in diesen Fällen **Teilungsartikel**.
3. Welche Art von Nomen begleitet der Teilungsartikel?
4. Was kaufen die Personen ein?

Elodie   Félix   M. Laroche

b) 1. Sucht die Sätze mit Mengenangaben aus dem Text und vergleicht sie mit der deutschen Übersetzung. Was fällt euch auf?
2. Wie lautet die Regel?
3. Traduisez (Übersetzt).
Nicolas kauft eine Flasche Cola, zwei Liter Milch, 400 g Zucker und ein wenig Sahne für den Nachtisch.

> Mit den folgenden Ausdrücken kannst du Mengenangaben machen:
> un peu de…, un litre de…, un gramme de…, assez de…, une bouteille de…

QUATRE-VINGT-TREIZE   **93**

Un week-end à Honfleur : le rêve !

1 Quand Nicolas et son grand-père arrivent au supermarché, le portable de monsieur Caron sonne.

Mme Caron : Léo, c'est moi. Il nous faut encore du fromage pour la quiche.
M. Caron : Pas de problème. J'en achète combien ?
Mme Caron : Euh… 500 grammes… et prends aussi de la farine : nous n'en avons plus.

2 Monsieur Caron et Nicolas terminent leurs courses au supermarché, puis ils vont à la boulangerie.

Ginette : Alors, Léo, tu veux combien de baguettes ?
M. Caron : Il nous en faut quatre. Tu veux un pain au chocolat, Nicolas ? Bon, on en prend deux. Ça fait combien, Ginette ?
Ginette : 5,25 euros… Merci, Léo. Et bonjour à ta femme !

3 Maintenant, Nicolas et son grand-père ont tout acheté pour le repas que monsieur Caron va préparer. Alors il propose à son petit-fils d'entrer dans le café du port où il prend souvent l'apéritif. Là, les gens qu'ils rencontrent sont très sympas et ils racontent des histoires qui amusent Nicolas. Son grand-père a toujours beaucoup de temps pour lui. A Paris, Nicolas ne voit pas souvent sa mère, qui travaille beaucoup. En plus, elle a un nouveau copain, Michel, qui vient souvent chez eux et que Nicolas n'aime pas tellement. Aujourd'hui, sa mère et Michel viennent aussi à Honfleur. Et Nicolas n'a pas envie de voir Michel !

4
M. Caron : Nico, tu es triste. Qu'est-ce qu'il y a ?
Nicolas : Euh… Quand je viens chez vous, c'est toujours génial : ce n'est pas comme à Paris. Je préfère être à Honfleur !
M. Caron : Mais écoute : tes cousins et toi, vous venez ici le week-end. Et l'an dernier, tu es venu pendant les vacances d'été. Alors tu es souvent chez nous, non ?
Nicolas : Oui mais…
M. Caron : Zut ! Il est déjà midi. Viens, on va vite à la gare. Ta mère et Michel vont arriver.
Nicolas : Super… Un week-end avec Michel : le rêve…

| ENTRÉE | TEXTE | ATELIER A | SUR PLACE | LEÇON 8 |

1 A propos du texte

▶ LIRE

Dans ce résumé, il y a 12 fautes.   Cherchez les fautes et corrigez-les.

1. Nicolas et son grand-père font les courses pour l'anniversaire de la mère de Nicolas.
2. Au marché, ils achètent cinq baguettes et deux pains au chocolat. 3. Après, ils entrent dans le café de la gare. 4. Les gens dans le café ne sont pas très sympas et leurs histoires n'intéressent pas le garçon. 5. Mais Nicolas est content : sa mère a beaucoup de temps pour lui et elle vient à Honfleur avec son cousin Michel. 6. Nicolas dit à son grand-père qu'il n'aime pas être à Honfleur. 7. A une heure, monsieur Caron et Nicolas vont à la gare où la grand-mère de Nicolas et Michel arrivent.

2 Paris ou Honfleur – c'est la question.

§ 46

Reliez les phrases avec qui, que, où.

Exemple : J'habite **à Paris**. **A Paris**, les gens sont souvent de mauvaise humeur.
J'habite à Paris **où** les gens sont souvent de mauvaise humeur.

1. Honfleur est **une petite ville**.
   A Honfleur, les gens sont sympas.
2. J'aime discuter avec **mes grands-parents**.
   Ils ont toujours beaucoup de temps pour moi.
3. Ma mère a **un nouveau copain**. Je ne **l'**aime pas.
4. A Paris, j'ai **des amis**. Je **les** adore.
5. Mes grand-parents ont **un jardin**. **Il** est très grand.
6. J'adore **les pains au chocolat**.
   On **les** achète chez Ginette.
7. Ma grand-mère a **des voisins**. **Ils sont très sympas.**

3 Les crêpes

§ 42

Complétez le texte avec de/d' ou l'article partitif.

Nicolas veut faire des crêpes. Il lui faut ■ farine, ■ lait, ■ beurre, des œufs et un peu ■ sucre. Mais il n'y a plus ■ farine et il n'y a plus ■ œufs. Alors Nicolas propose à sa grand-mère de faire les courses au supermarché.

Nicolas : On a encore assez ■ lait ?
Grand-mère : Oui, hier j'ai acheté deux litres ■ lait. Mais je n'ai plus beaucoup ■ sucre. Et il me faut aussi ■ beurre. Tu vas acheter 250 grammes ■ beurre, s'il te plaît.
Nicolas : J'achète combien ■ œufs ?
Grand-mère : Euh… pour les crêpes, il te faut quatre œufs.
Nicolas : D'accord. Qu'est-ce qu'il te faut encore ? ■ eau, ■ jus d'orange ?
Grand-mère : Non, j'ai tout. Ah non ! Achète encore quatre bouteilles ■ eau, s'il te plaît.

4 Le rêve de papi

▶ ECOUTER

Ecoutez et répondez aux questions.

1. Où sont Nicolas et son grand-père ?
2. Qu'est-ce qu'ils prennent ?
3. De quoi (worüber) est-ce qu'ils parlent ?
4. Quel est le projet du grand-père ?
5. Quel est son problème ?
6. Qu'est-ce que Nicolas lui propose ?

5 On prépare les courses.

§42, 43, 44

Faites des dialogues.

– Qu'est-ce qu'**il nous faut** ? Des tomates ?
– Oui, nous n'**en** avons plus.
– **Il en faut** combien ? / J'**en** achète combien ?
– Il en faut… / Tu en achètes un kilo, s'il te plaît.

tomates : 1 kg	eau : 4 bouteilles
beurre : 250 g	pommes : 2 kg
crème : 500 g	sucre : 100 g
coca : 1 bouteille	lait : 1 l

6 On dit – Faire les courses

▶ PARLER

! Le client / la cliente	Le vendeur / la vendeuse
Bonjour, mademoiselle / madame / monsieur.	Bonjour, (…). Qu'est-ce qu'il vous faut ?
Je voudrais / Il me faut un / une / des / du / de la / de l' | … grammes / … kilo(s) / … litre(s) / … bouteille(s) | de / d' baguette(s) / salade / œufs / beurre / crème / huile / farine / sucre / tomates / pommes / pommes de terre / pêches / lait / eau / jus d'orange / vin / coca, s'il vous plaît.	(Vous en voulez) combien ? / Voilà, madame / monsieur. Et avec ça ?
C'est tout, merci. Ça fait combien ? Voilà, mademoiselle / madame / monsieur. Au revoir.	Alors ça fait… euros. Au revoir, et merci.

A vous. Vous voulez préparer un repas et vous faites les courses. Faites des dialogues.

7 Tu viens d'où ?

§45

Complétez avec les formes du verbe **venir**.

1
– Tu ■ au cinéma avec moi ?
– Non, je ne peux pas ■.

2
– Pourquoi est-ce que les filles ne ■ pas ■ au théâtre hier ?

3
– Elles n'ont pas pu ■, mais ce soir, elles ■ à la fête d'Eric.

4
– ■, madame.
– Merci, Ginette, je ■ tout de suite… Filou, ■ ici !

5
– Elle ■ d'où ?
– Pff… Elle ■ de Paris.

6
– Moi, je ■ de Paris. Et vous, vous ■ d'où ?
– Nous ■ de …

Joyeux anniversaire, mamie !

Avant la lecture — Regardez les photos : est-ce que Nicolas est content ? Pourquoi (pas) ?

Aujourd'hui, c'est le grand jour. Papi et moi, nous descendons à la cave. Toutes les bouteilles sont très vieilles. Il y a du calvados qui est là depuis 50 ans. On en boit seulement pendant les fêtes. La dernière fois, papi en a bu beaucoup !

C'est l'heure de l'apéro. Mes cousins et moi, nous buvons du jus d'orange ou du coca et nous mangeons des cacahuètes. On entend le rire stupide de Michel. Je suis sûr que tous les voisins l'entendent aussi !

Ouf, mon gâteau est prêt ! Michel dit qu'il est super. Il parle tout le temps, ça m'énerve ! Alors je ne lui réponds même pas…

Pendant le repas, je suis à côté de Michel et maman aussi. Elle est très contente. Moi,… bof ! Maman et Michel boivent et rigolent ensemble. Et Michel essaie encore de me parler…

Avant le dessert, mamie essaie son vélo. C'est cool, un tandem ! Mais j'ai bien entendu ? C'est une idée de Michel ?
Cet homme n'est peut-être pas si stupide…

Enfin, toute la famille est à table et on mange mon gâteau. Puis on chante et mamie danse avec Michel. Elle l'aime bien, Michel…
C'est vrai qu'il est sympa, finalement.

LEÇON 8 — ATELIER B

1 A propos du texte

a) Trouvez un titre pour chaque photo.

b) Répondez aux questions.

> Feiert deine Familie manchmal mit anderen Verwandten? Was hältst du von Familienfeiern? Wie laufen sie ab?

▶ LIRE

1. Quand est-ce qu'on boit du calvados chez les Caron ?
2. Que font les jeunes à l'heure de l'apéritif ?
3. Pourquoi est-ce que Michel énerve Nicolas ?
4. Pourquoi est-ce que Nicolas trouve Michel sympa, finalement ?

c) **A vous.** Décrivez votre fête d'anniversaire :

▶ PARLER

Qui sont vos invités ?
Qu'est-ce que vous buvez et mangez ?
Où est-ce que vous organisez votre fête ?...

2 Papi a quatorze ans.

§ 47

Complétez avec les formes des verbes **descendre**, **entendre** et **répondre** (p. c. = passé composé.)

M. Caron : Alors moi, pour ma fête d'anniversaire, je ■ (p. c.) dans la cave de mon grand-père. Et là, j'ai rencontré mes copines Rita et Gina…

Mme Caron : Ah non, Léo, j'■ déjà ■ cette histoire cent fois !

Nicolas : Mais, moi j'■ cette histoire pour la première fois.

M. Caron : Alors écoute, Nicolas : à minuit, mes copains Paul, Jean et moi, nous ■ à la cave pour chercher du calvados. Tout à coup, Paul nous demande : « Vous n'■ pas quelque chose ? » Nous lui ■ : « Non. Mais toi, qu'est-ce que tu ■ ? » « Ce sont peut-être tes grands-parents ? Ils ■ (p. c.) quelque chose et ils ■ aussi à la cave ? » Moi, je ■ : « C'est impossible : à cette heure, ils dorment, ils ne ■ pas à la cave. Et en plus, ils n'■ pas bien. » Tout à coup, Jean et moi, nous ■ aussi quelque chose à côté de la porte… Alors je crie : « Qui est là ? »

Nicolas : Et qui ■ (p. c.) à ta question ?

M. Caron : J'■ (p. c.) « Miaou… » : quelle surprise, les chats des voisins ! Rita et Gina ■ (p. c.) dans la cave !

Nicolas : Et après ? Vous avez bu le calvados finalement ?

M. Caron : Non, on n'en a pas trouvé. On est restés à la cave et on a bu du jus de pommes…

3 Chez les Caron

Faites des dialogues avec votre voisin.
Utilisez **à**, **dans**, **sous**, **sur**, **chez**, **derrière**, **devant**, **au fond de**, **à côté de**.

Exemple : – Où est la maison ?
– Elle est à Honfleur.
– Où est… / sont…

4 J'ai bien mangé, j'ai bien bu.

§ 49, 50

Complétez le texte avec les formes de manger et boire.

1 Bonsoir, les enfants…

– … Alors, qu'est-ce que vous ■ ?
– Nous ■ une pizza.
– Et qu'est-ce que vous ■ ?
– Nous ■ du jus de pomme.

– Je ■ un coca et toi, qu'est-ce que tu ■ ?
– Je ■ de l'eau.

– Regarde, ils ■ du vin. Et nous, qu'est-ce qu'on ■ ? Un coca ?
– Non, j'■ (p. c.) trop de coca. Je préfère ■ une limonade.

5 Après la fête

§ 48

Complétez les phrases avec tout le, toute la …

1. Mme Caron :	Merci beaucoup pour		cadeaux.
2. Nicolas :	Mamie, tu es la star de		famille !
3.	La prochaine fois je vais rester	**tout le**	semaine à Honfleur.
4. La mère de Nicolas :	On va venir chez toi pendant	**toute la**	vacances.
5. Michel :	On va rigoler	**tous les**	temps.
6. M. Caron :	Et moi, je vais faire les courses	**toutes les**	jours.
7. Mme Caron :	Mais c'est génial ! Tu peux aussi préparer		repas ?

6 Dans le port de Honfleur

▶ ECOUTER / PARLER

a) Lisez les questions et écoutez le texte. Prenez des notes.

1. Est-ce que Nicolas a aimé l'anniversaire de sa grand-mère ?
   Dites pourquoi.
2. Comment est-ce qu'il trouve Michel ?
3. Quel est le problème de Nicolas ?
4. Qu'est-ce que sa mère propose ?

b) Est-ce que Nicolas va être d'accord avec les projets de sa mère ?
Qu'est-ce que vous pensez ?

LEÇON 8 — ATELIER B

7 En français – Une invitation

Explique l'invitation à ta copine française / à ton copain français.

> Erich-Kästner-Schule – Solderingen
>
> **Unsere Schule wird 50!**
>
> **Wir machen eine Riesenfete!**
>
> Wann: am Freitag, den 15.5. ab 15:00 Uhr
> Wo: Turnhalle der Schule
> Wer darf: alle Schülerinnen und Schüler, Lehrkräfte, Verwandte und Freunde
> Was geht: Musik, Tanz, Theater … und viele andere Überraschungen.
>
> Auch für das leibliche Wohl ist gesorgt. Eintritt frei. Teilt uns mit, ob ihr kommt und wie viele ihr seid: erich.party@kaestner-schule.de
>
> Wie viel:

8 Stratégie – Einführung in die Wörterbucharbeit

! Beim Lesen eines französischen Textes stößt du immer wieder auf Vokabeln, die du nicht kennst. Wenn du ein neues Wort nicht aus dem Kontext erschließen kannst, benutze ein zweisprachiges Wörterbuch. Schau dir nun das Beispiel an:

Quand madame Caron danse avec Michel, monsieur Caron dit à Nicolas : « Mamie a la pêche aujourd'hui ! »

1. Wie lautet die Übersetzung?
2. Was bedeuten die hochgestellten Ziffern?
3. Was bedeutet das „f" hinter „pêche"?
4. Übersetze:
   - Tu aimes les pêches ?
   - Le dimanche, mon père va à la pêche.
   - Quelle belle pêche !   (Zwei Möglichkeiten!)

> **pêche**[1] *f* [pɛʃ] Pfirsich ▶ **avoir** la pêche (*umgs.*) gut drauf sein; **se fendre** la pêche (*umgs.*) sich scheckig lachen
> **pêche**[2] *f* [pɛʃ] ❶ Fischfang, Fischerei; pêche au thon Tunfischfang ❷ pêche [à la ligne] Angeln; **aller à la pêche** angeln gehen ❸ (*Zeitraum*) Fangzeit; **la pêche est ouverte** die Fangzeit hat begonnen; (*für Hobbyangler*) die Angelsaison ist eröffnet ❹ (*gefangene Fische*) Fang
>
> © PONS Express-Wörterbuch 2002

Merke: Man darf nicht immer gleich die erste Bedeutung nehmen.

- Lisez la recette à la page 101. Cherchez les mots que vous ne comprenez pas dans votre dictionnaire.

9 Une visite à Deauville

§ 42, 44, 46

Complétez. ■ = du, de la, de l', des, de, en ; ▲ = qui, que / qu', où ; ● = tout le, toute la, tous les

1. A midi, Nicolas, sa mère et Michel arrivent à Deauville, ▲ il y a une très belle plage. 2. Ils vont d'abord dans l'eau, puis ils font du volley. C'est le sport ▲ Michel préfère ! 3. Après le match, Nicolas, ▲ a faim et ▲ veut boire ■ jus d'orange, propose de faire une pause pour un pique-nique. 4. Il prend le sac avec ● pique-nique : 5. Il y a ■ œufs, ■ salade, ■ eau et une bouteille ■ vin. 6. Il y ■ a assez pour ● « famille ». 7. Mais il n'y a pas ■ jus d'orange pour Nicolas. 8. Michel a oublié d'■ acheter. 9. Il demande à Nicolas : « Je te donne un peu ■ vin ? » 10. Mais non, Nicolas n'■ boit pas. 11. Il boit ■ eau. 12. Finalement, Michel leur propose de visiter la ville, ▲ ils aiment beaucoup. 13. Le soir, ils rentrent à Honfleur : ● trois sont très contents de leur visite à Deauville.

| ENTRÉE | TEXTE | ATELIER | SUR PLACE | LEÇON 8 |

PAGE FACULTATIVE

La tarte aux pommes de Nicolas

Ingrédients :
- un rouleau de pâte brisée
- 3 pommes (Golden ou Royal Gala)
- 200 g de sucre en poudre
- 2 œufs
- un peu de crème fraîche

Préparation :
- Etendre la pâte dans un moule.
- Eplucher les pommes, les couper en quatre, puis en tranches fines.
- Disposer les pommes sur la pâte.
- Dans un récipient, casser les œufs, mettre le sucre en poudre, battre le tout.
- Ajouter deux cuillers de crème, battre jusqu'à obtenir un liquide onctueux.
- Verser le liquide sur les pommes.

Cuisson :
- Placer le moule dans un four chaud (180°, thermostat 6)
- Laissez cuire 30 minutes environ. Lorsque la tarte est bien dorée, la sortir du four et servir.

Le gâteau de Nicolas est une « tarte normande ». Pour faire le gâteau, essayez cette recette !

A vous. Une amie/un ami qui ne comprend pas le français veut préparer ce gâteau. Traduisez la recette en allemand. Utilisez un dictionnaire français-allemand.

Le premier gâteau de Cédric

Laudec & Cauvin © Dupuis, 1996

a) Lisez la BD. Utilisez votre dictionnaire si nécessaire.
b) Pourquoi est-ce que la famille de Cédric ne veut pas manger le gâteau ?

A vous. Est-ce que vous avez déjà fait un gâteau ou préparé un repas ? Décrivez la réaction de votre famille.

▶ PARLER

Leçon 9 — Des vacances en Suisse

S 51 Vous aimez la montagne ?
Ou est-ce que vous préférez avoir les pieds dans l'eau ?
Pour avoir les deux, venez en Suisse !
La Suisse, c'est génial pour les vacances !

Il y a…

… des vieilles villes : Fribourg

… des lacs : le lac de la Gruyère

Et on peut faire beaucoup d'activités :

en été, de la randonnée dans les Alpes

… et des montagnes : le Moléson.

et en hiver, du ski (ici à la station de Charmey).

En plus, il y a des régions où on parle français !

L 89 Ecoutez le dialogue. Pourquoi est-ce que la personne téléphone ?

Ecoutez le dialogue encore une fois et notez les informations.

1. Quand ?
2. Combien de personnes ?
3. Quelles activités ?
4. Ça fait combien d'euros ?

Alors, on se lève ?

Marie, Nicolas et Naïma passent une semaine de vacances avec des jeunes de la MJC Mercœur. Aujourd'hui, c'est mercredi. Les jeunes sont au centre de vacances de Charmey depuis cinq jours.

Nicolas est dans une chambre avec un copain qui s'appelle Hugo.

Dans leur chambre, les filles se lèvent aussi. Et elles se dépêchent : elles ont faim !

Mais à huit heures, les garçons ne sont pas là pour le petit-déjeuner. Alors Naïma s'énerve…

a) In dem Text gibt es zwei unterstrichene Verbformen. Es handelt sich dabei um die *verbes pronominaux*. Wie nennt man diese Verben auf Deutsch?

b) Sucht die anderen *verbes pronominaux* im Text und schreibt sie in euer Heft. Wie heißen die Pronomen?

On va bien s'amuser !

Enfin, les garçons arrivent. Après le petit-déjeuner, ils discutent avec les filles.

Nicolas : Alors, les filles, vous vous décidez ? On fait du rafting ou du vélo aujourd'hui ?
Naïma : Du rafting ? Oh là là ! Je ne me sens pas bien ! Je vais peut-être rester ici…
Hugo : Mais non, viens avec nous ! Tu vas voir, on va bien s'amuser !

c) Wie bildet man die Verneinung und das *futur composé* ?

d) Bildet Sätze und schreibt sie in euer Heft.
Exemple : Je me dépêche parce qu'il est déjà huit heures moins cinq.

1. Nicolas	ne pas se sentir bien	
2. Tu	se lever	
3. Les jeunes	ne pas s'amuser	
4. Je	se réveiller	parce que / qu'…
5. Nous	s'énerver	
6. Vous	s'habiller vite	
7. Marie	se décider	
8. Les filles	se dépêcher	

Marie raconte ses vacances. (1)

Samedi 15 juillet — Au revoir, Paris !

Quelle journée ! Nous avons passé huit heures dans le bus. Et à 18 heures, nous sommes enfin arrivés à Charmey. Au centre, il y a deux animateurs, Régis et Sonia, qui s'occupent de nous. Leur travail est sympa : ils organisent des activités toute la journée. Ici, on parle français, mais avec un accent très bizarre. Ils sont marrants, ces Suisses !

Dimanche 16 juillet — « Gruezi », Jaun !

Dans l'après-midi, nous faisons une randonnée et nous nous arrêtons dans un joli village, Jaun. Là, les gens parlent allemand : leur langue, c'est le « Schwyzerdütsch ». D'accord, nous faisons de l'allemand au collège, mais quand on doit demander son chemin ici, c'est difficile !

Lundi 17 juillet — Au centre

Ici, on s'amuse super bien. Il y a vingt-cinq jeunes de tous les pays d'Europe : ils viennent de Belgique, des Pays-Bas, d'Espagne… Dans notre groupe, il y a aussi un garçon qui vient du Canada. Il s'appelle Jean et il est très sympa. Il fait un voyage en Suisse, en France et au Luxembourg : là où on parle français, comme chez lui, au Québec.

L'après-midi, nous faisons du volley. Mais Naïma et Jean préfèrent discuter. Alors ils doivent nous regarder. Qu'est-ce que Naïma raconte à Jean ? Je vais le lui demander ce soir.

Mardi 18 juillet — Journée « mal au ventre »

Le matin, nous visitons la fabrique de chocolat de Broc. Et là, on peut tout goûter ! Mais Hugo comprend « Je DOIS tout goûter ! ». Après, dans le bus, il se sent mal : il est malade. Et le bus s'arrête pour lui… (Pauvre Hugo : hier déjà, il a dû aller à l'infirmerie pendant le match. Il est souvent malade !)

L'après-midi, nous allons dans le village de Gruyères pour visiter la fabrique de fromages. Et le soir, nous mangeons une fondue. C'est sûr : demain, nous devons faire un régime !

LEÇON 9

1 A propos du texte
▶ LIRE

a) Lisez les huit phrases. Trouvez pour chaque journée les deux phrases qui la résument.

1. Zut ! Ici, on parle « Schwyzerdütsch ».
2. On fait une randonnée à Jaun.
3. En Suisse, il y a beaucoup de chocolat et de fromage !
4. Nous faisons un match de volley.
5. On arrive à Charmey.
6. Hugo pense qu'il doit tout goûter.
7. Au centre, les jeunes viennent de tous les pays.
8. Il y a deux animateurs pour nous !

b) Ligne 25 : Mais Naïma et Jean préfèrent discuter. Imaginez leur dialogue. ▶ PARLER

2 On doit faire beaucoup de choses !
§ 52

Complétez les phrases avec le verbe **devoir**.

1. Mardi matin, le bus part à huit heures. Nicolas dit à Hugo : « Nous ■ nous dépêcher ! »
2. Dans le bus, Lucas est encore fatigué. « Hier, j'ai ■ me lever à six heures pour la randonnée à Arses. »
3. A Broc, Marie ■ faire des photos pour la MJC… et pour Julien.
4. Après les visites, Fred et Max ■ faire les courses pour le repas du soir.
5. Et Régis parle aux garçons : « Ecoute, Hugo, tu es malade. Alors, tu ■ aller tout de suite au lit. Et vous, Nicolas et Karim, vous ■ aider Sonia. On mange à 19 heures. »
6. Mais Nicolas ■ vite téléphoner à sa mère avant le repas.

3 Nicolas téléphone à sa mère.
§ 51

Complétez le texte avec des **verbes pronominaux** au présent.

Mme Caron :	A quelle heure vous ■ ?	se lever
Nicolas :	Nous ■ tous les jours à sept heures. Moi, je ■ vite pour être le premier au p'tit-déj'. Les autres ne ■ pas tout de suite : ils disent qu'ils sont en vacances.	se réveiller, s'habiller, se lever
Mme Caron :	Ah bon… Et tu ■ bien ?	s'amuser
Nicolas :	Oui, je ■ super bien ici. La Suisse, c'est génial ! Les animateurs du centre ■ Régis et Sonia. Ils sont cool, mais ils ■ quand on ■ le matin !	s'amuser s'appeler, s'énerver, ne pas se dépêcher
Mme Caron :	Qu'est-ce qu'ils proposent comme activités ?	
Nicolas :	Euh… demain, il y a de l'escalade ou du VTT. Je ne peux pas ■.	se décider
Mme Caron :	Ça, ce n'est pas nouveau… Et Marie et Naïma, elles ■ bien aussi ?	s'amuser
Nicolas :	Oui, Naïma a rencontré un garçon du Canada qui ■ Jean. Il parle français, alors il ■ chez lui, ici ! Oh, je dois ■ : ce soir, je prépare le repas avec Sonia. Salut, maman ! Dis bonjour à Michel !	s'appeler, se sentir, se dépêcher
Mme Caron :	Au revoir, Nicolas.	

4 Un petit tour en Europe
§ 53 ▶ ECOUTER

En été, beaucoup de jeunes font des voyages.

Ecoutez ces jeunes :
a) Dans quel pays est-ce qu'ils habitent ?
b) Dans quel pays est-ce qu'ils font un voyage ?

A vous. Vous avez déjà des projets pour cet été ? Vous allez où ? ▶ PARLER

Marie raconte ses vacances. (2)

Mercredi 19 juillet — *Journée rafting*

L'animateur de rafting, Olivier, nous explique tout : d'abord, on doit mettre la tête sous l'eau. Puis on met des casques et on peut partir. Je sais nager, mais, l'eau de la Sarine est très froide et je ne veux pas mettre la tête sous l'eau !
Nous faisons du rafting tout l'après-midi. Naïma aussi est contente : elle ne tombe pas dans l'eau, mais dans les bras de Jean, ce qui amuse tout le groupe. Après cette journée de sport, nous avons faim ! C'est sûr : nous ne faisons pas de régime aujourd'hui. Bon, d'accord, ce n'est pas ce que j'ai dit hier soir…

Journée « mal aux pieds »

Jeudi 20 juillet

Ce matin, nous montons sur la montagne du Moléson. Nous voulons prendre le funiculaire, mais les animateurs ne sont pas d'accord. Après CINQ heures de randonnée, nous nous arrêtons enfin pour le pique-nique. Mais tout le monde est de mauvaise humeur… Bon, c'est vrai : ce qui est génial ici, c'est la vue ! Nous voyons des montagnes en France, en Suisse et en Italie. Après six jours dans la région, nous savons presque tous leurs noms !

Journée culture

Vendredi 21 juillet

Nous devons prendre le bus pour aller à Fribourg qui est une très vieille ville. Là, nous visitons la cathédrale Saint-Nicolas. Nicolas dit : « C'est MA cathédrale ! ». Il voudrait nous prendre en photo, mais il ne sait plus où il a mis son appareil… Puis nous faisons un tour dans le centre. Anne et Paola aimeraient rester un peu dans la rue de Lausanne parce qu'elles savent où on peut acheter des fringues branchées. Mais nous n'avons plus le temps, dommage ! Quand nous revenons au bus, Nicolas est content : son appareil est dans le bus, BIEN SÛR !

Au revoir, Charmey !

Samedi 22 juillet

Demain, nous rentrons à Paris. Dommage ! Nous avons passé une super semaine en Suisse et j'aimerais bien revenir l'an prochain. Au centre, j'ai pu essayer toutes les activités. Maintenant, je suis fan de rafting ! En plus, j'ai rencontré beaucoup de jeunes très sympas. Et je sais dire « Je t'aime » en cinq langues !

| ENTRÉE | TEXTE | ATELIER B | SUR PLACE | LEÇON 9 |

1 A propos du texte
▶ LIRE

a) Complétez le tableau dans votre cahier.
b) Puis résumez le texte au passé composé.
Ecrivez au moins deux phrases pour chaque jour.

Jour	Activités	Qui ? / Quoi ?

2 On sait ou on peut ?
§ 52

Complétez avec les verbes **savoir** ou **pouvoir**.

Max, tu ne ■ pas m'aider un peu ?
Je ne ■ pas où il faut mettre tout ça.

Je ne ■ pas si nous ■ nager ici !

Sarah ne ■ pas comprendre la carte postale de Marie : elle ne ■ pas lire.

Léo et Léa ■ faire du rafting, mais ils ne ■ pas commencer sans l'animateur.

– Tu ■ où j'ai mis mon portable ?
– Non, je ne ■ pas.

– Vous ■ comment on dit « Bienvenue » en allemand ?
– Moi, je ■ t'aider.

3 Ce qui m'intéresse à Charmey…
§ 54

Complétez avec **ce qui**, **ce que** / **ce qu'**.

1. Samedi, les jeunes peuvent faire ■ ils veulent.
2. Alors Marie et Naïma font un tour à Charmey. ■ Marie aime beaucoup dans le village, ce sont les vieilles maisons.
3. Et ■ est très sympa, c'est la bonne humeur des gens.
4. Ils disent bonjour ou « Gruezi », ■ les deux filles trouvent très marrant.
5. Marie veut acheter deux pains au chocolat, mais elle ne comprend pas ■ la vendeuse lui dit.
6. ■ est génial en Suisse, ce sont les langues : dans les rues du village, il y a des gens qui parlent allemand, français ou italien.

4 Travailler à Charmey

Après le rafting, les jeunes discutent avec l'animateur, Olivier.

a) Lisez les questions, puis écoutez le texte une première fois.
▶ ECOUTER

1. Quand est-ce qu'Olivier a commencé à travailler en Suisse ?
2. Comment s'appelle la femme d'Olivier ? Elle vient d'où ?
3. En hiver, que fait Olivier dans les stations de ski ?
4. Pourquoi est-ce qu'il aime son travail ? Donnez trois raisons.
5. Pourquoi est-ce que son travail est difficile ? Donnez aussi trois raisons.

b) Ecoutez le texte une deuxième fois et prenez des notes.
c) Faites maintenant le portrait d'Olivier à l'aide de vos notes.
▶ PARLER

CENT-SEPT

5 Un champ lexical – Les vacances

a) Complétez le champ lexical :

b) Imaginez la discussion d'une famille française (père, mère, fils, fille) qui prépare ses vacances.
Mettez-vous à quatre et jouez la scène.
Utilisez des mots de la partie a).

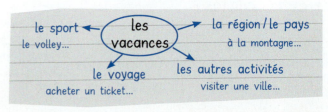

▶ PARLER

6 Stratégie – Eine Postkarte schreiben

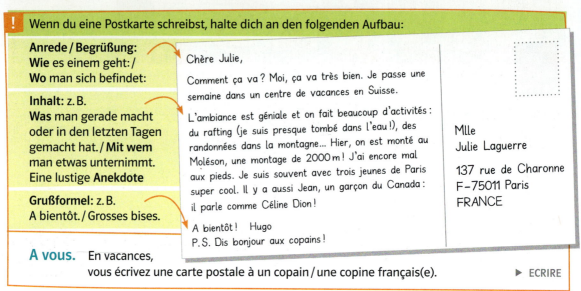

! Wenn du eine Postkarte schreibst, halte dich an den folgenden Aufbau:

Anrede / Begrüßung:
Wie es einem geht: /
Wo man sich befindet:

Inhalt: z. B.
Was man gerade macht oder in den letzten Tagen gemacht hat. / **Mit wem** man etwas unternimmt.
Eine lustige **Anekdote**

Grußformel: z. B.
A bientôt. / Grosses bises.

Chère Julie,

Comment ça va? Moi, ça va très bien. Je passe une semaine dans un centre de vacances en Suisse.

L'ambiance est géniale et on fait beaucoup d'activités : du rafting (je suis presque tombé dans l'eau!), des randonnées dans la montagne… Hier, on est monté au Moléson, une montage de 2000 m! J'ai encore mal aux pieds. Je suis souvent avec trois jeunes de Paris super cool. Il y a aussi Jean, un garçon du Canada : il parle comme Céline Dion!

A bientôt!   Hugo
P.S. Dis bonjour aux copains!

Mlle
Julie Laguerre
137 rue de Charonne
F-75011 Paris
FRANCE

A vous. En vacances, vous écrivez une carte postale à un copain / une copine français(e).

▶ ECRIRE

7 Marie est en Suisse. Et sa famille ? §51, 52, 53, 54

Complétez avec les noms de pays (+ prépositions), **devoir** ou **savoir** (■), **ce qui / ce que** (■) et les verbes (■) :

Dimanche	Les Laroche ■ se lever très tôt. Aujourd'hui, ils partent (🇮🇹) !
Lundi	A 11 heures, quand les Laroche ■, Goliath ■ déjà sur la plage. (se réveiller / s'amuser)
Mardi	Monsieur Laroche ■ vite aller au marché : il ■ du repas. (s'occuper)
Mercredi	Aujourd'hui, Jérémy ne ■ pas ■ il veut faire.
Jeudi	Les Laroche ■. Ils veulent visiter Gênes, ■ ne plaît pas à Goliath. (se dépêcher)
Vendredi	Sarah rencontre deux autres enfants qui viennent (🇳🇱). Elle demande : « Salut, vous ■ comment ? Moi, je ■ Sarah. » Mais ils ne comprennent pas ■ elle dit. Ils ne ■ pas lui répondre en français… s'appeler (2x)
Samedi	Jérémy téléphone : « Salut, Marie ! Tu ■ bien (🇨🇭) ? » (s'amuser)
Dimanche	La famille rentre à Paris. Sarah est un peu malade : « Je ne ■ pas bien, maman. Quand est-ce que nous ■ ? » Enfin, à huit heures, elle est au lit. Ouf ! (se sentir / s'arrêter)

| ENTRÉE | TEXTE | ATELIER | SUR PLACE | LEÇON 9 |

Astérix chez les Helvètes

PAGE FACULTATIVE

Marie et ses copains ne sont pas les seuls qui passent leurs vacances dans les Alpes.
Astérix aussi est allé en Helvétie, chez les Helvètes. Euh… pardon, chez les Suisses, en Suisse !

Astérix chez les Helvètes   p. 19 (n° 1, 3, 4), p. 21 (n° 2), p. 26 (n° 5), p. 28 (n° 6, 7)
www.asterix.com © 2006 LES ÉDITIONS ALBERT RENÉ / GOSCINNY-UDERZO
© 2006 GOSCINNY-UDERZO

Regardez les dessins. Qu'est-ce que les gens de la BD pensent des Suisses ?

---

1 une manie [ynmani] ein Fimmel – **2 la propreté** [laprɔprəte] die Sauberkeit – **3 sale** [sal] schmutzig – **4 frotter** [frɔte] schrubben – **5 l'exactitude** (f.) [lɛgzaktityd] die Pünktlichkeit – **6 j'ai perdu** [ʒepɛrdy] ich habe verloren – **7 un bout de pain** (m.) [ɛ̃budəpɛ̃] ein Stück Brot

Les Gaulois et les Romains

UN GRAND PAYS AVEC DES PETITS CHEFS[1]

Deux siècles avant Jésus-Christ, la France s'appelle la Gaule. C'est un grand pays avec beaucoup de peuples différents. Et chaque peuple a son petit
5 chef. Un peu comme Abraracourcix[2] dans Astérix… Les voisins romains ont déjà des provinces en Ibérie, l'Espagne actuelle, et ne s'intéressent pas vraiment à la Gaule. Mais pour aller en Ibérie, ils doivent prendre le bateau[3].
10 Ce n'est pas très pratique !

Le pont du Gard

IL NOUS FAUT UNE ROUTE[4] !

Alors il leur faut une route : en 120 avant J.-C., les Romains commencent la Via Domitia, la première route romaine en Gaule. Maintenant, le voyage en
15 Ibérie n'est plus un problème.
Mais ce n'est pas tout : un siècle avant J.-C., les premiers Romains quittent leur patrie et vont dans le sud de la Gaule pour y habiter[5]. Ils construisent[6] des villas, des routes, des ponts, des théâtres, des
20 arènes… Bientôt[7], ils occupent presque un tiers[8] de la Gaule et ils se sentent comme chez eux !

Les arènes de Nîmes

LA VICTOIRE DE JULES CÉSAR

Un beau jour, Jules César, général de l'armée romaine, entre en scène. (Il va devenir[9] empereur
25 et il va être aussi le grand amour de Cléopâtre !) Lui, il veut que[10] la Gaule devienne aussi une province romaine. Les Gaulois, bien sûr, ne sont pas d'accord. Un des chefs, Vercingétorix, dit : « Il faut qu'on prenne une décision[11]. » Mais la guerre contre
30 les Romains est une catastrophe : en 52 avant J.-C., à Alésia, Vercingétorix doit déposer les armes devant César. Les Romains occupent maintenant toute la Gaule, et bientôt, le latin devient la langue du pays. Par Toutatis[12], quelle histoire !

Vercingétorix dépose les armes devant Jules César.

Trouvez les mots du texte qui viennent du latin ou qui ressemblent (ähneln) à l'anglais ou à l'espagnol. Essayez de les traduire.

---

1 un chef [ɛ̃ʃɛf] ein Häuptling – **2 Abraracourcix** [abʀaʀakuʀsiks] Majestix – **3 un bateau** [ɛ̃bato] ein Schiff – **4 une route** [ynʀut] eine Straße – **5 pour y habiter** um hier zu wohnen – **6 ils construisent** [ilkɔ̃stʀɥiz] sie bauen – **7 bientôt** [bjɛ̃to] bald – **8 un tiers** [ɛ̃tjɛʀ] ein Drittel – **9 devenir** [dəvəniʀ] werden – **10 il veut que la Gaule devienne** [dəvjɛn] er möchte, dass Gallien … wird – **11 il faut qu'on prenne** [pʀɛn] **une décision** [yndesizjɔ̃] man muss eine Entscheidung treffen – **12 Toutatis** [tutatis] Schutzgottheit der Gallier – **13 il avait** [avɛ] er hatte – **14 plus lourd** [plyluʀ] härter – **15 il était adulé** [iletɛadyle] er wurde vergöttert – **16 un jaloux** [ɛ̃ʒalu] ein Neider – **17 il voulait** [vulɛ] er wollte – **18 piquer qc à qn** [pike] *(fam.)* jdm. etw. klauen – **19 il trouva le truc** [iltʀuvalətʀyk] *(fam.)* er fand den richtigen Dreh – **20 vaincre** [vɛ̃kʀ] siegen – **21 une minette** [ynminɛt] *(fam.)* ein junges Mädchen – **22 Y'a personne ?** *(fam.)* [japɛʀsɔn] (= Il n'y a personne ?) Ist niemand da? – **23 se passer** [səpase] passieren – **24 la chute** [laʃyt] der Fall / Sturz – **25 remonter qc** [ʀ(ə)mɔ̃te] etw. wieder aufbauen

Wed raconte la guerre en Gaule

PAGE FACULTATIVE

Lisez la BD de Wed et expliquez les allusions (Anspielungen) à l'histoire des Gaulois et des Romains.

RÉCRÉ 3

PLAISIR DE LIRE | RÉVISIONS | DELF

On fait des révisions.

PAGES FACULTATIVES

In der *Révision 3* kannst du alleine oder mit einem Partner wiederholen, was du in den Lektionen 7–9 gelernt hast. Deine Lösungen kannst du auf den Seiten 171 ff. überprüfen.

1 Qu'est-ce qu'on dit en français ?

Was sagst du auf Französisch, wenn du

1. … meinst, dass jemandem etwas gut steht?
2. … ein T-Shirt anprobieren möchtest?
3. … wissen willst, ob es ein T-Shirt auch in L gibt?
4. … wissen willst, wie teuer etwas ist?
5. … zwei Kilo Orangen kaufen willst?
6. … für ein Essen Eier, Käse, Sahne, Öl und 2 Kilo Äpfel brauchst?
7. … jemandem zum Geburtstag gratulieren willst?
8. … jemandem etwas zum Trinken anbieten möchtest?
9. … dich nicht gut (schlecht) fühlst.
10. … erzählen willst, dass du schwimmen kannst.

2 Une visite chez Sandrine §39

Complétez le texte avec les adjectifs **beau**, **nouveau** et **vieux**.

Sandrine, une v■ copine de la mère de Nicolas, a déménagé. Maintenant, elle habite à Montmartre, un v■ quartier où il y a des b■ immeubles. Ce soir, elle montre son b■ appartement à son amie.
– Bienvenue dans mon n■ appartement.
– Il est b■, ton appartment. En plus, il est dans un v■ immeuble. J'adore les v■ portes. Elles sont b■.

– Regarde ma n■ cuisine, Michèle. Comment est-ce que tu la trouves ?
– Très b■. Tu as de la chance. Et tes n■ voisins ?
– Ils sont sympas. Surtout Bruno. Il est aussi n■ ici. En plus, c'est un b■ homme…
– Ah oui ? Tiens, tiens…

3 La mode §36

Complétez les dialogues avec **quel**, **quelle** etc. Ajoutez aussi les noms des **vêtements** et les **couleurs**.

Exemple :

Nicolas : ■ 🧣 est-ce que tu aimes ? → Nicolas : Quelles écharpes est-ce que tu aimes ?
Pierre : J'aime les 🧣. → Pierre : J'aime les écharpes rouges.

1. Mme Laroche : ■ 👖 est-ce que tu préfères ?
   M. Laroche : Moi, je préfère les 👖.

2. Mme Davot : ■ 👗 me va bien ?
   Une vendeuse : La 👗 vous va très bien.

3. Naïma : ■ 👖 est-ce que tu achètes ?
   Farid : J'achète le 👖.

4. Zoé : ■ 👟 est-ce que tu regardes ?
   Océane : Je regarde les 👟.

5. Une vendeuse : ■ est-ce que vous essayez ?
   Pauline : J'essaie le .

6. Julien : ■ 👗 est-ce que tu vas porter ce soir ?
   Marie : Je vais porter la .

4 Ces dessins sont marrants.

§ 37

Formez des phrases avec **ce**, **cet**, **cette**, **ces** dans votre cahier.

branché — mignon — sympa ✓ — nul — fatigué — vieux — amoureux — difficile — malade

→ Cet homme est sympa.

1

2

3

4

5

6

7

8

5 Au centre de vacances

§ 37

Traduisez.
1. Was machen wir heute?
2. Heute Morgen besuchen wir eine Schokoladenfabrik.
3. Heute Nachmittag fahren wir nach Gruyères.
4. Und heute Abend schauen wir uns einen Film über die Alpen an.

6 Nicolas et sa mère

§ 42, 44

Complétez le dialogue avec **un**, **une**, **du**, **de la**, **de l'**, **des**, **de / d'** ou **en**.

Mme Brunel : Alors, qu'est-ce qu'on va manger ? ■ couscous, ■ pizza, ■ falafels, ■ crêpes…
Nicolas : Moi, j'ai envie de faire ■ quiche. Qu'est-ce qu'il nous faut ? ■ lait ? ■ farine ?
Mme Brunel : Alors on a encore assez ■ lait. Mais on n'a plus ■ farine. Il ■ faut 150 grammes.
Nicolas : Et ■ fromage ? Il ■ faut combien ?
Mme Brunel : Il nous ■ faut 300 grammes. Tu prends ■ gruyère, s'il te plaît.
Nicolas : D'accord. Et il faut combien ■ œufs ? On ■ a encore trois.
Mme Brunel : Pas ■ problème. J'■ prends seulement deux. Mais il nous faut encore ■ crème.
Nicolas : Bon, je vais au supermarché.
Mme Brunel : D'accord. Et tu achètes aussi deux bouteilles ■ eau et ■ huile pour la salade.

7 En Suisse

§ 44

Complétez le texte avec **qui**, **que**, **où**.

1. Naïma, Marie et Julien passent une semaine dans un centre de vacances ■ ils rencontrent des jeunes de tous les pays.
2. Il a deux animateurs ■ s'occupent des activités.
3. Ils organisent des randonnées ■ intéressent beaucoup les jeunes.
4. Naïma et ses amis aiment aussi les autres activités ■ on leur propose.
5. Le soir, Marie va souvent sur le balcon de sa chambre ■ elle écrit des cartes postales.
6. Elle parle de Naïma ■ est amoureuse d'un garçon ■ s'appelle Jean.
7. Elle parle aussi de Hugo ■ le groupe aime bien mais ■ a toujours mal au ventre.

| RÉCRÉ 3 | PLAISIR DE LIRE | RÉVISIONS | DELF |

8 Sarah et Goliath ont tout mangé !

Complétez les phrases avec **tout le**, **toute la**…

Sarah a bu ■ et elle a mangé ■.   Et Goliath ? Il a bu ■ et il a mangé ■.

PAGES FACULTATIVES   § 49, 50

9 Ils habitent où ? Ils viennent d'où ?

Racontez. Utilisez les verbes **habiter** ou **venir de**.

🇧🇪	🇮🇹	🇳🇱	🇨🇦	🇫🇷	🇩🇪	🇨🇭	🇪🇸
1. Eric	2. Giulia	3. Joost	4. Simon	5. Zoé	6. Anna	7. Luc	8. Paola

10 A propos du vocabulaire

a) Cherchez des synonymes (Synonyme = Wörter mit gleicher bzw. ähnlicher Bedeutung).
Exemple : Les vêtements : les jeunes disent aussi ■ → des fringues

1. Les garçons et les hommes. Ce sont des ■.
2. Quelqu'un est un imbécile. Il est ■.
3. Elle a un look branché, elle est ■.
4. Mamie a la pêche aujourd'hui ! Elle est ■.
5. Quand on va très vite, on ■.
6. Quand on met ses vêtements, on ■.

b) Cherchez les antonymes (Antonyme = Wörter mit gegensätzlicher Bedeutung).

1. Eric adore tous les sports d'hiver.
2. Samedi soir, Julien est rentré avant minuit.
3. Nicolas fait des photos devant la cathédrale.
4. Pour la fête, Zoé a mis ses nouvelles chaussures !
5. Aujourd'hui, je me sens très mal !
6. Julien est de mauvaise humeur.

11 Les verbes

§ 35, 38, 45, 46, 47, 48, 52

Retrouvez les formes des verbes **acheter, mettre, préférer, venir, manger, boire, savoir, devoir** et **entendre** et écrivez ces formes dans vos cahiers.

Exemple :

elle d■■t → doit
elle bo■■ → boit
elle v■e■t → vient
elle ■■it → sait

1. tu ■ch■te■	2. nous ■e■ons	3. ils ■o■■ent	4. j'ai ■■s
tu ■é■■res	nous b■■■ns	ils ■■e■■ent	j'ai b■
tu e■■en■s	nous ■■nons	ils do■■e■t	j'ai ■
tu m■■■	nous ■■■■e■ns	ils ■■v■nt	j'ai d■
5. il a ■ch■■■	6. vous ■■h■tez	7. ils ■nt■■■ent	8. j(e) ■■■ns
il a ■■ten■■	vous ■■nez	ils ■■tt■nt	j(e) en■■■■s
il a ■a■g■	vous ■■■■érez	ils ■■■è■ent	j(e) ■■■■è■e
il a p■■■■r■	vous ■a■ez	ils ■■n■■nt	j(e) ■■■s

PLAISIR DE LIRE | RÉVISIONS | DELF | RÉCRÉ 3

On prépare le DELF A1.

Auf dieser Seite könnt ihr euch wieder auf die DELF-Prüfung vorbereiten.

1 Au marché

a) Copiez d´abord la grille dans votre cahier et lisez les questions.

b) Puis écoutez une première fois la scène et complétez votre grille.

c) Ecoutez maintenant une deuxième fois et contrôlez vos réponses.

Est-ce que la cliente achète…	Oui.	Non.	kilo(s)
… des pommes ?			
… des tomates ?			
… des kiwis ?			
… des abricots ?			
… des bananes ?			
Combien est-ce que ça fait ?	■ €		

2 Une fête surprise   ▶ LIRE ET ECRIRE

Lisez l'e-mail de Michel. Puis donnez la réponse de Nicolas.

de	michelgarnier@free.fr
à	Zorus_le_uf@laposte.net
objet	Anniversaire

Salut Nicolas,

Ça va ? Ton interro de maths s'est bien passée ?
Samedi, je veux organiser une fête-surprise pour l'anniversaire de ta mère. Est-ce que tu as envie de m'aider ? Je veux inviter tes grands-parents et aussi Sandrine et Caroline, les copines de ta mère. Est-ce que tu as leurs numéros de téléphone ? Si tu veux, tu peux aussi demander à Julien de venir.
Pour le repas, j'ai une super idée : pour l'entrée, je prépare une salade niçoise. Et après, je vais faire des langoustes à l'américaine. Mais qu'est-ce qu'on peut manger comme dessert ? Je vais faire les courses vendredi soir. Tu viens avec moi au supermarché ?
Tu as déjà un cadeau pour ta mère ? Moi, je veux lui acheter un billet pour un concert de Carla Bruni. Elle chante le 27 juin au Bataclan. Tu n'as pas envie de venir avec nous ? Ça serait super !

A bientôt !   Michel.

3 Les vacances des jeunes   ▶ PARLER

Choisissez un sujet, cherchez des idées et prenez des notes. Puis, présentez le résultat à l'oral.

1. Quelles activités est-ce que tu aimes faire pendant les vacances ?

2. Partir en vacances avec un groupe de jeunes, ça te plaît ou pas ? Pourquoi (pas) ?

3. Où est-ce que tu as passé tes dernières vacances ? Qu'est-ce que tu as fait ?

4. Est-ce que tu aimes passer les vacances avec tes parents ? Pourquoi (pas) ?

VOCABULAIRE

Lautzeichen

Vokale

- [a] m**a**d**a**me; wie das deutsche *a*.
- [e] caf**é**, mang**er**, regard**ez**; geschlossenes *e*, etwa wie in *geben*.
- [ɛ] il f**ai**t, il m**e**t, il **e**st, m**e**rci; offenes *ä*, etwa wie in *Ärger*.
- [i] **i**l, qu**i**che; geschlossener als das deutsche *i*, Lippen stark spreizen.
- [ɔ] l'**é**c**o**le, al**o**rs; offenes *o*, offener als in *Loch*.
- [ø] d**eu**x, mons**ieu**r; geschlossenes *ö*, etwa wie in *böse*.
- [o] ph**o**to, all**ô**; geschlossenes *o*, wie in *Rose*.
- [œ] s**œu**r, n**eu**f, h**eu**re; offenes *ö*, bei kurzem Vokal etwa wie in *Röcke*.
- [ə] l**e**, d**e**main; der Laut liegt zwischen [œ] und [ø], näher bei [œ].
- [u] **o**ù; geschlossenes *u*, etwa wie in *Ufer*.
- [y] t**u**, r**u**e; ähnlich dem deutschen *ü* in *Tüte*.

Nasalvokale

- [ɛ̃] **un** ch**ien**, cop**ain**; nasales [ɛ]
- [õ] **on**, s**on**t, n**om**; nasales [o]
- [ɑ̃] d**an**s, je pr**en**ds; nasales [ɑ]

Die Nasalvokale haben im Deutschen keine Entsprechungen.

Beachte: un, lundi: Neben [ɛ̃] hört man in Frankreich auch [œ̃] = nasales [œ].

Konsonanten

- [f] **f**rère; wie das deutsche *f* in *falsch*.
- [v] de**v**ant; wie das deutsche *w* in *werden*.
- [s] **s**œur, **c**'est, **ç**a, re**s**ter, invita**t**ion; stimmloses *s*, wie in *Los*; als Anlaut vor Vokal ist *s* immer stimmlos.
- [z] phra**s**e, mai**s**on, il**s** arrivent, **z**éro; stimmhaftes *s*, wie in *Esel*; zwischen zwei Vokalen ist *s* stimmhaft.
- [ʒ] **j**e, bon**j**our, bei**g**e; wie *j* in *Journalist*.
- [ʃ] je **ch**erche; stimmloses *sch*, wie in *schön*.
- [ɲ] monta**gn**e; etwa wie in *Kognak*.
- [ŋ] in Wörtern aus dem Englischen, z. B. pi**ng**-pong
- [ʁ] **r**egarder; Zäpfchen-Reibelaut; wird auch am Wortende und vor Konsonanten deutlich ausgesprochen.

Die nicht erwähnten Konsonanten sind den deutschen sehr ähnlich. Bei [p], [b], [t], [d], [k], [g] ist jedoch darauf zu achten, dass sie ohne „Hauchlaut" gesprochen werden.

Halbkonsonanten

- [j] quart**i**er; weicher als das deutsche *j* in *ja*.
- [w] **ou**i, t**oi**; flüchtiger [u]-Laut, gehört zum folgenden Vokal.
- [ɥ] c**u**isine, je s**u**is, h**u**it; flüchtiger [y]-Laut gehört zum folgenden Vokal.

Das Alphabet, das Buchstabieren und die Zeichensetzung

A	[a]	D	[de]	G	[ʒe]	J	[ʒi]	M	[ɛm]	P	[pe]	S	[ɛs]	V	[ve]	Y	[igʁɛk]
B	[be]	E	[ə]	H	[aʃ]	K	[ka]	N	[ɛn]	Q	[ky]	T	[te]	W	[dubləve]	Z	[zɛd]
C	[se]	F	[ɛf]	I	[i]	L	[ɛl]	O	[o]	R	[ɛʁ]	U	[y]	X	[iks]		

Jetzt kannst du auf Französisch buchstabieren! Versuch es mal mit deinem Namen!

.	le point	der Punkt	,	la virgule	das Komma
?	le point d'interrogation	das Fragezeichen	:	les deux points	der Doppelpunkt
!	le point d'exclamation	das Ausrufezeichen	« »	les guillemets [legijmɛ]	die Anführungszeichen

rue Bréguet	s'écrit	**en deux mots.**	arriver	s'écrit	avec **deux 'r'**.
rue	s'écrit	avec **une minuscule.**	caf**é**	s'écrit	avec **'e' accent aigu**.
Bréguet	s'écrit	avec **une majuscule.**	très	s'écrit	avec **'e' accent grave**.
grand**-**mère	s'écrit	avec **un trait d'union.**	all**ô**	s'écrit	avec **'o' accent circonflexe**.
l**'**histoire	s'écrit	avec **l'apostrophe.**	**ç**a	s'écrit	avec **'c' cédille**.

Nun kannst du auf Französisch sagen, wie ein Wort geschrieben wird!

Hinweise zum *Vocabulaire*

Das *Vocabulaire* hat **drei Spalten** und die Einträge ähneln bis auf die Reihenfolge den Einträgen eines Wörterbuchs.
Die **linke Spalte** zeigt die neuen Lernwörter **in der Reihenfolge des Auftretens** im Buch und gibt Hinweise zur Aussprache.
Die **mittlere Spalte** hilft dir beim Lernen der Vokabeln. Sie zeigt dir u. a. in **Beispielsätzen** typische Verwendungen des neuen Wortes oder weist auf die **Ähnlichkeit zu Sprachen** hin, die du bereits gelernt hast. Außerdem findest du dort weitere **nützliche Tipps**, Erläuterungen und Hinweise. Beim Lernen kannst du die linke Spalte abdecken und versuchen, das Wort mit Hilfe der Angaben aus der Mittelspalte zu erschließen.
Die **Tilde** in der Mittelspalte (~) steht für das französische Lernwort. Verändert sich das Wort im Beispielsatz, so findest du in einer Fußnote die richtige Form.
In der **rechten Spalte** steht die deutsche Bedeutung des neuen französischen Lernwortes bzw. Ausdruckes.

Zu Beginn jeder Lektion findest du einen **Vokabellerntipp**. Probiere die Tipps aus, sie helfen dir beim Einprägen der Vokabeln.

Wichtiges **Übungsvokabular** …
findest du in der Übersicht **Pour faire les exercices du livre** auf Seite 174.

In der **Liste des mots** …
kannst du alle französischen Wörter nachschlagen. Sie sind dort alphabetisch aufgelistet, mit Angabe der Phonetik, der Übersetzung und des erstmaligen Erscheinens im Buch. Dort findest du auch alle Namen, die im Buch auftauchen, jeweils mit einer kurzen Erläuterung.

Die **deutsch-französische** Wortliste …
führt die wichtigsten Lernwörter in alphabetischer Reihenfolge auf. Sie kann dir beim Verfassen eigener französischer Texte hilfreich sein.

Neue Wörter der **Sur place-Seiten** und der **Récré-Phasen** stehen nicht im Vokabular. Sie sind auf den Seiten direkt annotiert und müssen nicht gelernt werden.

Symbole und Abkürzungen

⚠	Achtung!	👪	Wortfamilie
→	Vergleiche mit …	👄	Aussprache
↔	Achte auf den Unterschied zwischen	m.	*masculin* (= maskulin)
=	Bedeutet … / Ist gleich …	f.	*féminin* (= feminin)
≠	Ist das Gegenteil von …	pl.	*pluriel* (= Plural)
F	Französisch	sg.	*singulier* (= Singular)
D	Deutsch	qc	*quelque chose* (= etwas)
E	Englisch	qn	*quelqu'un* (= jemand)
L	Latein	jd.	jemand
✎	Schreibung	jdn.	jemanden
fam.	*familier* (= umgangssprachlich)	jdm.	jemandem
frz.	französisch	etw.	etwas
ugs.	umgangssprachlich	( )	fakultativ

VOCABULAIRE 1

LEÇON 1

TIPP Lernt Vokabeln **mündlich** und **schriftlich**: **Sprecht** alle Vokabeln laut aus und **schreibt** sie auf. Zwei Kanäle sind zwei Lernchancen!

la **leçon** [laləsõ]	E lesson ✎	die Lektion

Der kleine Haken unter dem Buchstaben c heißt *cédille* [sedij] und sagt dir, dass das „ç" als [s] gesprochen wird.

1 = **un** [ɛ̃]		eins
l'**entrée** *(f.)* [lãtʀe]		der Eingang
le **texte** [lətɛkst]	F ↔ D ✎	der Text
l'**atelier** *(m.)* [latəlje]		die Werkstatt
sur place [syʀplas]		vor Ort

ENTRÉE

Bienvenue ! [bjɛ̃v(ə)ny]		Willkommen!
à [a]		in
Paris [paʀi]	F ↔ D 👄	
voilà… [vwala]		da ist/da sind…
et [e]		und
Salut ! *(fam.)* [saly]	L salus	Hallo!/Tschüs! *(ugs.)*

Mit „**Salut !**" begrüßen und verabschieden sich Freunde untereinander. Zwischen Verwandten und guten Bekannten ist dabei ein angedeuteter Kuss („une bise" [ynbiz]) auf beide Wangen üblich.

Ça va ? [sava]		Wie geht's?
Oui. [wi]		Ja.
bien *(Adv.)* [bjɛ̃]	Ça va ? – Oui, ça va ~.	gut
toi [twa]		du *(betont)*
Merci. [mɛʀsi]	Et toi, ça va ? – Oui, ~.	Danke.
Comment… ? [kɔmã]		Wie …?
Tu t'appelles comment ? [tytapɛlkɔmã]		Wie heißt du?
je m'appelle… [ʒəmapɛl]	Salut, tu t'appelles comment ? – ~ Marie.	ich heiße …
moi [mwa]		ich *(betont)*
je suis… [ʒəsɥi]	Moi, ~ Julien.	ich bin …

TEXTE A   Le cours de théâtre

le **cours** [ləkuʀ]	E course ✎ → Cours intensif	der Kurs
le **théâtre** [ləteatʀ]	⚠ ✎ théâtre L theatrum E theatre	das Theater

118   CENT-DIX-HUIT

VOCABULAIRE 1

le **cours de théâtre** [ləkuʀdəteatʀ]		der Theaterkurs
le **théâtre de l'Epouvantail** [ləteatʀdəlepuvɑ̃taj]		*Name eines Theaters in Paris (l'épouvantail (m.) = die Vogelscheuche)*
être [ɛtʀ]		sein

être : je **suis**, tu **es**, il/elle/on **est**, nous **sommes**, vous **êtes**, ils/elles **sont**

déjà [deʒa]		schon
là [la]		da/dort
le **monsieur/monsieur…** [(lə)məsjø]	~¹ Rollin est déjà là.	der Herr/Herr …
Qui est-ce ? [kiɛs]	Monsieur Rollin ? ~ ?	Wer ist das?
c'est [sɛ]	Qui est-ce ? – ~ Naïma.	das ist
l'**animateur** *(m.)* [lanimatœʀ]	Moi, c'est Eric Rollin. Je suis ~.	der Kursleiter
cool *(fam.)* [kul]		cool *(ugs.)*
Bonjour. [bɔ̃ʒuʀ]	~, les acteurs !	Guten Tag!

Kennt man sich nicht so gut oder grüßt man Erwachsene, so sagt man „Bonjour".

pour [puʀ]		für
alors [alɔʀ]		also
la **copine** *(fam.)* [lakɔpin]		die Freundin
de [də]		von
Euh… [ø]		*Ausdruck des Zögerns*
où [u]	~ est l'animateur ? – Il est là !	wo; wohin
le **garçon** [ləgaʀsɔ̃]		der Junge
Bonjour, monsieur ! [bɔ̃ʒuʀməsjø]		Guten Tag! *(zu einem Mann)*
Non. [nɔ̃]		Nein.
la **fille** [lafij]	≠ le garçon	das Mädchen
aussi [osi]		auch
à Naïma [anaima]		zu Naïma
super [sypɛʀ]	F ⟷ D ⇔	super/toll
maintenant [mɛ̃t(ə)nɑ̃]		jetzt/nun
l'**acteur** *(m.)* [laktœʀ]	F ⟷ E actor ✎	der Schauspieler
Génial ! *(fam.)* [ʒenjal]	= Super !	Genial!/Super!/Toll! *(ugs.)*
la **(super)star** [la(sypɛʀ)staʀ]	F la ~ ⟷ D der Star	der (Super)Star
On y va ! [ɔ̃niva]		Gehen wir!/Los geht's!

TEXTE B   A vous, les acteurs.

A vous ! [avu]		Jetzt seid ihr dran!
regarder qc [ʀəgaʀde]		etw. ansehen/anschauen/ betrachten
une **scène** [ynsɛn]	F ⟷ E scene ✎	eine Bühne; eine Szene
sur [syʀ]	Les acteurs sont ~ la scène.	auf; über

¹ Monsieur

CENT-DIX-NEUF   119

VOCABULAIRE 1

il y a [ilja]	E there is/there are	es gibt
une **table** [yntabl]	F ⟷ E table ⇔	ein Tisch
une **lettre** [ynlɛtʀ]	E letter F une lettre ⟷ D ein Brief	ein Brief
avec [avɛk]		mit
une **photo** [ynfoto]	✎ F une photo ⟷ D ein Foto	ein Foto
d'abord [dabɔʀ]		zuerst/zunächst
chercher qc [ʃɛʀʃe]		etw. suchen
une **idée** [ynide]	E idea	eine Idee
ce sont [səsɔ̃]	→ c'est	das sind
peut-être [pøtɛtʀ]		vielleicht
une **fête** [ynfɛt]	F ⟷ D ✎	eine Fete/ein Fest/ eine Party
une **invitation** [ynɛ̃vitasjɔ̃]	L invitatio E invitation	eine Einladung
un **concert** [ɛ̃kɔ̃sɛʀ]	F ⟷ E concert ⇔	ein Konzert
ou [u]	C'est une invitation pour une fête ~ pour un concert ?	oder

> **Verwechsle „ou" = oder** nicht mit **„où" = wo**, das einen *accent grave* trägt. Merke dir am besten den Spruch: „Auf der Oder schwimmt kein Graf."

un **match** [ɛ̃matʃ]	F ⟷ E match ⇔	ein Spiel *(beim Sport)*
le **foot** [ləfut]		der Fußball *(als Sportart)*
un/une **jeune** [ɛ̃/ynʒœn]		ein Jugendlicher/ eine Jugendliche
continuer [kɔ̃tinɥe]	L continuare E to continue	weitermachen/fortfahren
Bien sûr ! [bjɛ̃syʀ]		Sicherlich!/Na klar!
imaginer qc [imaʒine]	E to imagine	sich etw. (aus)denken
une **histoire** [ynistwaʀ]	Les jeunes imaginent des ~¹.	eine Geschichte
Quoi ? [kwa]		Was? *(hier: Ausdruck des Erstaunens)*
mais [mɛ]		aber
monter sur qc [mɔ̃te]		auf etw. steigen/ etw. besteigen
jouer [ʒwe]	A vous, les acteurs : maintenant, vous ~² !	spielen
demander [dəmɑ̃de]	Un jeune ~³ : « Où est le théâtre ? »	fragen
demain [dəmɛ̃]		morgen
organiser qc [ɔʀɡanize]	F ⟷ E to organize ✎	etw. organisieren
inviter qn [ɛ̃vite]	⛹ une invitation L invitare	jdn. einladen
un **copain** *(fam.)* [ɛ̃kɔpɛ̃]	→ une copine	ein Freund
aimer qc/qn [eme]	L amare	etw./jdn. lieben/ (gerne) mögen

> **Achtung !**
> Tu aimes **le** théâtre ? = Magst du Theater?
> Im Französischen steht bei **aimer + Nomen** immer der bestimmte Artikel.

la **musique** [lamyzik]	⚠ ✎ F ⟷ D Musik E music	die Musik
la **danse** [ladɑ̃s]	F la ~ ⟷ D der Tanz	das Tanzen; der Tanz
…, **non ?** [nɔ̃]		…, nicht wahr?/ …, oder?

---

¹ histoires – ² jouez – ³ demande

Bravo ! [bʀavo]		Bravo!
très [tʀɛ]	Bravo ! Vous jouez ~ bien.	sehr
Bon,… [bɔ̃]		Gut, …/Also, …
une **heure** [ynœʀ]	L hora E hour	eine Stunde
après [apʀɛ]		nach/danach *(zeitlich)*/ später
quitter qc [kite]	Après le cours, les jeunes ~¹ le théâtre.	etw. verlassen

ATELIER B

6 madame… [madam]   Frau …

> Schreibe „**madame**" und „**monsieur**" immer klein, außer in den Abkürzungen „**M.**" und „**Mme**" und in der schriftlichen Anrede.

Bonjour, madame ! [bɔ̃ʒuʀmadam]		Guten Tag! *(zu einer Frau)*
mademoiselle… [madmwazɛl]	*Abkürzung:* Mlle	Anrede für eine junge Frau
Bof ! *(fam.)* [bɔf]	Ça va ? – ~ !	Na ja!/Ach! *(ugs.)*
Au revoir ! [ɔʀvwaʀ]	≠ Bonjour !	Auf Wiedersehen!
Au revoir, madame ! [ɔʀvwaʀmadam]		Auf Wiedersehen! *(zu einer Frau)*

Tu t'appelles comment ?

Amandine [amɑ̃din]	**Marie** [maʀi]	**Alexis** [alɛksi]	**Maxime** [maksim]
Anne [an]	**Marion** [maʀjɔ̃]	**Charles** [ʃaʀl]	**Nicolas** [nikola]
Camille [kamij]	**Naïma** [naima]	**Eric** [eʀik]	**Pierre** [pjɛʀ]
Cécile [sesil]	**Océane** [ɔsean]	**Farid** [faʀid]	**Romain** [ʀɔmɛ̃]
Charlotte [ʃaʀlɔt]	**Pauline** [polin]	**Félix** [feliks]	**Théo** [teo]
Elodie [elodi]	**Sarah** [saʀa]	**Jérémy** [ʒeʀemi]	**Thomas** [toma]
Julie [ʒyli]	**Sophie** [sofi]	**Julien** [ʒyljɛ̃]	**Victor** [viktɔʀ]
Léa [lea]	**Yasmine** [jasmin]	**Karim** [kaʀim]	**Vincent** [vɛ̃sɑ̃]
Malika [malika]	**Zoé** [zoe]	**Lucas** [lyka]	**Yannick** [janik]

Il y a		**être**
Il y a un théâtre à Paris	⟷	Le théâtre **est** à Paris.
Il y a des acteurs sur la scène.	⟷	Les acteurs **sont** sur la scène.
↓		↓
Was oder wer befindet sich an einem Ort?		**Wo** befindet sich etwas oder jemand?

---

¹ quittent

VOCABULAIRE 2

Jemanden begrüßen		**Sich verabschieden**	
– Salut, Marie, ça va ?	Hallo Marie, wie geht's?	Salut !	Tschüs!
– Oui, ça va. Merci.	Gut. Danke.	Au revoir !	Auf Wiedersehen!
Bonjour, { monsieur ! madame !	Guten Tag!	Au revoir, { monsieur ! madame !	Auf Wiedersehen!

Sich oder jemanden vorstellen

– **Moi, je suis** Julien.   Ich bin Julien.
– Et **toi, tu es** Lucas ?   Und du, bist du Lucas?
– Non. **Moi, je m'appelle** Nicolas.   Nein. Ich heiße Nicolas.
– Là, **c'est** Naïma.   Da ist Naïma.
– Et **voilà** Marie.   Und das ist Marie.

LEÇON 2

TIPP un oder une? Lernt die Wörter immer mit dem Artikel!
Ihr könnt die maskulinen Nomen blau, die femininen Nomen rot in eurem Vokabelheft notieren.
Z. B. un tour, une place

ENTRÉE

dans [dã]		in
un **quartier** [ɛ̃kaʁtje]		ein (Stadt)Viertel
une **maison** [ynmɛzõ]		ein Haus
la **culture** [lakyltyʁ]	F ⟷ D 🗨 ✏	die Kultur
une **MJC** (= une maison des jeunes et de la culture) [ynɛmʒise]		entspricht einem Jugendzentrum
le **skate** [ləskɛt]		das Skaten; das Skateboard
un **cinéma** (fam.: un **ciné**) [ɛ̃sinema]	F cinéma ⟷ E cinema ✏	ein Kino
une **place** [ynplas]	F ⟷ E place 🗨	ein Platz
un **opéra** [ɛ̃ɔpeʁa]	F opéra ⟷ E opera ✏	ein Opernhaus; eine Oper
un **magasin** [ɛ̃magazɛ̃]	⚠ 🗨 magasin → musique	ein Geschäft/Laden
une **rue** [ynʁy]		eine Straße

Wenn man eine Adresse auf Französisch schreibt, kommt erst die Hausnummer und dann der Straßenname: **20 rue Bréguet**, 75011 Paris

un **marché** [ɛ̃maʁʃe]	E market	ein Markt
un **collège** [ɛ̃kɔlɛʒ]		weiterführende Schule für alle 11- bis 14-Jährigen

122 CENT-VINGT-DEUX

VOCABULAIRE 2

samedi *(m.)* [samdi]		(am) Samstag
un **matin** [ɛ̃matɛ̃]	👄 Demain ~, Julien invite un copain.	ein Morgen
samedi matin [samdimatɛ̃]		(am) Samstagmorgen
aller [ale]	Samedi matin, les filles ~¹ à la MJC.	gehen/fahren

aller : je **vais**, tu **vas**, il/elle/on **va**, nous **allons**, vous **allez**, ils/elles **vont**

Vous allez où ? [vuzaleu]	~ ? – Nous allons aux blocks de Bercy.	Wohin geht ihr?
un **atelier photo** [ɛ̃natəljefoto]		*(hier)* ein Fotokurs
chez [ʃe]		bei
aller chez qn [aleʃe]	Après les cours, on ~² des copains.	zu jdm. *(nach Hause)* gehen
Tiens ! [tjɛ̃]		Schau mal!; Na sowas!
montrer qc [mɔ̃tʀe]	L monstrare	etw. zeigen

TEXTE A L'après-midi des copains

un **après-midi** [ɛ̃napʀɛmidi]	→ un matin	ein Nachmittag
midi *(m.)* [midi]		Mittag
à midi [amidi]		um 12 Uhr mittags
rentrer [ʀɑ̃tʀe]	A midi, Naïma ~³ à la maison.	heimgehen/heimkommen
faire qc [fɛʀ]	Vous ~⁴ des photos ?	etw. machen

faire : je **fais**, tu **fais**, il/elle/on **fait**, nous **faisons**, vous **faites**, ils **font**

les **devoirs** [ledəvwaʀ]		die (Haus)Aufgaben
ensemble [ɑ̃sɑ̃bl]	On fait les devoirs ~.	zusammen
aujourd'hui [oʒuʀdɥi]	~, c'est samedi.	heute
sympa *(fam.)* [sɛ̃pa]	= sympathique → sympathisch	nett
d'accord [dakɔʀ]	Tu es ~ ? – Oui !	einverstanden/o.k.
dans l'après-midi [dɑ̃lapʀɛmidi]		am Nachmittag
ça [sa]	Le skate, on aime ~ !	das
rigoler *(fam.)* [ʀigɔle]		lachen
une **figure** [ynfigyʀ]	F ⟷ D ✏	eine Figur *(hier: beim Sport)*
comme [kɔm]	Tu es ~ moi, tu aimes le foot !	wie *(beim Vergleich)*
trois [tʀwa]	= 3 L tres	drei
à trois heures [atʀwazœʀ]		um drei Uhr
arriver [aʀive]	E to arrive	(an)kommen
une **pause** [ynpoz]		eine Pause
un **tour** [ɛ̃tuʀ]	Les jeunes font ~ dans le quartier.	eine Tour/ein Rundgang
rester [ʀɛste]	Aujourd'hui, je ~⁵ à la maison.	bleiben
une **tête** [yntɛt]		ein Kopf
faire la tête *(fam.)* [fɛʀlatɛt]		schmollen/sauer sein *(ugs.)*
encore [ɑ̃kɔʀ]	On rentre à la maison ? – Non, je fais ~ une figure.	(immer) noch
peu [pø]		wenig
un **peu** [ɛ̃pø]	Nous restons encore ~ aux blocks.	ein wenig

¹ vont – ² va chez – ³ rentre – ⁴ faites – ⁵ reste

VOCABULAIRE 2

TEXTE B Est-ce qu'on va au cinéma ?

Est-ce que… ? [ɛskə]	~ tu es d'accord ?	*Frageformel*
Qu'est-ce que… ? [kɛskə]	~¹ on fait maintenant ?	Was … ?
cinq [sɛ̃k]	= 5	fünf
à cinq heures [asɛ̃kœʀ]		um fünf Uhr
tout à coup [tutaku]		plötzlich
un **portable** [ɛ̃pɔʀtabl]		ein Handy

> un **portable** : Kurzform von „téléphone *portable*" = *tragbares* Telefon

sonner [sɔne]	L sonare	klingeln
un **message** [ɛ̃mɛsaʒ]	E message F un ~ ⟷ D eine Nachricht	eine Nachricht
un **rendez-vous** [ɛ̃ʀɑ̃devu]		eine Verabredung/ ein Termin
les **gens** (m., pl.) [leʒɑ̃]	L gens	die Leute
une **course** [ynkuʀs]		ein Einkauf
faire les courses [fɛʀlekuʀs]	Au marché d'Aligre, les gens ~².	einkaufen
discuter [diskyte]	E to discuss	sich unterhalten/ diskutieren
un **banc** [ɛ̃bɑ̃]	👄 F un banc ⟷ D eine Bank ✏	eine (Sitz)Bank
un **square** [ɛ̃skwaʀ]	F ⟷ E square 👄	eine (kleine) Grünanlage
un **falafel** [ɛ̃falafɛl]		Falafel *(frittierte Bällchen aus Kichererbsen)*
une **pizza** [ynpidza]		eine Pizza
une **crêpe** [ynkʀɛp]	Tu aimes ~³ ?	eine Crêpe *(dünner Pfannkuchen)*

ATELIER B

2 un **film** [ɛ̃film]		ein Film
4 un **téléphone** [ɛ̃telefɔn]	✏ E telephone ⟷ D Telefon ⟷ F téléph**o**ne	ein Telefon
un **numéro (de téléphone)** [ɛ̃nymeʀo(dətelefɔn)]		eine (Telefon)Nummer

TEXTE C La fille sur le banc

avoir [avwaʀ]		haben

> **avoir** : j'**ai**, tu **as**, il/elle/on **a**, nous **avons**, vous **avez**, ils/elles **ont**

avoir rendez-vous avec qn [avwaʀʀɑ̃devu]	Nous ~⁴ des copains.	eine Verabredung mit jdm. haben/sich mit jdm. treffen
un **billet** [ɛ̃bijɛ]	Tu as les ~⁵ pour le ciné ?	eine Eintrittskarte

---

¹ Qu'est-ce qu' – ² font les courses – ³ les crêpes
⁴ avons rendez-vous avec – ⁵ billets

VOCABULAIRE 2

Que fait Zoé ? [kəfɛzoe]		Was macht Zoé ?
pourquoi [puʀkwa]	Tu fais la tête, Zoé ? Mais ~ ?	warum
parce que [paʀskə]	– – Julien est au cinéma avec Marie.	weil
détester qc [detɛste]	≠ aimer	etw. hassen/überhaupt nicht mögen
avoir raison [avwaʀʀɛzõ]	L ratio	Recht haben
toujours [tuʒuʀ]	Moi, j'ai ~ raison !	immer; immer noch
C'est nul ! *(fam.)* [sɛnyl]	≠ C'est super !	Das ist blöd! *(ugs.)*
commencer qc [kɔmɑ̃se]	Le film ~¹ à cinq heures.	etw. anfangen

> **commencer** : je commence, tu commences, il/elle/on commence, nous commençons, vous commencez, ils/elles commencent

pendant [pɑ̃dɑ̃]		während
un **ami**/une **amie** [ɛ̃nami/ynami]	L amicus/amica	ein Freund/eine Freundin
beaucoup [boku]	≠ un peu	viel/sehr
devant [dəvɑ̃]	Les filles ont rendez-vous ~ la MJC.	vor *(örtlich)*

un **projet** [ɛ̃pʀɔʒɛ]	E project	ein Projekt/ein Vorhaben
avoir des projets [avwaʀdepʀɔʒɛ]		etwas vorhaben
lundi *(m.)* [lɛ̃di]	L luna	Montag/am Montag
une **interro** *(fam.)* (= une **interrogation**) [ynɛ̃tɛʀɔ(gasjõ)]		eine Klassenarbeit

> **Achtung !** „Eine Klassenarbeit **schreiben**" heißt auf Französisch „**faire**" oder „**avoir** une interro".

l'**allemand** *(m.)* [lalmɑ̃]	Lundi, Nicolas a une interro d'~.	Deutsch *(als Fach; Sprache)*
un/une **prof** *(fam.)* (= un **professeur**) [ɛ̃pʀɔf(esœʀ)]	D Professor E professor	ein Lehrer/eine Lehrerin

> „un **professeur**" wird in der Umgangssprache oft abgekürzt: „un **prof**". Wenn es sich um eine Lehrerin handelt, sagt man „une **prof**".

Bon courage ! [bõkuʀaʒ]	~ pour l'interro !	Viel Glück! *(wörtlich: le courage = der Mut)*
peu après [pøapʀɛ]		wenig später
C'est sûr ? [sɛsyʀ]	Zoé est avec un garçon. – ~ ?	Ist das sicher?
Pourquoi pas ? [puʀkwapa]	Tu cherches un prof de skate ? – Oui, ~ ?	Warum nicht?

ATELIER C

3 le **rap** [ləʀap]	⚠ 🗨	der Rap
7 de [də]	Je suis ~ Paris.	von/aus

---

¹ commence

VOCABULAIRE 3

Le quartier Bastille [ləkaʀtjebastij]

les **blocks** de Bercy	[leblɔkdəbɛʀsi]	le **collège** Anne Frank	[ləkɔlɛʒanfʀɑ̃k]
la **place** de la Bastille	[laplasdəlabastij]	le **square** Trousseau	[ləskwaʀtʀuso]
la **rue** Bréguet	[laʀybʀege]	la **rue** de la Roquette	[laʀydəlaʀɔkɛt]
le **marché** d'Aligre	[ləmaʀʃedaligʀ]	la **rue** Trousseau	[laʀytʀuso]

Stimmloses und stimmhaftes -s-

s = [s] **s = [z]**

La danse et	la musique.
Je suis dans	le magasin.
Elles sont super,	les_idées de Zazie !
Sophie déteste les stars	comme Zinedine Zidane.
Le professeur discute	avec mademoiselle Zoé.
On reste aussi	avec des_amis.

Stimmlos spricht man **-ss-**, ein **s-** am Wortanfang sowie **-s-** vor und nach Konsonanten aus.

Stimmhaft spricht man **-z-** sowie **-s-** zwischen Vokalen (a,e,i,o,u) und bei der Liaison aus.

Révisions

Fragen stellen …   **… und beantworten**

Tu t'appelles <u>comment</u> ?	<u>Wie</u> heißt du?	Je m'appelle…	Ich heiße…
<u>Qui</u> est-ce ?	<u>Wer</u> ist das?	C'est monsieur Rollin.	Das ist Herr Rollin.
<u>Où</u> sont les garçons ?	<u>Wo</u> sind die Jungen?	Ils arrivent.	Sie kommen an.
Vous allez <u>où</u> ?	<u>Wohin</u> geht ihr?	Nous allons à la MJC.	Wir gehen in das MJC.
<u>Est-ce qu'</u>on va au cinéma ?	Gehen wir ins Kino?	D'accord.	Einverstanden.
<u>Qu'est-ce qu'</u>on fait après le film ?	<u>Was</u> machen wir nach dem Film?	On rentre à la maison.	Wir gehen nach Hause.
Et <u>que</u> fait Zoé ?	Und <u>was</u> macht Zoé?	Elle fait les courses.	Sie kauft ein.

LEÇON 3

TIPP Verbindet in eurem Kopf die Vokabel – wenn immer es möglich ist – mit einem Bild!

un chien

ENTRÉE

une **famille** [ynfamij]	👄 F famille ⟷ D Familie ✏		eine Familie
une **mère** [ynmɛʀ]	Madame Laroche est la ~ de Marie.		eine Mutter

126 CENT-VINGT-SIX

VOCABULAIRE 3

un **père** [ɛ̃pɛʀ]		ein Vater
un **frère** [ɛ̃fʀɛʀ]	Marie a un ~ : c'est Jérémy.	ein Bruder
une **sœur** [ynsœʀ]	F des frères et sœurs = D Geschwister	eine Schwester
un **fils** [ɛ̃fis]	L filius	ein Sohn
une **fille** [ynfij]	L filia	eine Tochter
ils/elles **s'appellent**… [il/ɛlsapɛl]	L appellare	sie heißen
un **chien** [ɛ̃ʃjɛ̃]		ein Hund
il **s'appelle**… [ilsapɛl]		er heißt
un **an** [ɛ̃nɑ̃]	L annus	ein Jahr
avoir quatorze ans [avwaʀkatɔʀzɑ̃]	⚠ F J'ai 14 ans. ⟷ D Ich **bin** 14 Jahre alt.	vierzehn Jahre alt sein
l'**âge** (m.) [laʒ]	F âge ⟷ E age	das Alter
Ils ont quel âge ? [ilzɔ̃kɛlaʒ]	~, les copains de Marie ? – Ils ont aussi 14 ans.	Wie alt sind sie?
son/sa/ses [sɔ̃/sa/se]	Marie est avec ~¹ frère, ~² sœur et ~³ parents.	sein/seine; ihr/ihre
mon/ma/mes [mɔ̃/ma/me]		mein/meine
les **parents** (m., pl.) [lepaʀɑ̃]	L parentes E parents	die Eltern
ton/ta/tes [tɔ̃/ta/te]		dein/deine
la **terreur** [latɛʀœʀ]	L terror	der Schrecken
notre/nos [nɔtʀ/no]	L noster	unser/unsere
un **appartement** [ɛ̃napaʀtəmɑ̃]	F appartement ⟷ E apartment	eine Wohnung
une **chambre** [ynʃɑ̃bʀ]	F une ~ ⟷ D ein Zimmer	ein Schlafzimmer
votre/vos [vɔtʀ/vo]		euer/eure; Ihr/Ihre
une **cuisine** [ynkɥizin]		eine Küche
leur/leurs [lœʀ]	Je déteste ~⁴ chien, mais j'adore ~⁵ filles.	ihr/ihre (Pl.)
un **enfant** [ɛ̃nɑ̃fɑ̃]	Les Laroche ont trois ~⁶.	ein Kind

TEXTE A   Marie a un problème.

un **problème** [ɛ̃pʀɔblɛm]	E problem problème	ein Problem
habiter [abite]	L habitare J'~⁷ à Paris.	wohnen

> **Achtung !** Vor Verben mit stummem **h** wird „je" apostrophiert.

mardi (m.) [maʀdi]	Après lundi, c'est ~.	(am) Dienstag
un **soir** [ɛ̃swaʀ]	→ un matin, un après-midi	ein Abend
un **salon** [ɛ̃salɔ̃]		ein Wohnzimmer
quand [kɑ̃]	Sonnez ~ vous arrivez !	wenn/als (zeitlich)
une **annonce** [ynanɔ̃s]		eine Anzeige/Annonce
comprendre qc [kɔ̃pʀɑ̃dʀ]	L comprehendere	etw. verstehen

> **comprendre** : je comprends, tu comprends, il/elle/on comprend, nous comprenons, vous comprenez, ils comprennent

écouter qn [ekute]	Les enfants ~⁸ leurs parents.	jdm. zuhören

---

¹ son – ² sa – ³ ses – ⁴ leur – ⁵ leurs
⁶ enfants – ⁷ habite – ⁸ écoutent

CENT-VINGT-SEPT

VOCABULAIRE 3

la **banlieue** [labɑ̃ljø]	Bagnolet est dans ~ de Paris.	der Vorort/Vorstadtbereich

> „**La banlieue**" umfasst alle Vororte, die in der Nähe einer Großstadt liegen.

ici [isi]		hier
Où est-ce que… ? [uɛskə]	~[1] on va ?	Wo/Wohin … ?
maman (f.) [mamɑ̃]	F maman ⟷ D Mama ⇔	Mama/Mutti
Pourquoi est-ce que… ? [puʀkwaɛskə]	~ tu fais la tête ?	Warum … ?
déménager [demenaʒe]	Nous ~[2] dans la banlieue de Paris.	umziehen

> **déménager** : je déménage, tu déménages, il/elle/on déménage, nous déménageons, vous déménagez, ils/elles déménagent

seulement [sœlmɑ̃]	Eric a deux frères, mais ~ une sœur.	nur
une **pièce** [ynpjɛs]	Il y a cinq ~ dans l'appartement.	ein Zimmer

> „**Une pièce**" ist im Französischen das allgemeine Wort für Zimmer. In einer „chambre" steht immer ein Bett.

un **balcon** [ɛ̃balkɔ̃]		ein Balkon
un **jardin** [ɛ̃ʒaʀdɛ̃]	Devant la maison, il y a ~.	ein Garten
mercredi (m.) [mɛʀkʀədi]		(am) Mittwoch
le **mercredi** [ləmɛʀkʀədi]	~ après-midi, Marie va à la MJC.	mittwochs/jeden Mittwoch

> **Wochentage**: Achte auf den Gebrauch des bestimmten Artikels !
> *le mercredi* = (**immer**) mittwochs, z. B. *Le mercredi, on a foot.*
> *mercredi* = **am** Mittwoch, z. B. *Mercredi, on va au théâtre.*
> Das gilt natürlich genauso für die übrigen Wochentage.

une **activité** [ynaktivite]	A la MJC, il y a des ~[3] pour les jeunes.	eine Tätigkeit; (hier) eine Freizeitbeschäftigung
pas cher [paʃɛʀ]	A Bagnolet, c'est sympa et ~.	nicht teuer/preiswert
prendre qc [pʀɑ̃dʀ]	→ comprendre	etw. nehmen

> **prendre** : je prends, tu prends, il/elle/on prend, nous prenons, vous prenez, ils prennent

Quand est-ce que… ? [kɑ̃tɛskə]	~[4] on déménage ?	Wann … ?
vendredi (m.) [vɑ̃dʀədi]		Freitag
visiter qc [vizite]	E to visit	etw. besichtigen
décider qc [deside]	E to decide	etw. entscheiden
puis [pɥi]	D'abord, je fais mes devoirs, ~ je vais chez un copain.	dann; danach
un **sac** [ɛ̃sak]		eine Tasche/Tüte

---

[1] Où est-ce qu' – [2] déménageons – [3] activités
[4] Quand est-ce qu'

VOCABULAIRE 3

ATELIER A

2 une **question** [ynkɛstjõ]   E question   eine Frage
6 **poser** une question [pozeynkɛstjõ]   eine Frage stellen
le **français** [ləfʁɑ̃sɛ]   ~ avec le Cours intensif, c'est génial !   Französisch/die frz. Sprache

TEXTE B   Marie téléphone à madame Dufour.

téléphoner à qn [telefɔne]   mit jdm. telefonieren/ jdn. anrufen
faire un **numéro** [fɛʁɛ̃nymeʁo]   Marie ~¹ de madame Dufour.   eine Nummer wählen
Allô ? [alo]   Hallo? *(am Telefon)*

> **Allô :** Wenn man angerufen wird, meldet man sich in Frankreich in der Regel nicht sofort mit seinem Namen, sondern zuerst nur mit „Oui ?" oder „Allô ?".

Bonsoir. [bõswaʁ]   → Bonjour.   Guten Abend.
un **immeuble** [ɛ̃nimœbl]   ein Gebäude/(Wohn)Haus
adorer qc [adɔʁe]   ≠ détester ⚠ Jérémy adore la musique.   etw. sehr gerne mögen
une **guitare** [ɡitaʁ]   E guitar ⚠ ✎ guitare   eine Gitarre
une **guitare électrique** [ɡitaʁelɛktʁik]   eine E-Gitarre
dimanche *(m.)* [dimɑ̃ʃ]   Aujourd'hui, c'est samedi, et demain, c'est ~.   (am) Sonntag
un **chat** [ɛ̃ʃa]   eine Katze
C'est dommage ! [sɛdɔmaʒ]   Tu ne vas pas à la fête ? ~ !   Das ist schade!
un **voisin**/une **voisine** [vwazɛ̃/vwazin]   ein Nachbar/eine Nachbarin
un **rat** [ɛ̃ʁa]   eine Ratte
entrer [ɑ̃tʁe]   Madame Laroche ~² **dans** la chambre de Marie.   eintreten/betreten/ hereinkommen
trouver qc [tʁuve]   etw. finden
donner qc à qn [dɔne]   La fille ~³ son interro au prof.   jdm. etw. geben
la **colère** [lakɔlɛʁ]   die Wut/der Zorn
être en colère [ɛtʁɑ̃kɔlɛʁ]   wütend sein
expliquer qc à qn [ɛksplike]   L explicare   E to explain   jdm. etw. erklären
une **catastrophe** *(fam.:* une **cata**) [ynkatastʁɔf]   eine Katastrophe
arrêter [aʁete]   Non, ~⁴ !   aufhören
raconter qc à qn [ʁakõte]   Le soir, les parents ~⁵ une histoire à leurs enfants.   jdm. etw. erzählen

papa *(m.)* [papa]   Papa/Vati

---

¹ fait le numéro – ² entre – ³ donne – ⁴ arrête/arrêtez – ⁵ racontent

VOCABULAIRE 4

ATELIER B

2 un **nom** [ɛ̃nõ]   L nomen   ein Name
une **adresse** [ynadʀɛs]   eine Adresse
4 une **salle de bains** [ynsaldəbɛ̃]   ein Badezimmer
les **toilettes** *(f., pl.)* [lɛtwalɛt]   ⚠ Je vais ~¹.   die Toilette
5 **montrer qc à qn** [mõtʀe]   Marie ~² ses photos à ses copains.   jdm. etw. zeigen
6 un **e-mail** [ɛ̃nimɛl]   F un ~ ⟷ D eine E-Mail   eine E-Mail
7 une **semaine** [ynsəmɛn]   eine Woche
jeudi *(m.)* [ʒødi]   Donnerstag

Révisions

La semaine [lasəmɛn]   die Woche

lundi *(m.)*	**mardi** *(m.)*	**mercredi** *(m.)*	**jeudi** *(m.)*	**vendredi** *(m.)*
[lɛ̃di]	[maʀdi]	[mɛʀkʀədi]	[ʒødi]	[vɑ̃dʀədi]
Montag	Dienstag	Mittwoch	Donnerstag	Freitag

samedi *(m.)*	**dimanche** *(m.)*	Achte auf den **Artikelgebrauch!**	**le** mercredi = (**immer**) mittwoch**s** z. B. « Le mercredi, on a foot. »
[samdi]	[dimɑ̃ʃ]		mercredi = **am** Mittwoch z. B. « Mercredi, on va au théâtre. »
Samstag	Sonntag		

LEÇON 4

TIPP Schreibt die Vokabeln auf **Karteikarten**. Vorderseite: Französisch. Rückseite: Deutsch.

ENTRÉE

la 4ᵉ = la **quatrième** [lakatʀijɛm]   Nicolas est en 4ᵉ A. Marie et Naïma sont en 4ᵉ C.   *entspricht der 8. Klasse*

une **cantine** [ynkɑ̃tin]   F ⟷ D 🔁 ✏   eine Kantine
une **cour** [ynkuʀ]   Les élèves jouent dans la ~.   ein (Schul)Hof
un **CDI** (= un centre de documentation et d'information) [ɛ̃sedei]   *Dokumentations- und Informationsstelle einer Schule*

un **gymnase** [ɛ̃ʒimnaz]   E gym ⚠   eine Turnhalle
   D Gymnasium = F collège ou lycée

une **infirmerie** [ynɛ̃fiʀməʀi]   eine Krankenstation
une **classe** [ynklas]   F ⟷ D 🔁 ✏   eine Klasse
une **salle de classe** [ynsaldəklas]   F une salle ⟷ D ein Saal   ein Klassenzimmer
un/une **élève** [ɛ̃/ynelɛv]   Marie est ~³ du collège Anne Frank.   ein Schüler/eine Schülerin

---

¹ aux toilette**s** – ² montre – ³ une élève

VOCABULAIRE 4

lire qc [liʀ]		etw. lesen

lire : je **lis**, tu **lis**, il/elle/on **lit**, nous **lisons**, vous **lisez**, ils/elles **lisent**

un **livre** [ɛ̃livʀ]	Le Cours intensif est mon ~ de français.	ein Buch
un **ordinateur** [ɛ̃nɔʀdinatœʀ]		ein Computer
l'**Internet** (m.) [lɛ̃tɛʀnɛt]		das Internet
sur **Internet** [syʀɛ̃tɛʀnɛt]	Je cherche des photos ~.	im Internet
un **avion** [ɛ̃navjɔ̃]		ein Flugzeug
dire qc à qn [diʀ]	L dicere	jdm. etw. sagen

dire : je **dis**, tu **dis**, il/elle/on **dit**, nous **disons**, vous **dites**, ils/elles **disent**

écrire qc à qn [ekʀiʀ]	Nous ~¹ une lettre à des copains.	jdm. etw. schreiben

écrire : j'**écris**, tu **écris**, il/elle/on **écrit**, nous **écrivons**, vous **écrivez**, ils/elles **écrivent**

un **cours** [ɛ̃kuʀ]	Je lis un livre pour le ~ de français.	eine Unterrichtsstunde
un/une **pilote** [ɛ̃/ynpilɔt]	E pilot	ein Pilot/eine Pilotin
avoir cours [avwaʀkuʀ]	Tu ~² le samedi matin ?	Unterricht haben
ne... pas [nə... pa]		nicht
Oh là là ! [olala]		(hier) Ausdruck des Unmutes

TEXTE A   Nicolas est malade ?

malade [malad]	Ça va ? – Non, je suis ~.	krank
huit heures moins cinq [ɥitœʀmwɛ̃sɛ̃k]	Il est ~.	fünf vor acht
Ça ne va pas bien./Je ne vais pas bien. [sanəvapabjɛ̃/ʒənəvɛpabjɛ̃]		Mir geht es nicht gut.
le **sport** [ləspɔʀ]	F ⟷ D 🙂	der Sport
si [si]	Tu n'aimes pas le sport ? – ~.	doch
midi et quart [midiekaʀ]		viertel nach zwölf (mittags)
ne... plus [nə... ply]	≠ encore	nicht mehr
des **frites** (f., pl.) [defʀit]		Pommes frites
avoir faim (f.) [avwaʀfɛ̃]	Moi, j'~³ ! Je vais à la cantine.	Hunger haben
les **maths** (f., pl.) (fam.) (= les **mathématiques**) [lemat(ematik)]	F les _ _ _ _ s ⟷ D Mathe	Mathe (ugs.)
deux heures et demie [døzœʀed(ə)mi]		halb drei
parler à qn [paʀle]	Pendant l'interro, Nicolas ~⁴ Cécile.	mit jdm. sprechen
un **exercice** [ɛ̃nɛgzɛʀsis]	F exercice ⟷ E exercise ✎	eine Übung
Il est quelle heure ? [ilɛkɛlœʀ]	~ – Huit heures moins cinq.	Wie viel Uhr ist es?
s'il te plaît [siltəplɛ]		bitte (wenn man jdn. duzt)

---

¹ écrivons – ² as cours – ³ ai faim – ⁴ parle à

VOCABULAIRE 4

trois heures moins le quart [tʀwazœʀmwɛ̃l(ə)kaʀ] — viertel vor drei/drei viertel drei
le ventre [ləvɑ̃tʀ] — L venter — der Bauch
avoir mal au ventre [avwaʀmalovɑ̃tʀ] — Bauchweh haben
vite *(adv.)* [vit] — schnell
avoir de la chance [avwaʀdəlaʃɑ̃s] — Glück haben
un surveillant/une surveillante [ɛ̃syʀvɛjɑ̃/ynsyʀvɛjɑ̃t] — eine Aufsichtsperson
trois heures moins dix [tʀwazœʀmwɛ̃dis] — zehn vor drei
le métro [ləmetʀo] — F **le** métro ⟷ D **die** Metro ✏ — die Metro/U-Bahn in Paris

ATELIER A

3 une BD (= une **b**ande **d**essinée) [ynbede (ynbɑ̃ddesine)] — ein Comic(heft)
un résumé [ɛ̃ʀezyme] — Faites ~ du texte. — eine Zusammenfassung
4 l'heure *(f.)* [lœʀ] — L hora E hour — die Uhrzeit
s'il vous plaît [silvuplɛ] — → s'il te plaît — bitte *(wenn man mehrere Personen anspricht oder jdn. siezt)*
A quelle heure ? [akɛlœʀ] — ~ est-ce que tu commences les cours ? – A huit heures. — Um wie viel Uhr?
un quart d'heure [ɛ̃kaʀdœʀ] — eine Viertelstunde
une demi-heure [yndəmijœʀ] — eine halbe Stunde
minuit *(m.)* [minɥi] — Mitternacht/12 Uhr nachts

TEXTE B   L'interro de maths

terminer qc [tɛʀmine] — ≠ commencer — etw. beenden
une note [ynnɔt] — eine Note
que [kə] — Nicolas dit ~¹ il a mal au ventre. — dass *(Konjunktion)*
Elle est vache ! *(fam.)* [ɛlɛvaʃ] — ~, la prof de maths ! — Sie ist fies! *(ugs.)*
travailler [tʀavaje] — arbeiten
une récré *(fam.)* (= une **récréa-tion**) [ynʀekʀe(asjɔ̃)] — A la ~, les élèves vont dans la cour. — eine Pause *(in der Schule)*
avoir un zéro [avwaʀɛ̃zeʀo] — eine Sechs haben *(Note)*
une surprise [ynsyʀpʀiz] — E surprise — eine Überraschung
oublier qc [ublije] — etw. vergessen
un jour [ɛ̃ʒuʀ] — Dans une semaine, il y a sept ~. — ein Tag
si [si] — Marie demande ~ c'est sympa au Salon du Bourget. — ob
laisser qc [lɛse] — Elle ~² un message sur le portable de Nicolas. — etw. hinterlassen/zurücklassen

---

¹ qu' – ² laisse

ATELIER B

2 monter dans qc [mõtedã] Nicolas ~¹ un avion avec un pilote. in etw. (ein)steigen
3 un appareil photo [ɛ̃naparɛjfoto] ein Fotoapparat

TEXTE C Deux surprises pour Nicolas

une **conférence** [ynkõferɑ̃s]		ein Vortrag/eine Konferenz
proposer qc à qn [prɔpoze]	E to propose	jdm. etw. vorschlagen
ne… plus de [nə…plydə]	Tu as encore des questions ? – Non, je ~² ai ~ questions.	kein/keine mehr
ne… pas de [nə…padə]	Nicolas ~³ a ~ chance : son prof est là.	kein/keine
Zut ! *(fam.)* [zyt]		Mist! *(ugs.)*
un **professeur principal** [ɛ̃prɔfesœrprɛ̃sipal]		ein Klassenlehrer
avoir des heures de colle [avwardezœrdəkɔl]		nachsitzen müssen
la **grammaire** [lagra(m)mɛr]	E grammar	die Grammatik
rencontrer qn [rɑ̃kõtre]	Au Salon du Bourget, on ~⁴ des pilotes.	jdn. treffen
une **affiche** [ynafiʃ]	Monsieur Forestier montre une ~ à Nicolas.	ein Plakat/Poster
juin *(m.)* [ʒɥɛ̃]		Juni
29 juin [vɛ̃tnœfʒɥɛ̃]		29. Juni
préparer qc [prepare]	L praeparare E to prepare	etw. vorbereiten

ATELIER C

4 la France [lafrɑ̃s] Frankreich

> **Merke:** Die **Ländernamen** werden auf Französisch immer **mit einem Artikel** verwendet.

un **kilomètre** [ɛ̃kilɔmɛtr]		ein Kilometer
7 une **école** [ynekɔl]	Le collège Anne Frank est ~.	eine Schule
8 une **minute** [ynminyt]		eine Minute/ein Augenblick
en [ɑ̃]	Paris est ~ France.	in
9 l'**Allemagne** *(f.)* [lalmaɲ]		Deutschland

Les mois [lemwa]   die Monate

01 janvier [ʒɑ̃vje]	04 avril [avril]	07 juillet [ʒɥije]	10 octobre [ɔktɔbr]
02 février [fevrije]	05 mai [mɛ]	08 août [u(t)]	11 novembre [nɔvɑ̃br]
03 mars [mars]	06 juin [ʒɥɛ̃]	09 septembre [sɛptɑ̃br]	12 décembre [desɑ̃br]

---

¹ monte dans – ² n' – ³ n' – ⁴ rencontre

VOCABULAIRE 5

Quand on a cours… | Wenn man Unterricht hat…
… on lit un texte. | … liest man einen Text.
… on écrit un résumé. | … schreibt man eine Zusammenfassung.
… on fait des exercices. | … macht man Übungen.
… on travaille avec l'ordinateur. | … arbeitet man mit dem Computer.
… on va sur Internet. | … geht man ins Internet.
… le/la prof pose des questions. | … stellt der Lehrer/die Lehrerin Fragen.
… on fait une interro. | … schreibt man eine Klassenarbeit.

Et quand on ne fait pas ses devoirs, on a peut-être des heures de colle ! | Und wenn man seine Hausaufgaben nicht macht, muss man vielleicht nachsitzen!

LEÇON 5

TIPP Schreibt die schwierigen Vokabeln auf **Zettel** und markiert die **Schwierigkeiten**. Heftet die Zettel an eine gut sichtbare Stelle!

ENTRÉE

une **visite** [ynvizit]	visiter qc	ein Besuch/eine Besichtigung
un/une **touriste** [ɛ̃/ynturist]	F un touriste ⟷ D ein Tourist	ein Tourist/eine Touristin
intéresser qn [ɛ̃terese]	Tu aimes la musique ? – Oui, ça ~.[1]	jdn. interessieren
un **cousin**/une **cousine** [ɛ̃kuzɛ̃/ynkuzin]		ein Cousin/eine Cousine
un **week-end** [ɛ̃wikɛnd]	F week-end ⟷ E weekend Im Französischen wird die 2. Silbe betont.	ein Wochenende

TEXTE A La visite commence.

dormir [dɔrmir]	L dormire	schlafen

> **dormir** : je dors, tu dors, il/elle/on dort, nous dormons, vous dormez, ils/elles dorment.

sortir (de qc) [sɔrtir]	≠ entrer (dans qc)	(aus etw.) hinausgehen; ausgehen

> **sortir** : je sors, tu sors, il/elle/on sort, nous sortons, vous sortez, ils/elles sortent

un **lit** [ɛ̃li]	On dort dans un ~.	ein Bett

[1] m'intéresse

partir [paʀtiʀ]	≠ arriver	weggehen/aufbrechen

partir : je pars, tu pars, il/elle/on part, nous partons, vous partez, ils/elles partent

dans un quart d'heure [dɑ̃zɛ̃kaʀdœʀ]		in einer Viertelstunde
finalement [finalmɑ̃]	E finally	schließlich/zum Schluss/ letztendlich
une station [ynstasjɔ̃]		eine Station/Haltestelle
le shopping [ləʃɔpiŋ]		der Einkaufsbummel/ das Einkaufen
faire du shopping [fɛʀdyʃɔpiŋ]	⟷ faire les courses	einen Einkaufsbummel machen/einkaufen gehen

Man sagt „**faire du shopping**", wenn man einen Einkaufsbummel macht. Wenn man Lebensmittel kauft, sagt man „**faire les courses**".

les **soldes** (f., pl.) [lesɔld]	Faire du shopping, c'est cool quand il y a ~ ! *Immer im Plural!*	der Schlussverkauf
un **ascenseur** [ɛ̃nasɑ̃sœʀ]		ein Aufzug/Fahrstuhl
une **terrasse** [yntɛʀas]		eine Terrasse
une **vue** [ynvy]	E view	eine Aussicht
à droite [adʀwat]		(nach) rechts
à gauche [agoʃ]		(nach) links
derrière [dɛʀjɛʀ]	≠ devant	hinter
prendre qc en photo [pʀɑ̃dʀɑ̃foto]	Yasmine ~¹ ses cousins ~.	etw. fotografieren
une **ville** [ynvil]	Toulouse est ~.	eine Stadt

Merke: la ville **de** Paris: die Stadt Paris

demander qc à qn [dəmɑ̃de]	Un touriste ~² à des gens où est le Sacré-Cœur.	jdn. (nach) etw. fragen
un/une **artiste** [ɛ̃/ynaʀtist]	F artiste ⟷ E artist	ein Künstler/eine Künstlerin

ATELIER A

2 une **porte** [ynpɔʀt]	L porta	eine Tür
4 un **ticket** [ɛ̃tikɛ]	F ⟷ E ticket	eine Fahrkarte
un **plan** (**de métro**) [ɛ̃plɑ̃(dəmetʀo)]		ein (Metro-)Plan

TEXTE B   A Montmartre

joli/jolie [ʒoli]		hübsch
petit/petite [pəti/pətit]		klein
un **village** [ɛ̃vilaʒ]	E village ≠ ville	ein Dorf

¹ prend – ² demande

VOCABULAIRE 5

un **portrait** [ɛ̃pɔʀtʀɛ]	E portrait	ein Porträt
grand/grande [gʀɑ̃/gʀɑ̃d]	≠ petit/petite	groß
un **pied** [ɛ̃pje]	L pes	ein Fuß
proposer à qn de faire qc [pʀɔpoze]	Un artiste ~¹ à Yasmine de faire son portrait.	jdm. vorschlagen etw. zu tun
bon/bonne [bɔ̃/bɔn]	→ **bonjour** L bonus	gut
mauvais/mauvaise [movɛ/movɛz]	≠ bon/bonne	schlecht
comme ça [kɔmsa]	Pourquoi est-ce que vous me regardez ~ ?	so / auf diese Weise
marrant/marrante [maʀɑ̃/maʀɑ̃t]		witzig
bizarre [bizaʀ]	E bizarre	komisch / merkwürdig
un **euro**/des **euros** [ɛ̃nøʀo/dezøʀo]		ein Euro/Euro(s)
content/contente [kɔ̃tɑ̃/kɔ̃tɑ̃t]	L contentus E content	zufrieden/glücklich
tout [tu]	Bon, c'est ~ pour aujourd'hui !	alles
jeune [ʒœn]	→ un/une jeune	jung
souvent [suvɑ̃]		oft
un **café** [ɛ̃kafe]		ein Café; ein Kaffee
branché/branchée (fam.) [bʀɑ̃ʃe]		„in" / „angesagt" (ugs.)
aider qn [ede]	E to aid Naïma ~² souvent ses parents.	jdm. helfen

> Lerne bei Verben die **Ergänzungen** immer mit !
> aider **qn** – J'aide **mes parents**.
> téléphoner **à qn** – Je téléphone **à mes parents**.

un **restaurant** (fam.: un **resto**) [ɛ̃ʀɛstɔʀɑ̃]		ein Restaurant

ATELIER B

3 | | | |
|---|---|---|
| une **radio** [ynʀadjo] | F la ~ ⟷ D das Radio | ein Radio |
| une **personne** [ynpɛʀsɔn] | F une perso**nne** ⟷ D eine Person ⇔ | eine Person |

TEXTE C   Aux Champs-Elysées

le **temps** [lətɑ̃]	L tempus	die Zeit
avoir le temps [avwaʀlətɑ̃]		Zeit haben
impossible [ɛ̃pɔsibl]	E impossible	unmöglich
une **queue** [ynkø]	E queue	Schlange
trop [tʀo]	Stop, ça va ~ vite !	zu
long/longue [lɔ̃/lɔ̃g]	L longus E long La queue est trop _ _ _ _ ue.	lang
autre [otʀ]	L alter	andere(r,s)
une **fois** [ynfwa]		ein Mal
Comment est-ce qu'on va… ? [kɔmɑ̃ɛskɔ̃va]	~ au Louvre ?	Wie kommt man zu … ?

---

¹ propose – ² aide

VOCABULAIRE 5

à pied [apje]	→ un pied		zu Fuß
tout droit [tudʀwa]			geradeaus
traverser qc [tʀavɛʀse]	Vous ~¹ la rue.		etw. überqueren
dernier/dernière [dɛʀnje/ dɛʀnjɛʀ]	Vite, tu es le ~ !		letzter/letzte/letztes
une étape [ynetap]	F une étape ⟷ D eine Etappe		eine Etappe/ein Abschnitt
crier [kʀije]	E to cry		schreien
une chanson [ynʃɑ̃sɔ̃]			ein Lied
pauvre [povʀ]	L pauper		arm
nul/nulle (fam.) [nyl]	Ton idée est ~² !		blöd/doof/schlecht (ugs.)
chanter [ʃɑ̃te]	L cantare chanson		singen
un CD/des CD [ɛ̃/desede]	F un CD/des CD_ ⟷ D eine CD/CDs		eine CD/CDs
fatigué/fatiguée [fatige]	Je suis ~, je vais dormir.		müde
un autographe [ɛ̃notogʀaf]	E autograph		ein Autogramm
une promenade [ynpʀɔm(ə)nad]	→ un tour		ein Spaziergang
un couscous [ɛ̃kuskus]			ein Kuskus (nordafrikanisches Gericht)

ATELIER C

3 Pardon. [paʀdɔ̃]   E pardon   Entschuldigung./Verzeihung.
le **premier**/la **première** [ləpʀəmje/lapʀəmjɛʀ]   ≠ dernier/dernière   der/die/das Erste
le/la **deuxième** [lə/ladøzjɛm]   der/die/das Zweite
le/la **troisième** [lə/latʀwazjɛm]   der/die/das Dritte

> Die weiteren Ordnungszahlen werden ähnlich gebildet.
> Achtung: le/la cinquième; le/la neuvième

tourner [tuʀne]   E to turn   Vous ~³ à droite, puis à gauche.   abbiegen
un **chemin** [ɛ̃ʃəmɛ̃]   Le touriste demande son ~.   ein Weg

A Paris

Montmartre [mɔ̃maʀtʀ]	les Champs-Elysées [leʃɑ̃zelize]
le Sacré-Cœur [ləsakʀekœʀ]	l'Arc de triomphe [laʀkdətʀijɔ̃f]
la place du Tertre [laplasdytɛʀtʀ]	la place de la Concorde [laplasdəlakɔ̃kɔʀd]
le Louvre [ləluvʀ]	le Centre Pompidou [ləsɑ̃tʀ(ə)pɔ̃pidu]
la pyramide du Louvre [lapiʀamiddyluvʀ]	la tour Eiffel [latuʀɛfɛl]
la Joconde [laʒɔkɔ̃d]	Notre-Dame [nɔtʀedam]
les Tuileries [letɥilʀi]	le quartier Latin [ləkaʀtjelatɛ̃]

Révisions

F Wem?	D Wen?	F Wen?	D Wem?
demander qc **à** qn	jdn. etwas fragen	aider **qn**	jdm. helfen
téléphoner **à** qn	jdn. anrufen	écouter **qn**	jdm. zuhören

---

¹ traversez – ² nulle – ³ tournez

LEÇON 6

TIPP Bildet mit den Vokabeln **Sätze** oder einen **Reim**.
Z. B. *J'ai envie de faire de la batterie.*

ENTRÉE

un **dessin** [ɛ̃desɛ̃]		eine Zeichnung
le **dessin** [lədesɛ̃]	Au cours de ~, on fait des portraits.	(das) Zeichnen
un **vélo** [ɛ̃velo]		ein Fahrrad
un **VTT** [ɛ̃vetete]	un VTT = un **vé**lo **t**out **t**errain	ein Mountainbike
le **VTT** [ləvetete]	Le dimanche, je fais ~.[1]	das Mountainbiken
l'**escalade** *(f.)* [lɛskalad]		(das) Klettern
la **natation** [lanatasjɔ̃]		(das) Schwimmen
répéter qc [ʀepete]	**L** repetere **E** to repeat	etw. wiederholen; *(hier)* üben

> **répéter** : je répète, tu répètes, il/elle/on répète, nous répétons, vous répétez, ils/elles répètent ; j'ai répété

une **pièce** (de théâtre) [ynpjɛs]	Les acteurs jouent ~.	ein (Theater-)Stück
une **vidéo** [ynvideo]	**F** une vidéo ⟷ **D** ein Video	ein Video(film)
une **répétition** [ynʀepetisjɔ̃]	👥 répéter qc	eine Wiederholung; Probe
un **rôle** [ɛ̃ʀol]	**F** un rôle ⟷ **D** eine Rolle	eine Rolle
hier [ijɛʀ]	~, aujourd'hui, demain	gestern
depuis [dəpɥi]		seit
une **façon** [ynfasɔ̃]		eine Art und Weise
la **façon de jouer** [lafasɔ̃dəʒwe]	Monsieur Rollin n'aime pas la ~ de Pauline.	die Art, (Theater) zu spielen

TEXTE A   Répétition générale

une **répétition générale** [ynʀepetisjɔ̃ʒeneʀal]	La ~ est la dernière répétition.	eine Generalprobe
nerveux/nerveuse [nɛʀvø/nɛʀvøz]	**E** nervous	nervös/aufgeregt

> **Merke:** Bei **Adjektiven auf -x** wird im Plural kein -s angehängt.

difficile [difisil]	**L** difficilis **E** difficult	schwierig
un **progrès** [ɛ̃pʀɔgʀɛ]	**L** progressus **E** progress	ein Fortschritt
pouvoir [puvwaʀ]		können

> **pouvoir** : je **peux**, tu **peux**, il/elle/on **peut**, nous **pouvons**, vous **pouvez**, ils/elles **peuvent** ; j'ai **pu**

pouvoir faire qc [puvwaʀfɛʀ]	Pauline ne ~[2] pas jouer dans la pièce.	etw. tun können

---

[1] du VTT – [2] peut

VOCABULAIRE 6

vouloir qc [vulwaʀ]	Quand on ~¹, on peut.	etw. wollen

> **vouloir** : je **veux**, tu **veux**, il/elle/on **veut**, nous voul**ons**, vous voul**ez**, ils/elles **veulent** ; j'ai **voulu**

vouloir faire qc [vulwaʀfɛʀ]		etw. tun wollen
patient/patiente [pasjã/pasjãt]	L patiens E patient	geduldig
penser [pãse]	Monsieur Rollin ~² que Pauline a fait des progrès.	denken
prêt/prête [pʀɛ/pʀɛt]	Pauline n'est pas ~³.	bereit/fertig
apprendre qc [apʀãdʀ]		etw. lernen
le/la même [lə/lamɛm]	Pauline et Charlotte ont appris ~⁴ rôle.	der-/die-/dasselbe
prochain/prochaine [pʀɔʃɛ̃/pʀɔʃɛn]	La semaine ~⁵, je vais au cinéma.	nächster/nächste/nächstes

> **Vor** dem Nomen: C'est la **prochaine station**.
> **Nach** dem Nomen: La **semaine prochaine**/**lundi prochain**

avoir envie (de faire qc) [avwaʀãvi]	Lucas ~⁶ de faire du théâtre.	Lust haben (etw. zu tun)
un groupe [ɛ̃gʀup]	F **un** groupe ⟷ D **eine** Gruppe	eine Gruppe; *(hier)* eine Musikgruppe/Band
amoureux/amoureuse (de qn) [amuʀø/amuʀøz]	Marie aime bien Julien. Est-ce qu'elle est ~⁷ de lui ?	verliebt (in)
la police [lapɔlis]	E police	die Polizei
un costume [ɛ̃kɔstym]	E costume	ein Kostüm
les coulisses *(f., pl.)* [lekulis]		die Kulissen
un policier [ɛ̃pɔlisje]		ein Polizist
sous [su]	≠ sur	unter
partout [paʀtu]	Julien cherche son costume de policier ~.	überall
sans [sã]	≠ avec	ohne

ATELIER A

3 **le volley** [ləvɔlɛ] — (das) Volleyball *(als Sportart)*

l'athlétisme *(m.)* [latletism]	Tu fais ~⁸ ?	(die) Leichtathletik
le tennis [lətenis]		(das) Tennis
le ping-pong [ləpiŋpõg]		(das) Tischtennis
le judo [ləʒydo]		(das) Judo
un piano [ɛ̃pjano]	E piano	ein Klavier
une batterie [ynbatʀi]		ein Schlagzeug
comme [kɔm]	Qu'est-ce que tu fais ~ sport ?	als
5 cher/chère [ʃɛʀ]	~⁹ Julien, ~¹⁰ Naïma, …	lieb; teuer

> Als Anrede in einem französischen Brief benutzt man „**cher/chère**".

---

¹ veut – ² pense – ³ prête – ⁴ le même
⁵ prochaine – ⁶ a envie – ⁷ amoureuse
⁸ de l'athlétisme – ⁹ Cher – ¹⁰ chère

CENT-TRENTE-NEUF

VOCABULAIRE 6

TEXTE B   Au fond de la scène…

au fond (de qc) [ofɔ̃]	Sur la photo, on voit Pauline ~ de la scène.	im Hintergrund (von etw.)/ hinten in …
parler de qc [paʀle]	Au café, les jeunes ~[1] leur problème.	über etw. sprechen
il faut faire qc [ilfofɛʀ]	En cours, ~ écouter le prof.	man muss etw. tun
voir qc [vwaʀ]	→ Au revoir !	etw. sehen

> **voir** : je vois, tu vois, il/elle/on voit, nous voyons, vous voyez, ils/elles voient; j'ai vu

possible [pɔsibl]	F ⟷ E possible ⇔ L possibilis	möglich
une **solution** [ynsɔlysjɔ̃]	Les problèmes ont toujours ~.	eine Lösung

> **Les mots en „-tion"** :
> Alle Wörter, die auf „-tion" enden sind weiblich: *une répétition, une solution, une interrogation, une invitation, une station, la natation*…

voler qc [vɔle]	Pauline ~[2] le costume de Julien.	etw. stehlen
vrai/vraie [vʀɛ]	L verus	wahr/richtig
un **zoom** [ɛ̃zum]		ein Zoom *(beim Fotoapparat)*
dans le noir [dɑ̃lənwaʀ]	La salle est ~ : la pièce de théâtre commence.	im Dunkeln
un **flash** [ɛ̃flaʃ]	Ici, il faut faire les photos sans ~[3].	ein Blitz(licht)
jouer un tour à qn [ʒweɛ̃tuʀ]		jdm. einen Streich spielen
craquer [kʀake]		die Nerven verlieren
pour faire qc [puʀfɛʀ]	Pauline a volé le costume ~ jouer un tour à monsieur Rollin.	um etw. zu tun
il ne faut pas faire qc [ilnəfopafɛʀ]	Pour être un bon acteur, ~ oublier son texte.	man darf etw. nicht tun
retourner [ʀətuʀne]	E to return	zurückkehren
une **bêtise** [ynbetiz]		eine Dummheit
demander pardon à qn [dəmɑ̃depaʀdɔ̃]	J'ai fait une bêtise, je te ~[4].	jdn. um Entschuldigung bitten
Ouf ! [uf]		Uff! *(Ausdruck der Erleichterung)*

ATELIER B

7 **en forme** [ɑ̃fɔʀm]	Pour être ~ , il faut faire du sport.	fit/in Form
triste [tʀist]	≠ content/contente L tristis	traurig
9 une **liste** [ynlist]		eine Liste
une **réponse** [ynʀepɔ̃s]	≠ une question	eine Antwort
seulement [sœlmɑ̃]	J'ai le temps : le film commence ~ dans une demi-heure.	erst

---

[1] parlent de – [2] a volé – [3] flash – [4] demande pardon

VOCABULAIRE 7

Qu'est-ce que tu fais comme activité(s) ?

Je fais { **du** sport / **du** judo. / **du** ping-pong. / **du** skate. / **du** tennis. / **du** vélo/VTT. }

Je fais { **du** volley. / **du** piano. / **du** dessin. / **du** théâtre. }

Je fais { **de la** natation / **de la** musique / **de la** batterie. / **de la** guitare (électrique). / **de la** danse. }

Je fais { **de l'**athlétisme. / **de l'**escalade. }

En situation

Ça ne va pas ?

– Tu es **en colère** ? Tu **fais la tête** ?
– Non, je suis seulement **fatigué**.
– Tu n'es pas **en forme**. Est-ce que tu es malade ?
– Je ne pense pas.
– Alors tu es **amoureux**…
– …et **triste**, oui.
– Moi, quand je suis amoureux, je suis **content**, et un peu **nerveux** aussi !

LEÇON 7

TIPP Lernt Vokabeln in **Vokabelnnetzen**. Legt die Vokabelnetze so groß an, dass ihr sie später durch neue Wörter erweitern könnt.

ENTRÉE

un **vêtement** [ɛ̃vɛtmɑ̃]	L vestis	ein Kleidungsstück
des **vêtements** [devɛtmɑ̃]		Kleider/Kleidung
un **pantalon** [ɛ̃pɑ̃talɔ̃]	E pants	eine Hose
une **chaussure** [ynʃosyʀ]		ein Schuh
un **t-shirt** [ɛ̃tiʃœʀt]		ein T-Shirt
une **jupe** [ynʒyp]		ein Rock
une **casquette** [ynkaskɛt]	Les profs n'aiment pas ~¹ en classe.	eine Kappe/Schirmmütze
un **pull** *(fam.)* [ɛ̃pyl]		ein Pulli *(ugs.)*
une **veste** [ynvɛst]	⟷ D Weste	eine Jacke
un **anorak** [ɛ̃nanɔʀak]		ein Anorak
une **écharpe** [yneʃaʀp]		ein Schal
la **mode** [lamɔd]	F ⟷ D 👄	die Mode
à la mode [alamɔd]		in Mode
un **look** [ɛ̃luk]		ein Outfit
noir/noire [nwaʀ]	L niger	schwarz
vert/verte [vɛʀ/vɛʀt]		grün
une **robe** [ynʀɔb]		ein Kleid
rouge [ʀuʒ]		rot

¹ les casquettes

VOCABULAIRE 7

blanc/blanche [blɑ̃/blɑ̃ʃ]		weiß
bleu/bleue [blø]		blau
jaune [ʒon]		gelb
gris/grise [gʀi/gʀiz]		grau

TEXTE A Quels vêtements pour la fête ?

quel/quels/quelle/quelles [kɛl]		welcher/welche/welches (Fragebegleiter)
ce/cet/cette/ces [sə/sɛt/se]	Comment est-ce que tu trouves ~¹ robe ?	dieser/diese/dieses (Demonstrativbegleiter)

> **ce matin/cet après-midi/ce soir** : Im Zusammenhang mit Tageszeiten bedeutet „ce" „heute": heute Morgen/heute Nachmittag/heute Abend.

essayer qc [eseje]	Ce pantalon est trop petit. – Mais non, il faut d'abord l'~.	etw. anprobieren; etw. versuchen

> **essayer** : j'essaie, tu essaies, il/elle/on essaie, nous essayons, vous essayez, ils/elles essaient ; j'ai essayé

préféré/préférée [pʀefeʀe]	Quel est ton groupe ~² ?	bevorzugt/Lieblings-
un **kilo** [ɛ̃kilo]		ein Kilo
prendre des kilos [pʀɑ̃dʀdekilo]		zunehmen
Ça te va bien. [satəvabjɛ̃]	Tu aimes le rouge et tu as raison : ~.	Das steht dir gut.
acheter qc [aʃ(ə)te]	Tu ~³ cette jupe ? – D'abord, je l'essaie.	etw. kaufen

> **acheter** : j'achète, tu achètes, il/elle/on achète, nous achetons, vous achetez, ils/elles achètent; j'ai acheté

des **fringues** (f., pl.) (fam.) [defʀɛ̃g]	→ des vêtements	Klamotten (ugs.)
une **taille** [yntaj]	Quelle est ta ~ ? – S.	die (Körper-)Größe
gros/grosse [gʀo/gʀos]		dick
Ça me plaît. [saməplɛ]	Tu aimes l'escalade ? – Oui, ~.	Das gefällt mir.
un **vendeur**/une **vendeuse** [ɛ̃vɑ̃dœʀ/ynvɑ̃døz]		ein Verkäufer/eine Verkäuferin
mignon/mignonne [miɲɔ̃/miɲɔn]	Marie trouve le vendeur ~.	süß/niedlich
en taille… [ɑ̃taj]	Marie et Naïma achètent les t-shirts ~ S.	in Größe …
l'**été** (m.) [lete]	L aestas	der Sommer
tout de suite [tutsɥit]		sofort
payer [peje]	E to pay → essayer	bezahlen

> **payer** : je paie, tu paies, il/elle/on paie, nous payons, vous payez, ils/elles paient ; j'ai payé

fermer qc [fɛʀme]	Il est 19 heures : le vendeur ~⁴ le magasin.	etw. schließen

---

¹ cette – ² préféré – ³ achètes – ⁴ ferme

VOCABULAIRE 7

ATELIER A

1 inviter qn à qc [ɛ̃vite]	Je t'invite à ma fête.	jdn. zu etw. einladen
3 ne… rien [nə… rjɛ̃]	Qu'est-ce que tu as dit ? Je ~¹ ai ~ dit.	nichts
5 un jean [ɛ̃dʒin]	F **un** jean ⟷ D **eine** Jeans	eine Jeans
une **minijupe** [ynminiʒyp]		ein Minirock

TEXTE B   Un nouveau look ?

nouveau/nouvel/nouvelle/ nouveaux/nouvelles [nuvo/nuvɛl]	Regarde mon ~² anorak. Il me va bien, non ? L novus	neu
mettre qc [mɛtʀ]	~³ ta veste pour sortir !	etw. anziehen; etw. legen/ setzen/stellen

> **mettre** : je mets, tu mets, il/elle/on met, nous mettons, vous mettez, ils/elles mettent ; j'ai mis

enfin [ɑ̃fɛ̃]	L finis	schließlich/endlich
beau/bel/belle [bo/bɛl]	Marie fait des ~⁴ photos.	schön
vieux/vieil/vieille/vieux/vieilles [vjø/vjɛj]	≠ jeune ≠ nouveau	alt
Dis donc, … [didɔ̃k]		Sag mal, …
au moins [omwɛ̃]		mindestens/wenigstens
à la bonne taille [alabɔntaj]		in der richtigen Größe
de bonne/mauvaise humeur [dəbɔn/movɛzymœʀ]	Naïma fait la tête, elle n'est pas ~⁵.	gut-/schlechtgelaunt
marron [maʀɔ̃]	⚠ des chaussures **marron**_	(kastanien)braun
beige [bɛʒ]		beige
en soldes [ɑ̃sɔld]	Ce pull n'est pas cher : il est ~.	im Schlussverkauf/reduziert
rien [rjɛ̃]	Tu fais la tête ? Qu'est-ce que tu as ? – – ~, ça va !	nichts
un/une **imbécile** [ɛ̃/ynɛ̃besil]	Quel ~, ce garçon !	ein(e) Idiot(in)/ein Dummkopf
une **chose** [ynʃoz]		eine Sache
avant [avɑ̃]	≠ après	vor *(zeitlich)*/vorher

ATELIER B

4 un sac à dos [ɛ̃sakado]		ein Rucksack
5 un piercing [ɛ̃pɛʀsiŋ]	⚠ 👄	ein Piercing
6 une couleur [ynkulœʀ]	L color E colo(u)r	eine Farbe

TEXTE C   Je suis pour la paix !

la **paix** [lapɛ]	L pax	der Frieden
ne… jamais [nə… jamɛ]	Naïma ~⁶ est ~ allée chez Julien.	nie

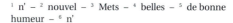

¹ n' – ² nouvel – ³ Mets – ⁴ belles – ⁵ de bonne humeur – ⁶ n'

VOCABULAIRE 7

un **invité**/une **invitée** [ɛ̃nɛvite/ynɛvite]	inviter, invitation	ein Gast
une **ambiance** [ynɑ̃bjɑ̃s]	A la fête de Julien, il y a une bonne ~.	eine Stimmung/Atmosphäre/ein Ambiente
préférer qc [pʀefeʀe]	L praeferre E to prefer	etw. vorziehen/lieber mögen
préférer faire qc [pʀefeʀefɛʀ]	Tu ~¹ aller au cinéma ou au théâtre ?	vorziehen etw. zu tun/etw. lieber tun
garder qc [gaʀde]		etw. behalten
un **coca** [ɛ̃kɔka]	⚠ F un coca ⟷ E a coke ⟷ D eine Cola	eine Cola
une **limonade** [ynlimɔnad]	E lemonade	eine Limonade
porter qc [pɔʀte]	→ un portable	etw. tragen
manquer [mɑ̃ke]		fehlen
quelque chose [kɛlkəʃoz]	→ une chose	etwas
une **peste** [ynpɛst]	Zoé est une vraie ~.	eine Nervensäge *(wörtl. eine Pest)*
danser [dɑ̃se]	la danse	tanzen
une **bombe** [ynbɔ̃b]		eine Bombe

ATELIER C

3 la **techno** [latɛkno]   der/das Techno

Les vêtements et les couleurs

Maskulinum		Femininum	
le pantalon	noir/vert	la (mini) jupe	noire/verte
le t-shirt	bleu/gris	la casquette	bleue/grise
le pull	blanc/rouge	la veste	blanche/rouge
l'anorak	jaune	l'écharpe	jaune
le jean	beige	la robe	beige
le pantalon	marron	les chaussures	**marron (kein „s" im Plural!)**

En situation

Faire du shopping…

– Regarde **cette** robe. Elle est **belle**, non ?
– **Quelle** robe ? Ah, cette robe verte… Bof ! Moi, je **préfère** la jupe rouge.
– Tu veux l'**essayer** ?
– Oui. Elle **me plaît** beaucoup. Tu trouves ma **taille** ?
– Non, mais je vais demander au **vendeur** s'il a cette robe **en taille** trente-six.
– Merci… Regarde, **ça me va** super bien !
– Oui, c'est vrai. Tu vas **être à la mode** comme ça !
– J'**achète** la robe tout de suite. Comme ça, je vais la **mettre** ce soir pour la fête de mon cousin.
– Tu as de la chance ! Tu peux **acheter** des **nouvelles fringues** quand tu as envie !

---

[1] préfères

VOCABULAIRE 8

LEÇON 8

TIPP Wiederholt eure Vokabeln **regelmäßig**. Wählt dazu einen festen Zeitpunkt am Tag aus, z. B. morgens an der Bushaltestelle.

ENTRÉE

la **Normandie** [lanɔʀmɑ̃di]		die Normandie *(Region in Frankreich)*
la **crème** [lakʀɛm]	E cream	die Sahne; der Rahm
le **beurre** [ləbœʀ]	F le ~ ⟷ D die Butter	die Butter
le **lait** [ləlɛ]	F le ~ ⟷ D die Milch	die Milch
un **œuf**/des **œufs** [ɛ̃nœf/dezø]	⟷ Œuf	ein Ei/Eier
une **tomate** [yntɔmat]		eine Tomate
une **pêche** [ynpɛʃ]	E peach	ein Pfirsich
une **pomme** [ynpɔm]		ein Apfel
un **supermarché** [ɛ̃sypɛʀmaʀʃe]	→ un marché	ein Supermarkt
l'**eau** *(f.)* [lo]	F ~ *(f.)* ⟷ D das Wasser	das Wasser
l'**eau minérale** *(f.)* [lomineʀal]		das Mineralwasser
un **jus** [ɛ̃ʒy]	E juice	ein Saft
une **orange** [ynɔʀɑ̃ʒ]		eine Orange
le **jus d'orange** [ləʒydɔʀɑ̃ʒ]		der Orangensaft
le **sucre** [ləsykʀ]		der Zucker
l'**huile** *(f.)* [lɥil]	F ~ *(f.)* ⟷ D das Öl	das Öl
le **vin** [ləvɛ̃]	L vinum	der Wein
des **grands-parents** *(m., pl.)* [degʀɑ̃paʀɑ̃]	→ des parents	Großeltern
un **anniversaire** [ɛ̃nanivɛʀsɛʀ]	→ un an	ein Geburtstag
une **grand-mère** [yngʀɑ̃mɛʀ]	→ une mère	eine Großmutter
un **grand-père** [ɛ̃gʀɑ̃pɛʀ]	→ un père	ein Großvater
papi *(m.) (fam.)* [papi]	= grand-père	Opa *(ugs.)*
Je voudrais… [ʒəvudʀɛ]	~ de l'eau, s'il vous plaît.	Ich möchte gerne … / hätte gerne …
combien [kɔ̃bjɛ̃]		wie viel
un **gramme (de)** [ɛ̃gʀam]	E gramme	ein Gramm
il faut qc [ilfo]	~ du jus d'orange pour l'anniversaire.	man braucht etw.
un **gâteau**/des **gâteaux** [ɛ̃gato/degato]		ein Kuchen/Kuchen
un **peu (de)** [ɛ̃pødə]		ein wenig *(bei Mengen)*
Et avec ça ? [eavɛksa]	Je voudrais des pommes et des pêches. – ~ ?	Darf es sonst noch etwas sein ?
un **litre (de)** [ɛ̃litʀ(ə)də]	E litre	ein Liter
assez (de) [asedə]		genug/genügend
un **dessert** [ɛ̃desɛʀ]	E dessert	ein Nachtisch
il faut qc à qn [ilfo]	Tu fais un gâteau, alors ~[1] des œufs.	jd. braucht etw.
la **farine** [lafaʀin]	L farina	das Mehl
une **bouteille (de)** [ynbutɛj]	E bottle	eine Flasche

---

[1] il te faut

CENT-QUARANTE-CINQ

VOCABULAIRE 8

TEXTE A   Un week-end à Honfleur : le rêve !

un **rêve** [ɛ̃ʁɛv]		ein Traum
le **fromage** [ləfʁɔmaʒ]		der Käse
une **quiche** [ynkiʃ]		eine Quiche (= *ein Speckkuchen*)
J'**en** achète combien ? [ʒɑ̃naʃɛtkɔ̃bjɛ̃]	Il faut aussi du beurre. ~ ?	Wie viel kaufe ich (davon)?
une **boulangerie** [ynbulɑ̃ʒʁi]	Ginette travaille dans ~.	eine Bäckerei
combien de [kɔ̃bjɛ̃də]	Tu veux ~ tomates ? – Cinq.	wie viel(e)
une **baguette** [ynbagɛt]		ein Baguette
le **pain** [ləpɛ̃]	L panis	das Brot
le **chocolat** [ləʃɔkɔla]	F le ~ ⟷ D die Schokolade	die Schokolade
un **pain au chocolat** [ɛ̃pɛ̃oʃɔkɔla]		ein Schokoladenbrötchen
Ça fait combien ? [safɛkɔ̃bjɛ̃]	~ ? – Dix euros.	Wie viel kostet das?
une **femme** [ynfam]		eine Frau/Ehefrau
un **repas** [ɛ̃ʁəpa]	On termine ~ avec un dessert.	ein Essen/eine Mahlzeit
que [kə]	Honfleur est la ville ~ Nicolas préfère.	den, die, das *(Relativpronomen, Objekt)*
préparer qc [pʁepaʁe]	E to prepare	etw. zubereiten
un **petit-fils** [ɛ̃p(ə)tifis]		ein Enkel
un **port** [ɛ̃pɔʁ]	L portus E port	ein Hafen
où [u]	Paris est la ville ~ Nicolas habite.	wo *(Relativpronomen)*
un **apéritif** *(fam.:* un **apéro***)* [ɛ̃napeʁitif/ɛ̃napeʁo]		ein Aperitif
qui [ki]	Honfleur est une ville ~ plaît beaucoup à Nicolas.	der, die, das *(Relativpronomen, Subjekt)*
amuser qn [amyze]	E to amuse	jdn. amüsieren
beaucoup de [bokudə]	≠ un peu de	viel(e) *(bei Mengen)*
en plus [ɑ̃plys]		außerdem/zusätzlich
tellement [tɛlmɑ̃]	Je n'aime pas ~ le café.	so (sehr)
venir [vəniʁ]	L venire	kommen

venir : je **viens**, tu **viens**, il **vient**, nous **venons**, vous **venez**, ils **vienn**ent
„Venir" bildet das **Passé composé mit „être"** : je suis **venu(e)**.

les **vacances** *(f., pl.)* [levakɑ̃s]	Pendant les ~, on ne va pas au collège.	die Ferien/der Urlaub
une **gare** [yngaʁ]	F une ~ ⟷ D ein Bahnhof	ein Bahnhof

ATELIER A

6 un **client**/une **cliente** [ɛ̃klijɑ̃/ynklijɑ̃t]	E client	ein Kunde/eine Kundin
une **salade** [ynsalad]	F une **sala**de ⟷ E a sala**d** ⟷ D ein Salat	ein Salat
une **pomme de terre** [ynpɔmdətɛʁ]		eine Kartoffel
7 **d'où** [du]	Tu viens ~ ? – De Paris.	woher

TEXTE B   Joyeux anniversaire, mamie !

Joyeux anniversaire ! [ʒwajøzanivɛrsɛr]

Alles Gute …/Herzlichen Glückwunsch zum Geburtstag!

> Das Lied „**Joyeux anniversaire**" ist das bekannteste Geburtstagslied in Frankreich; es wird auf die Melodie von „Happy Birthday" gesungen.

mamie (f.) (fam.) [mami]	F ~ (Anrede für die **Großmutter**) ⟷ D Mami (Anrede für die **Mutter**)	Oma (ugs.)
descendre [desɑ̃dʀ]	L descendere ≠ monter	hinuntergehen; aussteigen

> **descendre** : je descends, tu descends, il descend, nous descendons, vous descendez, ils descendent
> „Descendre" bildet das **Passé composé mit „être**": je suis descendu(e).

une **cave** [ynkav]	Monsieur Caron descend à la ~ pour chercher du vin.	ein Keller
tout, toute [tu/tut]	J'ai travaillé ~¹ l'après-midi.	ganz (+ Nomen)
tous, toutes [tus/tut]	Naïma a ~² les CD de Yannick Noah.	alle (+ Nomen)
le **calvados** [ləkalvados]		der Calvados (Apfelschnaps aus der Normandie)
boire qc [bwaʀ]	Qu'est-ce que tu veux ~ ? – De la limonade.	etw. trinken

> **boire** : je bois, tu bois, il/elle/on boit, nous buvons, vous buvez, ils/elles boivent ; j'ai bu

manger qc [mɑ̃ʒe]	Nous ~³ des oranges.	etw. essen

> **manger** : je mange, tu manges, il/elle/on mange, nous mangeons, vous mangez, ils/elles mangent ; j'ai mangé

une **cacahuète** [ynkakawɛt]		eine Erdnuss
entendre qc [ɑ̃tɑ̃dʀ]		etw. hören
un **rire** [ʀiʀ]		ein Lachen
stupide [stypid]	E stupid L stupidus	dumm
sûr/sûre [syʀ/syʀ]	E sure	sicher
un **mec** (fam.) [ɛ̃mɛk]		ein Typ (ugs.)
énerver qn [enɛʀve]		jdn. aufregen
répondre à qn [ʀepɔ̃dʀ]	L respondere	jdm. antworten
à côté de [akotedə]		neben
essayer de faire qc [eseje]	Michel ~⁴ d'être sympa avec Nicolas.	versuchen etw. zu tun
un **cadeau**/des **cadeaux** [ɛ̃/dekado]		ein Geschenk/Geschenke
un **tandem** [ɛ̃tɑ̃dɛm]		ein Tandem
un **homme** [ɛ̃nɔm]	L homo	ein Mann
si [si]	Les maths, c'est la cata ! – Mais non, ce n'est pas ~ difficile !	so

---

¹ tout – ² tous – ³ mangeons – ⁴ essaie

VOCABULAIRE 8

ATELIER B

4 trop de [tʀodə] zu viel
9 une plage [ynplaʒ] ein Strand
un **pique-nique** [ɛ̃piknik]   F ⟷ D ✏️ ein Picknick

Combien de... ?

Il nous faut	un kilo de	pommes.	Wir brauchen	ein Kilo	Äpfel.
	250 grammes de	sucre		250 Gramm	Zucker.
	un litre de	lait.		ein Liter	Milch.
	une bouteille de	vin.		eine Flasche	Wein.
Nous avons	trop de	farine.	Wir haben	zu viel	Mehl.
	beaucoup d'	œufs.		viele	Eier.
	assez de	salade.		genug	Salat.
	peu d'	huile.		wenig	Öl.
Nous n'avons	pas de	beurre.	Wir haben	keine	Butter.

Révisions

Verben mit indirektem Objekt

demander qc à qn	jdn. etw. fragen	**montrer** qc à qn	jdm. etw. zeigen
dire qc à qn	jdm. etw. sagen	**parler** à qn	mit jdm. sprechen
donner qc à qn	jdm. etw. geben	**raconter** qc à qn	jdm. etw. erzählen
écrire qc à qn	jdm. etw. schreiben	**répondre** à qn	jdm. antworten
expliquer qc à qn	jdm. etw. erklären	**téléphoner** à qn	jdn. anrufen

En situation

Pendant le repas

– Qu'est-ce que tu veux boire ? Du coca ?
– Non, merci. Je n'aime pas le coca. Je voudrais de l'eau ou du jus d'orange, s'il te plaît.
– Tu prends encore du gâteau ?
– Oui, je veux bien. Il est bon !
  Non, merci. Je n'en veux plus. / Je n'ai plus faim.
  Est-ce que je peux avoir de la crème ?
– Bien sûr. Voilà.

– Was möchtest du trinken? Cola?
– Nein, danke. Ich mag keine Cola. Ich hätte gerne Wasser oder Orangensaft.
– Nimmst du noch Kuchen?
– Ja, gerne. Er schmeckt gut !
  Nein, danke. Ich möchte keinen mehr. / Ich habe keinen Hunger mehr.
  Kann ich bitte Sahne haben?
– Natürlich. Hier ist sie.

LEÇON 9

TIPP Wiederholt regelmäßig die Vokabeln aus früheren Lektionen!

VOCABULAIRE 9

ENTRÉE

la **Suisse** [lasɥis]		die Schweiz
une **montagne** [ynmɔ̃taɲ]	L mons E mountain	ein Berg/Gebirge
un **lac** [ɛ̃lak]	L lacus E lake	ein See
une **randonnée** [ynʁɑ̃dɔne]		eine Wanderung
les **Alpes** *(f., pl.)* [lezalp]		die Alpen
l'**hiver** *(m.)* [livɛʁ]	→ l'été	der Winter
le **ski** [ləski]	F ⟷ D ☺	der Ski; das Skifahren
une **station (de ski)** [ynstasjɔ̃(dəski)]	Charmey est ~ de ski.	ein Skigebiet/ Wintersportort
une **région** [ynʁeʒjɔ̃]	L regio	eine Region/Gegend
se lever [səl(ə)ve]	Je ~¹ tous les matins à sept heures.	aufstehen

se lever : je me lève, tu te lèves, il/elle/on se lève, nous nous levons, vous vous levez, ils/elles se lèvent ; je me suis levé(e)

passer (les vacances) [pase]	Les jeunes ~² leurs vacances en Suisse.	(die Ferien) verbringen
un **centre** [ɛ̃sɑ̃tʁ]	E centre/center	ein Zentrum
un **centre de vacances** [ɛ̃sɑ̃tʁ(ə)dəvakɑ̃s]		ein Ferienlager
s'habiller [sabije]		sich anziehen
réveiller qn [ʁeveje]		jdn. (auf)wecken
s'appeler [sap(ə)le]	Tu ~³ comment ?	heißen
se réveiller [səʁeveje]		aufwachen
se dépêcher [sədepeʃe]	Vite, il faut ~ !	sich beeilen
un **petit-déjeuner** *(fam.* : un **p'tit déj'**) [ɛ̃p(ə)tideʒœne (ɛ̃ptideʒ)]		ein Frühstück
s'énerver [senɛʁve]	Arrête tout de suite ou je ~⁴ !	sich aufregen
se décider [sədeside]	On part aujourd'hui ou demain ? Tu ~⁵ ?	sich entscheiden
le **rafting** [ləʁaftiŋ]		das Rafting
se sentir [səsɑ̃tiʁ]	Marie ne ~⁶ pas très bien.	sich fühlen
s'amuser [samyze]	Nous ~⁷ super bien au centre.	sich amüsieren/Spaß haben

Vergleiche: s'amuser / amuser qn; se réveiller / réveiller qn

TEXTE A   Marie raconte ses vacances. (1)

une **journée** [ynʒuʁne]	≠ un jour	ein Tag/Tagesablauf
un **bus** [ɛ̃bys]	F ⟷ D ☺	ein Bus
s'occuper de qn/qc [sɔkype]		sich um jdn./etw. kümmern
un **travail** [ɛ̃tʁavaj]	≠ travailler	eine Arbeit

---

¹ me lève – ² passent – ³ t'appelles – ⁴ m'énerve
⁵ te décides – ⁶ se sent – ⁷ nous amusons

VOCABULAIRE 9

un **accent** [ɛ̃naksɑ̃]	E accent	ein Akzent
un **Suisse**/une **Suisse** [ɛ̃sɥis/ynsɥis]	F Suisse ⟷ E Swiss ✎	ein Schweizer/eine Schweizerin
s'**arrêter** [saʀete]	→ faire une pause	anhalten; Halt machen
une **langue** [ynlɑ̃g]	L lingua E language	eine Sprache
devoir faire qc [dəvwaʀ]	Les animateurs ~[1] organiser les activités.	etw. tun müssen

devoir : je **dois**, tu **dois**, il **doit**, nous **devons**, vous **devez**, ils **doivent** ; j'ai **dû**

un **pays** [ɛ̃pei]	La Suisse est un beau ~.	ein Land
l'**Europe** (f.) [løʀɔp]	F ⟷ E ⇔	Europa
la **Belgique** [labɛlʒik]	~[2], on parle aussi français.	Belgien
les **Pays-Bas** (m., pl.) [lepeiba]		die Niederlande
l'**Espagne** (f.) [lɛspaɲ]		Spanien
le **Canada** [ləkanada]	F Canada ⟷ D Kanada ✎	Kanada
un **voyage** [ɛ̃vwajaʒ]	E voyage	eine Reise
en [ɑ̃]	Jean fait un voyage ~ Suisse.	nach
le **Luxembourg** [ləlyksɑ̃buʀ]		Luxemburg
le **Québec** [ləkebɛk]		Quebec
une **fabrique** [ynfabʀik]	F fabrique ⟷ D Fabrik ✎	eine Fabrik
goûter qc [gute]		etw. probieren
mal [mal]	L malus Ça va ? – Non, je me sens ~.	schlecht (Adv.)
une **fondue** [ynfɔ̃dy]		ein Fondue
un **régime** [ɛ̃ʀeʒim]	J'ai trop mangé. Je dois faire ~.	eine Diät

TEXTE B   Marie raconte ses vacances. (2)

un **casque** [ɛ̃kask]	Pour faire du rafting, il faut mettre ~.	ein Schutzhelm
savoir [savwaʀ]	Comment est-ce qu'il s'appelle ? – Je ne ~[3] pas.	wissen

savoir : je **sais**, tu **sais**, il/elle/on **sait**, nous **savons**, vous **savez**, ils/elles **savent** ; j'ai **su**

savoir faire qc [savwaʀfɛʀ]	Maintenant, Marie ~[4] rafting.	etw. tun können (wissen, wie es geht)
nager [naʒe]	⟷ faire de la natation	schwimmen
froid/**froide** [fʀwa/fʀwad]	L'eau de la Sarine est ~.	kalt
tomber [tɔ̃be]		fallen
un **bras** [ɛ̃bʀa]		ein Arm
ce qui [səki]	Je veux savoir ~ t'intéresse.	was (Relativpronomen, Subjekt)
ce que [səkə]	Je ne comprends pas ~ tu veux dire.	was (Relativpronomen, Objekt)
un **funiculaire** [ɛ̃fynikylɛʀ]		eine Drahtseilbahn
l'**Italie** (f.) [litali]		Italien
presque [pʀɛsk]		fast/beinahe
une **cathédrale** [ynkatedʀal]	F cathédrale ⟷ D Kathedrale ✎	eine Kathedrale
Il **voudrait** nous prendre en photo. [vudʀɛ]		Er würde uns gerne fotografieren.

---
[1] doivent – [2] En Belgique – [3] sais – [4] sait faire du

Elles **aimeraient** rester un peu. [ɛm(ə)ʀɛ]
Sie würden gerne ein bisschen bleiben.

revenir [ʀəv(ə)niʀ] → venir
zurückkommen/-kehren

J'aimerais bien revenir l'an prochain. [ʒɛm(ə)ʀɛ]
Ich würde nächstes Jahr gerne wieder kommen.

un/une **fan** [ɛ̃/ynfan]   F ⟷ D 🫦
ein Fan

ATELIER B

2 une **carte postale** [ynkaʀt(ə)pɔstal]
En vacances, j'écris toujours des ~.[1]
eine Postkarte

6 **A bientôt !** [abjɛ̃to]
Bis bald!

une **bise** *(fam.)* [ynbiz]
ein Kuss

> „**Grosses bises**" verwendet man z. B. am Telefon, in Briefen oder Mails als Grußformel, wenn man den Adressaten sehr gut kennt.

Révisions
C'est où ?

dans — sur — devant — au fond de
chez — sous — derrière — à côté de

Révisions
Les pays

Maskulinum	Femininum	Plural
	l'**Allemagne** [alman]	
le **Canada** [ləkanada]	la **Belgique** [labɛlʒik]	
	l'**Espagne** [lɛspaɲ]	
le **Luxembourg** [ləlyksɑ̃buʀ]	la **France** [lafʀɑ̃s]	les **Pays-Bas** [lepeiba]
	l'**Italie** [litali]	
le **Québec** [ləkebɛk]	la **Suisse** [lasɥis]	
	l'**Europe** [lœʀɔp]	

---

[1] cartes postales

Die Zahlen verweisen auf das erstmalige Vorkommen der Wörter, z. B.
fermer qc etw. schließen **7A** = Lektion 7, Lektionsteil **A**.
Steht nach der Lektionsteilangabe ein Komma und eine Zahl, so erfolgt die Einführung in der betreffenden Übung, z. B.: **une adresse** eine Adresse **3B, 2** = Übung 2 des Lektionsteils B.
A = Lektionsteil A, **B** = Lektionsteil B, **C** = Lektionsteil C, **E** = Einstiegsteil *Entrée*.
〈 〉 Das Zeichen bedeutet, dass das Wort an dieser Stelle nur fakultativ eingeführt und in den folgenden Lektionen nicht als bekannt vorausgesetzt wird.
Grammatische Basiswörter wie z. B. die Subjektpronomen *je, tu …* usw. werden in der folgenden Liste nicht aufgeführt.

A

à [a] in **1E**
   au fond (de qc) [ofõ] im Hintergrund (von etw.) **6B**
   à côté de [akotedə] neben **8B**
A bientôt ! [abjẽto] Bis bald! **9B, 6**
un **accent** [ẽnaksã] ein Akzent **9A**
acheter qc [aʃ(ə)te] etw. kaufen **7A**
l'**acteur** *(m.)* [laktœʀ] der Schauspieler **1A**
une **activité** [ynaktivite] eine Tätigkeit; *(hier)* eine Freizeitbeschäftigung **3A**
adorer qc [adɔʀe] etw. sehr gerne mögen **3B**
une **adresse** [ynadʀɛs] eine Adresse **3B, 2**
une **affiche** [ynafiʃ] ein Plakat/Poster **4C**
l'**âge** *(m.)* [laʒ] das Alter **3E**
   Ils ont quel âge ? [ilzõkɛlaʒ] Wie alt sind sie? **3E**
aider qn [ede] jdm. helfen **5B**
aimer qc/qn [eme] etw./jdn. lieben/ (gerne) mögen **1B**
l'**allemand** *(m.)* [lalmã] Deutsch **2C**
aller [ale] gehen/fahren **2E**
   Ça va ? [sava] Wie geht's? **1E**
   On y va ! [õniva] Gehen wir!/ Los geht's! **1A**
   Ça te va bien. [satəvabjẽ] Das steht dir gut. **7A**
Allô ? [alo] Hallo? *(am Telefon)* **3B**
alors [alɔʀ] also **1A**
une **ambiance** [ynãbjãs] eine Stimmung/Atmosphäre **7C**
un **ami**/une **amie** [ẽnami/ynami] ein Freund/eine Freundin **2C**
amoureux/amoureuse (de qn) [amuʀø/amuʀøz] verliebt (in) **6A**
amuser qn [amyze] jdn. amüsieren **8A**
s'amuser [samyze] sich amüsieren/ Spaß haben **9E**
un **an** [ẽnã] ein Jahr **3E**
   avoir quatorze ans [avwaʀkatɔʀzã] vierzehn Jahre alt sein **3E**
l'**animateur** *(m.)* [lanimatœʀ] der Kursleiter; der Betreuer **1A**
un **anniversaire** [ẽnanivɛʀsɛʀ] ein Geburtstag **8E**
   Joyeux anniversaire ! [ʒwajøzanivɛʀsɛʀ] Alles Gute …/ Herzlichen Glückwunsch zum Geburtstag! **8B**
une **annonce** [ynanõs] eine Anzeige/Annonce **3A**
un **anorak** [ẽnanɔʀak] ein Anorak **7E**
un **apéritif** *(fam.:* un apéro) [ẽnapeʀitif/ẽnapeʀo] ein Aperitif **8A**
un **appareil dentaire** [ẽnapaʀɛjdãtɛʀ] eine Zahnspange 〈 **7C, 5**〉
un **appareil photo** [ẽnapaʀɛjfoto] ein Fotoapparat **4B, 3**
un **appartement** [ẽnapaʀtəmã] eine Wohnung **3E**
s'appeler [sap(ə)le] heißen **9E**
   je m'appelle… [ʒəmapɛl] ich heiße … **1E**
   Tu t'appelles comment ? [tytapɛlkɔmã] Wie heißt du? **1E**
   il s'appelle… [ilsapɛl] er heißt **3E**
   ils/elles s'appellent… [il/ɛlsapɛl] sie heißen **3E**
apprendre qc [apʀãdʀ] etw. lernen **6A**
après [apʀɛ] nach/danach *(zeitlich)*/ später **1B**
un **après-midi** [ẽnapʀɛmidi] ein Nachmittag **2A**
   dans l'après-midi [dãlapʀɛmidi] am Nachmittag **2A**
arrêter [aʀete] aufhören **3B**
s'arrêter [saʀete] anhalten; Halt machen **9A**
arriver [aʀive] (an)kommen **2A**
un/une **artiste** [ẽ/ynaʀtist] ein Künstler/eine Künstlerin **5A**
un **ascenseur** [ẽnasãsœʀ] ein Aufzug/Fahrstuhl **5A**
assez (de) [asedə] genug/genügend **8E**
l'**atelier** *(m.)* [latəlje] die Werkstatt *(Name eines Lektionsteils)* **1**
   un atelier photo [ẽnatəljefoto] *(hier)* ein Fotokurs **2E**
l'**athlétisme** *(m.)* [latletism] (die) Leichtathletik **6A, 3**
aujourd'hui [oʒuʀdɥi] heute **2A**
aussi [osi] auch **1A**
un **autographe** [ẽnotɔgʀaf] ein Autogramm **5C**
autre [otʀ] andere(r,s) **5C**
avant [avã] vor *(zeitlich)*/vorher **7B**
avec [avɛk] mit **1B**
un **avion** [ẽnavjõ] ein Flugzeug **4E**
avoir [avwaʀ] haben **2C**
   avoir raison [avwaʀʀɛzõ] Recht haben **2C**
   Ils ont quel âge ? [ilzõkɛlaʒ] Wie alt sind sie? **3E**
   avoir quatorze ans [avwaʀkatɔʀzã] vierzehn Jahre alt sein **3E**
   avoir faim *(f.)* [avwaʀfẽ] Hunger haben **4A**
   avoir de la chance [avwaʀdəlaʃãs] Glück haben **4A**
   avoir le temps [avwaʀlətã] Zeit haben **5C**
   avoir envie (de faire qc) [avwaʀãvi] Lust haben (etw. zu tun) **6A**

B

une **baguette** [ynbagɛt] ein Baguette **8A**

LISTE DES MOTS

un **balcon** [ɛ̃balkɔ̃] ein Balkon 3A
un **banc** [ɛ̃bɑ̃] eine (Sitz)Bank 2B
la **banlieue** [labɑ̃ljøː] der Vorort/Vorstadtbereich 3A
une **batterie** [ynbatʀi] ein Schlagzeug 6A, 3
une **BD** (= une bande dessinée) [ynbede (ynbɑ̃ddesine)] ein Comic(heft) 4A, 3
beau/bel/belle [bo/bɛl] schön 7B
beaucoup [boku] viel/sehr 2C
  beaucoup de [bokudə] viel(e) *(bei Mengen)* 8A
beige [bɛʒ] beige 7B
une **bêtise** [ynbetiz] eine Dummheit 6B
le **beurre** [ləbœʀ] die Butter 8E
bien *(Adv.)* [bjɛ̃] gut 1E
Bien sûr ! [bjɛ̃syʀ] Sicherlich!/Na klar! 1B
bientôt [bjɛ̃to] bald 9B, 6
Bienvenue ! [bjɛ̃v(ə)ny] Willkommen! 1E
un **billet** [ɛ̃bijɛ] eine Eintrittskarte 2C
une **bise** *(fam.)* [ynbiz] ein Kuss 9B, 6
bizarre [bizaʀ] komisch/merkwürdig 5B
blanc/blanche [blɑ̃/blɑ̃ʃ] weiß 7E
bleu/bleue [blø] blau 7E
blond/blonde [blɔ̃/blɔ̃d] blond ⟨ 7C, 5⟩
Bof ! *(fam.)* [bɔf] Na ja!/Ach! *(ugs.)* 1B, 6
boire qc [bwaʀ] etw. trinken 8B
une **bombe** [ynbɔ̃b] eine Bombe 7C
bon/bonne [bɔ̃/bɔn] gut 5B
Bon,… [bɔ̃] Gut, …/Also, … 1B
Bon courage ! [bɔ̃kuʀaʒ] Viel Glück! *(wörtlich:* le courage = der Mut*)* 2C
Bonjour. [bɔ̃ʒuʀ] Guten Tag! 1A
Bonsoir. [bɔ̃swaʀ] Guten Abend. 3B
une **boulangerie** [ynbulɑ̃ʒʀi] eine Bäckerei 8A
une **bouteille (de)** [ynbutɛj] eine Flasche 8E
branché/branchée *(fam.)* [bʀɑ̃ʃe] „in"/„angesagt" *(ugs.)* 5B
un **bras** [ɛ̃bʀa] ein Arm 9B
Bravo ! [bʀavo] Bravo! 1B
brun/brune [bʀɛ̃/bʀyn] braun *(Haarfarbe)* ⟨ 7C, 5⟩
un **bus** [ɛ̃bys] ein Bus 9A

C

ça [sa] das 2A
  Ça va ? [sava] Wie geht's? 1E
  Et avec ça ? [eavɛksa] Darf es sonst noch etwas sein? 8E
une **cacahuète** [ynkakawɛt] eine Erdnuss 8B
un **cadeau/des cadeaux** [ɛ̃/dekado] ein Geschenk/Geschenke 8B
un **café** [ɛ̃kafe] ein Café; ein Kaffee (Getränk) 5B
le **calvados** [ləkalvados] der Calvados *(Apfelschnaps aus der Normandie)* 8B
une **cantine** [ynkɑ̃tin] eine Kantine 4E
une **carte postale** [ynkaʀt(ə)pɔstal] eine Postkarte 9B, 2
un **casque** [ɛ̃kask] ein Schutzhelm 9B
une **casquette** [ynkaskɛt] eine Kappe/Schirmmütze 7E
une **catastrophe** *(fam.:* une cata*)* [ynkatastʀɔf] eine Katastrophe 3B
une **cathédrale** [ynkatedʀal] eine Kathedrale 9B
une **cave** [ynkav] ein Keller 8B
un **CD/des CD** [ɛ̃/desede] eine CD/CDs 5C
un **CDI** (= un centre de documentation et d'information) [ɛ̃sedei] Dokumentations- und Informationsstelle einer Schule 4E
ce/cet/cette/ces [sə/sɛt/se] dieser/diese/dieses *(Demonstrativbegleiter)* 7A
un **centre** [ɛ̃sɑ̃tʀ] ein Zentrum 9E
un **centre de vacances** [ɛ̃sɑ̃tʀ(ə)dəvakɑ̃s] ein Ferienlager 9E
ce que [səkə] was *(Relativpronomen, Objekt)* 9B
ce qui [səki] was *(Relativpronomen, Subjekt)* 9B
une **chambre** [ynʃɑ̃bʀ] ein Schlafzimmer 3E
avoir de la chance [avwaʀdəlaʃɑ̃s] Glück haben 4A
une **chanson** [ynʃɑ̃sɔ̃] ein Lied 5C
chanter [ʃɑ̃te] singen 5C
un **chat** [ɛ̃ʃa] eine Katze 3B
une **chaussure** [ynʃosyʀ] ein Schuh 7E
un **chemin** [ɛ̃ʃəmɛ̃] ein Weg 5C, 3

cher/chère [ʃɛʀ] lieb; teuer 6A, 5
chercher qc [ʃɛʀʃe] etw. suchen 1B
un **cheveu/des cheveux** [ɛ̃ʃ(ə)vø/deʃ(ə)vø] ein Haar/Haare ⟨ 7C, 5⟩
chez [ʃe] bei 2E
un **chien** [ɛ̃ʃjɛ̃] ein Hund 3E
le **chocolat** [ləʃɔkɔla] die Schokolade 8A
une **chose** [ynʃoz] eine Sache 7B
  quelque chose [kɛlkəʃoz] etwas 7C
un **cinéma** *(fam.:* un ciné*)* [ɛ̃sinema] ein Kino 2E
une **classe** [ynklas] eine Klasse 4E
un **client/une cliente** [ɛ̃klijɑ̃/ynklijɑ̃t] ein Kunde/eine Kundin 8A, 6
un **coca** [ɛ̃kɔka] eine Cola 7C
la **colère** [lakɔlɛʀ] die Wut/der Zorn 3B
  être en colère [ɛtʀɑ̃kɔlɛʀ] wütend sein 3B
avoir des heures de colle [avwaʀdezœʀdəkɔl] nachsitzen müssen 4C
un **collège** [ɛ̃kɔlɛʒ] weiterführende Schule für alle 11- bis 14-Jährigen 2E
combien [kɔ̃bjɛ̃] wie viel 8E
  Ça fait combien ? [safɛkɔ̃bjɛ̃] Wie viel kostet das? 8A
comme [kɔm] wie *(beim Vergleich)* 2A; als 6A, 3
  comme ça [kɔmsa] so/auf diese Weise 5B
commencer qc [kɔmɑ̃se] etw. anfangen 2C
Comment… ? [kɔmɑ̃] Wie …? 1E
  Comment est-ce qu'on va … ? [kɔmɑ̃ɛskɔ̃va] Wie kommt man …? 5C
comprendre qc [kɔ̃pʀɑ̃dʀ] etw. verstehen 3A
un **concert** [ɛ̃kɔ̃sɛʀ] ein Konzert 1B
une **conférence** [ynkɔ̃feʀɑ̃s] ein Vortrag/eine Konferenz 4C
content/contente [kɔ̃tɑ̃/kɔ̃tɑ̃t] zufrieden/glücklich 5B
continuer [kɔ̃tinɥe] weitermachen/fortfahren 1B
cool *(fam.)* [kul] cool *(ugs.)* 1A
un **copain/une copine** *(fam.)* [ɛ̃kɔpɛ̃/ynkɔpin] ein Freund/eine Freundin 1B
un **costume** [ɛ̃kɔstym] ein Kostüm 6A

CENT-CINQUANTE-TROIS

LISTE DES MOTS

à côté de [akotedə] neben 8B
une **couleur** [ynkulœʀ] eine Farbe 7B, 6
les **coulisses** (f., pl.) [lekulis] die Kulissen 6A
une **cour** [ynkuʀ] ein Hof 4E
Bon courage ! [bõkuʀaʒ] Viel Glück! (*wörtlich:* le courage = der Mut) 2C
le **cours** [ləkuʀ] der Kurs 1A
  le cours de théâtre [ləkuʀdəteatʀ] der Theaterkurs 1A
un **cours** [ẽkuʀ] eine Unterrichtsstunde 4E
  avoir cours [avwaʀkuʀ] Unterricht haben 4E
une **course** [ynkuʀs] ein Einkauf 2B
  faire les courses [fɛʀlekuʀs] einkaufen 2B
un **couscous** [ẽkuskus] ein Kuskus *(nordafrikanisches Gericht)* 5C
un **cousin**/une **cousine** [ẽkuzẽ/ynkuzin] ein Cousin/eine Cousine 5E
craquer [kʀake] die Nerven verlieren 6B
la **crème** [lakʀɛm] die Sahne; der Rahm 8E
une **crêpe** [ynkʀɛp] eine Crêpe *(dünner Pfannkuchen)* 2B
crier [kʀije] schreien 5C
une **cuisine** [ynkɥizin] eine Küche 3E
la **culture** [lakyltyʀ] die Kultur 2E

D

d'abord [dabɔʀ] zuerst/zunächst 1B
d'accord [dakɔʀ] einverstanden/o.k. 2A
dans [dã] in 2E
  dans un quart d'heure [dãzẽkaʀdœʀ] in einer Viertelstunde 5A
la **danse** [ladãs] das Tanzen; der Tanz 1B
danser [dãse] tanzen 7C
de /d' [də] von 1A
  de/d' [də] von/aus 2C, 7
décider qc [deside] etw. entscheiden 3A
  se décider [sədeside] sich entscheiden 9E
décrire qc [dekʀiʀ] etw. beschreiben ⟨7C, 5⟩

déjà [deʒa] schon 1A
demain [dəmẽ] morgen 1B
demander [dəmãde] fragen 1B
  demander qc à qn [dəmãde] jdn. (nach) etw. fragen 5A
  demander pardon à qn [dəmãdepaʀdõ] jdn. um Entschuldigung bitten 6B
déménager [demenaʒe] umziehen 3A
une **demi-heure** [yndəmijœʀ] eine halbe Stunde 4A, 4
se dépêcher [sədepeʃe] sich beeilen 9E
depuis [dəpɥi] seit 6E
dernier/dernière [dɛʀnje/dɛʀnjɛʀ] letzter/letzte/letztes 5C
derrière [dɛʀjɛʀ] hinter 5A
descendre [desãdʀ] hinuntergehen; aussteigen 8B
un **dessert** [ẽdesɛʀ] ein Nachtisch 8E
le **dessin** [lədesẽ] (das) Zeichnen 6E
un **dessin** [ẽdesẽ] eine Zeichnung 6E
détester qc [detɛste] etw. hassen/überhaupt nicht mögen 2C
le/la **deuxième** [lə/ladøzjɛm] der/die/das Zweite 5C, 3
devant [dəvã] vor *(örtlich)* 2C
les **devoirs** [ledəvwaʀ] die (Haus-)Aufgaben 2A
devoir faire qc [dəvwaʀ] etw. tun müssen 9A
difficile [difisil] schwierig 6A
dimanche *(m.)* [dimãʃ] (am) Sonntag 3B
dire qc à qn [diʀ] jdm. etw. sagen 4E
  Dis donc, … [didõk] Sag mal, … 7B
discuter [diskyte] sich unterhalten/diskutieren 2B
C'est dommage ! [sɛdɔmaʒ] Das ist schade! 3B
donner qc à qn [dɔne] jdm. etw. geben 3B
dormir [dɔʀmiʀ] schlafen 5A
d'où [du] woher 8A, 7
à droite [adʀwat] (nach) rechts 5A

E

l'**eau** *(f.)* [lo] das Wasser 8E
  l'eau minérale *(f.)* [lomineʀal] das Mineralwasser 8E
une **écharpe** [yneʃaʀp] ein Schal 7E
une **école** [ynekɔl] eine Schule 4C, 7
écouter qn [ekute] jdm. zuhören 3A
écrire qc à qn [ekʀiʀ] jdm. etw. schreiben 4E
un/une **élève** [ẽ/ynelɛv] ein Schüler/eine Schülerin 4E
un **e-mail** [ẽnimɛl] eine E-Mail 3B, 6
en [ã] *verschiedene Bedeutungen* in 4E; nach 9A
  en forme [ãfɔʀm] fit/in Form 6B, 7
  en soldes [ãsɔld] im Schlussverkauf 7B
  en plus [ãplys] außerdem/zusätzlich 8A
  J'en achète combien ? [ʒãnaʃɛtkõbjẽ] Wie viel kaufe ich (davon)? 8A
encore [ãkɔʀ] (immer) noch 2A
énerver qn [enɛʀve] jdn. aufregen 8B
  s'énerver [senɛʀve] sich aufregen 9E
un **enfant** [ẽnãfã] ein Kind 3E
enfin [ãfẽ] schließlich/endlich 7B
ensemble [ãsãbl] zusammen 2A
entendre qc [ãtãdʀ] etw. hören 8B
l'**entrée** *(f.)* der Eingang *(Name eines Lektionsteils)* 1
entrer [ãtʀe] eintreten/betreten/hereinkommen 3B
avoir envie (de faire qc) [avwaʀãvi] Lust haben (etw. zu tun) 6A
l'**escalade** *(f.)* [lɛskalad] (das) Klettern 6E
essayer qc [eseje] etw. anprobieren; versuchen 7A
  essayer de faire qc [eseje] versuchen etw. zu tun 8B
Est-ce que … ? [ɛskə] *Frageformel* 2B
et [e] und 1E
une **étape** [ynetap] eine Etappe/ein Abschnitt 5C
l'**été** *(m.)* [lete] der Sommer 7A
être [ɛtʀ] sein 1A
  c'est [sɛ] das ist 1A
  ce sont [səsõ] das sind 1B
Euh … [ø] *Ausdruck des Zögerns* 1A
un **euro**/des **euros** [ẽnøʀo/dezøʀo] ein Euro/Euro(s) 5B
un **exercice** [ẽnɛgzɛʀsis] eine Übung 4A

expliquer qc à qn [εksplike] jdm. etw. erklären **3B**

F

une **fabrique** [ynfabʀik] eine Fabrik **9A**
une **façon** [ynfasõ] eine Art und Weise **6E**
avoir **faim** (f.) [avwaʀfɛ̃] Hunger haben **4A**
faire qc [fɛʀ] etw. machen **2A**
　Ça fait combien ? [safɛkõbjɛ̃] Wie viel kostet das? **8A**
　faire la tête (fam.) [fɛʀlatɛt] schmollen/sauer sein (ugs.) **2A**
　faire un numéro [fɛʀɛ̃nymeʀo] eine Nummer wählen **3B**
un **falafel** [ɛ̃falafɛl] Falafel (frittierte Bällchen aus Kichererbsen) **2B**
une **famille** [ynfamij] eine Familie **3E**
un/une **fan** [ɛ̃/ynfan] ein Fan **9B**
la **farine** [lafaʀin] das Mehl **8E**
fatigué/fatiguée [fatige] müde **5C**
il faut faire qc [ilfofɛʀ] man muss etw. tun **6B**
　il ne faut pas faire qc [ilnəfopafɛʀ] man darf etw. nicht tun **6B**
　il faut qc [ilfo] man braucht etw. **8E**
　il faut qc à qn [ilfo] jd. braucht etw. **8E**
une **femme** [ynfam] eine Frau/Ehefrau **8A**
fermer qc [fɛʀme] etw. schließen **7A**
une **fête** [ynfɛt] eine Fete/ein Fest/eine Party **1B**
une **figure** [ynfigyʀ] eine Figur (hier: beim Sport) **2A**
une **fille** [ynfij] ein Mädchen **1A**
　une fille [ynfij] eine Tochter **3E**
un **film** [ɛ̃film] ein Film **2B, 2**
un **fils** [ɛ̃fis] ein Sohn **3E**
finalement [finalmã] schließlich/zum Schluss/letztendlich **5A**
un **flash** [ɛ̃flaʃ] ein Blitz(licht) **6B**
une **fois** [ynfwa] ein Mal **5C**
au **fond (de qc)** [ofõ] im Hintergrund (von etw.) **6B**
une **fondue** [ynfõdy] ein Fondue **9A**
le **foot** [ləfut] der Fußball (als Sportart) **1B**

en forme [ãfɔʀm] fit/in Form **6B, 7**
le **français** [ləfʀãsɛ] Französisch/die frz. Sprache **3A, 6**
un **frère** [ɛ̃fʀɛʀ] ein Bruder **3E**
des **fringues** (f., pl.) (fam.) [defʀɛ̃g] Klamotten (ugs.) **7A**
des **frites** (f., pl.) [defʀit] Pommes frites **4A**
froid/froide [fʀwa/fʀwad] kalt **9B**
le **fromage** [ləfʀɔmaʒ] der Käse **8A**
un **funiculaire** [ɛ̃fynikylɛʀ] eine Drahtseilbahn **9B**

G

un **garçon** [ɛ̃gaʀsõ] ein Junge **1A**
garder qc [gaʀde] etw. behalten **7C**
une **gare** [yngaʀ] ein Bahnhof **8A**
un **gâteau**/des **gâteaux** [ɛ̃gato/degato] ein Kuchen/Kuchen **8E**
à **gauche** [agoʃ] (nach) links **5A**
Génial ! (fam.) [ʒenjal] Genial!/Super!/Toll! (ugs.) **1A**
les **gens** (m., pl.) [leʒã] die Leute **2B**
goûter qc [gute] etw. probieren **9A**
la **grammaire** [lagʀa(m)mɛʀ] die Grammatik **4C**
un **gramme (de)** [ɛ̃gʀam] ein Gramm **8E**
grand/grande [gʀã/gʀãd] groß **5B**
une **grand-mère** [yngʀãmɛʀ] eine Großmutter **8E**
un **grand-père** [ɛ̃gʀãpɛʀ] ein Großvater **8E**
des **grands-parents** (m., pl.) [degʀãpaʀã] Großeltern **8E**
gris/grise [gʀi/gʀiz] grau **7E**
gros/grosse [gʀo/gʀos] dick **7A**
un **groupe** [ɛ̃gʀup] eine Gruppe; (hier) eine Musikgruppe/Band **6A**
une **guitare** [yngitaʀ] eine Gitarre **3B**
　une guitare électrique [yngitaʀelɛktʀik] eine E-Gitarre **3B**
un **gymnase** [ɛ̃ʒimnaz] eine Turnhalle **4E**

H

s'habiller [sabije] sich anziehen **9E**
habiter [abite] wohnen **3A**
une **heure** [ynœʀ] eine Stunde **1B**

l'**heure** (f.) [lœʀ] die Uhrzeit **4A, 4**
　à trois heures [atʀwazœʀ] um drei Uhr **2A**
　à cinq heures [asɛ̃kœʀ] um fünf Uhr **2B**
　huit heures moins cinq [ɥitœʀmwɛ̃sɛ̃k] fünf vor acht **4A**
　deux heures et demie [døzœʀed(ə)mi] halb drei **4A**
　Il est quelle heure ? [ilɛkɛlœʀ] Wie viel Uhr ist es? **4A**
　trois heures moins le quart [tʀwazœʀmwɛ̃l(ə)kaʀ] viertel vor drei/drei viertel drei **4A**
　trois heures moins dix [tʀwazœʀmwɛ̃dis] zehn vor drei **4A**
　A quelle heure ? [akɛlœʀ] Um wie viel Uhr? **4A, 4**
　avoir des heures de colle [avwaʀdezœʀdəkɔl] nachsitzen müssen **4C**
hier [jɛʀ] gestern **6E**
une **histoire** [ynistwaʀ] eine Geschichte **1B**
l'**hiver** (m.) [livɛʀ] der Winter **9E**
un **homme** [ɛ̃nɔm] ein Mann **8B**
l'**huile** (f.) [lɥil] das Öl **8E**
de bonne/mauvaise **humeur** [dəbɔn/movɛzymœʀ] gut-/schlechtgelaunt **7B**

I

ici [isi] hier **3A**
une **idée** [ynide] eine Idee **1B**
il y a [ilja] es gibt **1B**
imaginer qc [imaʒine] sich etw. (aus)denken **1B**
un/une **imbécile** [ɛ̃/ynɛ̃besil] ein(e) Idiot(in)/ein Dummkopf **7B**
un **immeuble** [ɛ̃nimœbl] ein Gebäude/(Wohn)Haus **3B**
impossible [ɛ̃pɔsibl] unmöglich **5C**
une **infirmerie** [ynɛ̃fiʀməʀi] eine Krankenstation **4E**
intéresser qn [ɛ̃teʀese] jdn. interessieren **5E**
l'**Internet** (m.) [lɛ̃tɛʀnɛt] das Internet **4E**
　sur Internet [syʀɛ̃tɛʀnɛt] im Internet **4E**
une **interro** (fam.) (= une **interrogation**) [ynɛ̃teʀɔ(gasjõ)] eine Klassenarbeit **2C**

une **invitation** [ynɛ̃vitasjɔ̃] eine Einladung 1B
un **invité**/une **invitée** [ɛ̃nɛ̃vite/ ynɛ̃vite] ein Gast 7C
inviter qn [ɛ̃vite] jdn. einladen 1B
inviter qn à qc [ɛ̃vite] jdn. zu etw. einladen 7A, 1

J

ne… **jamais** [nə… ʒamɛ] nie 7C
un **jardin** [ɛ̃ʒaʁdɛ̃] ein Garten 3A
jaune [ʒon] gelb 7E
un **jean** [ɛ̃dʒin] eine Jeans 7A, 5
jeudi (m.) [ʒødi] Donnerstag 3B, 7
un/une **jeune** [ɛ̃/ynʒœn] ein Jugendlicher/eine Jugendliche 1B
jeune [ʒœn] jung 5B
joli/jolie [ʒoli] hübsch 5B
jouer [ʒwe] spielen 1B
jouer un tour à qn [ʒwɛtuʁ] jdm. einen Streich spielen 6B
un **jour** [ɛ̃ʒuʁ] ein Tag 4B
une **journée** [ynʒuʁne] ein Tag/ein Tagesablauf 9A
le **judo** [ləʒydo] (das) Judo 6A, 3
juin (m.) [ʒɥɛ̃] Juni 4C
une **jupe** [ynʒyp] ein Rock 7E
un **jus** [ɛ̃ʒy] ein Saft 8E
le jus d'orange [ləʒydɔʁɑ̃ʒ] der Orangensaft 8E

K

un **kilo** [ɛ̃kilo] ein Kilo 7A
prendre des kilos [pʁɑ̃dʁdekilo] zunehmen 7A
un **kilomètre** [ɛ̃kilɔmɛtʁ] ein Kilometer 4C, 4

L

là [la] da/dort 1A
un **lac** [ɛ̃lak] ein See 9E
laisser qc [lese] etw. hinterlassen/ zurücklassen 4B
le **lait** [ləlɛ] die Milch 8E
une **langue** [ynlɑ̃g] eine Sprache 9A
la **leçon** [laləsɔ̃] die Lektion 1
une **lettre** [ynlɛtʁ] ein Brief 1B
leur/leurs [lœʁ] ihr/ihre (Pl.) 3E

se **lever** [səl(ə)ve] aufstehen 9E
une **limonade** [ynlimɔnad] eine Limonade 7C
lire qc [liʁ] etw. lesen 4E
une **liste** [ynlist] eine Liste 6B, 9
un **lit** [ɛ̃li] ein Bett 5A
un **litre** (de) [ɛ̃litʁ(ə)də] ein Liter 8E
un **livre** [ɛ̃livʁ] ein Buch 4E
long/longue [lɔ̃/lɔ̃g] lang 5C
un **look** [ɛ̃luk] ein Outfit 7E
lundi (m.) [lɛ̃di] Montag/am Montag 2C
des **lunettes** (f., pl.) [delynɛt] eine Brille ⟨ 7C, 5⟩

M

madame … [madam] Frau … 1B, 6
mademoiselle… [madmwazɛl] Anrede für eine junge Frau 1B, 6
un **magasin** [ɛ̃magazɛ̃] ein Geschäft/Laden 2E
maintenant [mɛ̃t(ə)nɑ̃] jetzt/nun 1A
mais [mɛ] aber 1B
une **maison** [ynmɛzɔ̃] ein Haus 2E
mal [mal] schlecht (Adv.) 9A
avoir mal au ventre [avwaʁmalovɑ̃tʁ] Bauchweh haben 4A
malade [malad] krank 4A
maman (f.) [mamɑ̃] Mama/Mutti 3A
mamie (f.) (fam.) [mami] Oma (ugs.) 8B
manger qc [mɑ̃ʒe] etw. essen 8B
manquer [mɑ̃ke] fehlen 7C
un **marché** [ɛ̃maʁʃe] ein Markt 2E
mardi (m.) [maʁdi] (am) Dienstag 3A
marrant/marrante (fam.) [maʁɑ̃/maʁɑ̃t] witzig 5B
marron [maʁɔ̃] (kastanien)braun 7B
un **match** [ɛ̃matʃ] ein Spiel (beim Sport) 1B
les **maths** (f., pl.) (fam.) (= les **mathématiques**) [lemat(ematik)] Mathe (ugs.) 4A
un **matin** [ɛ̃matɛ̃] ein Morgen 2E
mauvais/mauvaise [movɛ/movɛz] schlecht 5B
un **mec** (fam.) [ɛ̃mɛk] ein Typ (ugs.) 8B
le/la **même** [lə/lamɛm] der-/die-/ dasselbe 6A

Merci. [mɛʁsi] Danke. 1E
mercredi (m.) [mɛʁkʁədi] (am) Mittwoch 3A
le mercredi [ləmɛʁkʁədi] mittwochs 3A
une **mère** [ynmɛʁ] eine Mutter 3E
un **message** [ɛ̃mɛsaʒ] eine Nachricht 2B
le **métro** [ləmetʁo] die Metro/U-Bahn in Paris 4A
mettre qc [mɛtʁ] etw. anziehen; etw. legen/setzen/stellen 7B
midi (m.) [midi] Mittag 2A
à midi [amidi] um 12 Uhr mittags 2A
midi et quart [midiekaʁ] viertel nach zwölf mittags 4A
mignon/mignonne [miɲɔ̃/miɲɔn] süß/niedlich 7A
mince [mɛ̃s] dünn ⟨ 7C, 5⟩
une **minijupe** [ynminiʒyp] ein Minirock 7A, 5
minuit (m.) [minɥi] Mitternacht/ 12 Uhr nachts 4A, 4
une **minute** [ynminyt] eine Minute/ein Augenblick 4C, 8
une **MJC** (= une maison des jeunes et de la culture) [ynɛmʒise] entspricht einem Jugendzentrum 2E
la **mode** [lamɔd] die Mode 7E
à la mode [alamɔd] in Mode 7E
moi [mwa] ich (betont) 1E
au **moins** [omwɛ̃] mindestens/ wenigstens 7B
mon/ma/mes [mɔ̃/ma/me] mein/ meine 3E
le **monsieur/monsieur**… [(lə)məsjø] der Herr/Herr … 1A
une **montagne** [ynmɔ̃taɲ] ein Berg/ Gebirge 9E
monter sur qc [mɔ̃te] auf etw. steigen/ etw. besteigen 1B
monter dans qc [mɔ̃tedɑ̃] in etw. (ein)steigen 4B, 2
montrer qc [mɔ̃tʁe] etw. zeigen 2E
montrer qc à qn [mɔ̃tʁe] jdm. etw. zeigen 3B, 5
la **musique** [lamyzik] die Musik 1B

N

nager [naʒe] schwimmen 9B
la **natation** [lanatasjɔ̃] (das) Schwimmen 6E
ne… pas [nə… pa] nicht 4E

ne… plus [nə… ply] nicht mehr 4A

ne … plus de [nəplydə] kein/keine mehr 4C

ne … pas de [nəpadə] kein/keine 4C

ne … rien [nə… ʀjɛ̃] nichts 7A, 3

ne… jamais [nə… jamɛ] nie 7C

nerveux/nerveuse [nɛʀvø/nɛʀvøz] nervös/aufgeregt 6A

dans le noir [dɑ̃lənwaʀ] im Dunkeln 6B

noir/noire [nwaʀ] schwarz 7E

un nom [ɛ̃nõ] ein Name 3B, 2

… , non ? [nõ] …, nicht wahr?/ …, oder? 1B

Non. [nõ] Nein. 1A

une note [ynnɔt] eine Note 4B

notre/nos [nɔtʀ/no] unser/unsere 3E

nouveau/nouvel/nouvelle/nouveaux/nouvelles [nuvo/nuvɛl] neu 7B

nul/nulle (fam.) [nyl] blöd/doof/schlecht (ugs.) 5C

C'est nul ! (fam.) [sɛnyl] Das ist blöd! (ugs.) 2C

un numéro (de téléphone) [ɛ̃nymeʀo(dətelefɔn)] eine (Telefon)Nummer 2B, 4

faire un numéro [fɛʀɛ̃nymeʀo] eine Nummer wählen 3B

O

s'occuper de qn/qc [sɔkype] sich um jdn./etw. kümmern 9A

un œuf/des œufs [ɛ̃nœf/dezø] ein Ei/Eier 8E

Oh là là ! [olala] (hier) Ausdruck des Unmutes 4E

On y va ! [õniva] Gehen wir!/Los geht's! 1A

un opéra [ɛ̃nɔpeʀa] ein Opernhaus; eine Oper 2E

une orange [ynɔʀɑ̃ʒ] eine Orange 8E

un ordinateur [ɛ̃nɔʀdinatœʀ] ein Computer 4E

organiser qc [ɔʀganize] etw. organisieren 1B

ou [u] oder 1B

où [u] wo; wohin 1A

où [u] wo (Relativpronomen) 8A

oublier qc [ublije] etw. vergessen 4B

Ouf ! [uf] Uff! (Ausdruck der Erleichterung) 6B

Oui. [wi] Ja. 1E

P

le pain [ləpɛ̃] das Brot 8A

un pain au chocolat [ɛ̃pɛ̃oʃɔkɔla] ein Schokoladenbrötchen 8A

la paix [lapɛ] der Frieden 7C

un pantalon [ɛ̃pɑ̃talõ] eine Hose 7E

papa (m.) [papa] Papa/Vati 3B

papi (m.) (fam.) [papi] Opa (ugs.) 8E

parce que [paʀs(ə)kə] weil 2C

Pardon. [paʀdõ] Entschuldigung./Verzeihung. 5C, 3

demander pardon à qn [dəmɑ̃depaʀdõ] jdn. um Entschuldigung bitten 6B

les parents (m., pl.) [lepaʀɑ̃] die Eltern 3E

parler à qn [paʀle] mit jdm. sprechen 4A

parler de qc [paʀle] über etw. sprechen 6B

partir [paʀtiʀ] weggehen/aufbrechen 5A

partout [paʀtu] überall 6A

passer (les vacances) [pase] (die Ferien) verbringen 9E

patient/patiente [pasjɑ̃/pasjɑ̃t] geduldig 6A

une pause [ynpoz] eine Pause 2A

pauvre [povʀ] arm 5C

payer [peje] bezahlen 7A

un pays [ɛ̃pei] ein Land 9A

une pêche [ynpɛʃ] ein Pfirsich 8E

pendant [pɑ̃dɑ̃] während 2C

penser [pɑ̃se] denken 6A

un père [ɛ̃pɛʀ] ein Vater 3E

une personne [ynpɛʀsɔn] eine Person 5B, 3

une peste [ynpɛst] eine Nervensäge (wörtl. eine Pest) 7C

petit/petite [pəti/pətit] klein 5B

un petit-déjeuner (fam.: un p'tit déj') [ɛ̃p(ə)tideʒœne (ɛ̃ptideʒ)] ein Frühstück 9E

un petit-fils [ɛ̃p(ə)tifis] ein Enkel 8A

peu [pø] wenig 2A

peu après [pøapʀɛ] wenig später 2C

un peu [ɛ̃pø] ein wenig 2A

un peu (de) (bei Mengen) [ɛ̃pødə] ein wenig 8E

peut-être [pøtɛtʀ] vielleicht 1B

une photo [ynfoto] ein Foto 1B

prendre qc en photo [pʀɑ̃dʀɑ̃foto] etw. fotografieren 5A

un piano [ɛ̃pjano] ein Klavier 6A, 3

une pièce [ynpjɛs] ein Zimmer 3A

une pièce (de théâtre) [ynpjɛs] ein (Theater-)Stück 6E

un pied [ɛ̃pje] ein Fuß 5B

à pied [apje] zu Fuß 5C

un piercing [ɛ̃pɛʀsiŋ] ein Piercing 7B, 5

un/une pilote [ɛ̃/ynpilɔt] ein Pilot/eine Pilotin 4E

le ping-pong [ləpiŋpõg] (das) Tischtennis 6A, 3

un pique-nique [ɛ̃piknik] ein Picknick 8B, 9

une pizza [ynpidza] eine Pizza 2B

une place [ynplas] ein Platz 2E

une plage [ynplaʒ] ein Strand 8B, 9

Ça me plaît. [saməplɛ] Das gefällt mir. 7A

un plan (de métro) [ɛ̃plɑ̃(dəmetʀo)] ein (Metro-)Plan 5A, 4

en plus [ɑ̃plys] außerdem/zusätzlich 8A

ne… plus [nə… ply] nicht mehr 4A

ne … plus de [nəplydə] kein/keine mehr 4C

la police [lapɔlis] die Polizei 6A

un policier [ɛ̃pɔlisje] ein Polizist 6A

une pomme [ynpɔm] ein Apfel 8E

une pomme de terre [ynpɔmdətɛʀ] eine Kartoffel 8A, 6

un port [ɛ̃pɔʀ] ein Hafen 8A

un portable [ɛ̃pɔʀtabl] ein Handy 2B

une porte [ynpɔʀt] eine Tür 5A, 2

porter qc [pɔʀte] etw. tragen 7C

un portrait [ɛ̃pɔʀtʀɛ] ein Porträt 5B

poser une question [pozeynkɛstjõ] eine Frage stellen 3A, 6

possible [pɔsibl] möglich 6B

pour [puʀ] für 1A

pour faire qc [puʀfɛʀ] um etw. zu tun 6B

pourquoi [puʀkwa] warum 2C

Pourquoi pas ? [puʀkwapa] Warum nicht? 2C

pouvoir [puvwaʀ] können 6A

pouvoir faire qc [puvwaʀfɛʀ] etw. tun können 6A

préféré/préférée [pʀefeʀe] bevorzugt/Lieblings- **7A**
préférer qc [pʀefeʀe] etw. vorziehen/lieber mögen **7C**
préférer faire qc [pʀefeʀefɛʀ] vorziehen etw. zu tun, etw. lieber tun **7C**
le **premier**/la **première** [ləpʀəmje/lapʀəmjɛʀ] der/die/das Erste **5C, 3**
prendre qc [pʀɑ̃dʀ] etw. nehmen **3A**
 prendre qc en photo [pʀɑ̃dʀɑ̃foto] etw. fotografieren **5A**
 prendre des kilos [pʀɑ̃dʀ(ə)dekilo] zunehmen **7A**
préparer qc [pʀepaʀe] etw. vorbereiten **4C**; etw. zubereiten **8A**
presque [pʀɛsk] fast/beinahe **9B**
prêt/prête [pʀɛ/pʀɛt] bereit/fertig **6A**
un **problème** [ɛ̃pʀɔblɛm] ein Problem **3A**
prochain/prochaine [pʀɔʃɛ̃/pʀɔʃɛn] nächster/nächste/nächstes **6A**
un/une **prof** (fam.) (= un **professeur**) [ɛ̃pʀɔf(esœʀ)] ein Lehrer/eine Lehrerin **2C**
 un professeur principal [ɛ̃pʀɔfesœʀpʀɛ̃sipal] ein Klassenlehrer **4C**
un **progrès** [ɛ̃pʀɔgʀɛ] ein Fortschritt **6A**
un **projet** [ɛ̃pʀɔʒɛ] ein Projekt/ein Vorhaben **2C**
 avoir des projets [avwaʀdepʀɔʒɛ] etwas vorhaben **2C**
une **promenade** [ynpʀɔm(ə)nad] ein Spaziergang **5C**
proposer qc à qn [pʀɔpoze] jdm. etw. vorschlagen **4C**
 proposer à qn de faire qc [pʀɔpoze] jdm. vorschlagen etw. zu tun **5B**
puis [pɥi] dann; danach **3A**
un **pull** (fam.) [ɛ̃pyl] ein Pulli (ugs.) **7E**

Q

Quand est-ce que … ? [kɑ̃tɛskə] Wann … ? **3A**
quand [kɑ̃] wenn/als (zeitlich) **3A**
un **quart d'heure** [ɛ̃kaʀdœʀ] eine Viertelstunde **4A, 4**
un **quartier** [ɛ̃kaʀtje] ein (Stadt-)Viertel **2E**

que [kə] den, die, das (Relativpronomen, Objekt) **8A**
que [kə] dass (Konjunktion) **4B**
quel/quels/quelle/quelles [kɛl] welcher/welche/welches (Fragebegleiter) **7A**
 Ils ont quel âge ? [ilzɔ̃kɛlaʒ] Wie alt sind sie? **3E**
 Il est quelle heure ? [ilɛkɛlœʀ] Wie viel Uhr ist es? **4A**
 A quelle heure ? [akɛlœʀ] Um wie viel Uhr? **4A, 4**
quelque chose [kɛlkəʃoz] etwas **7C**
Qu'est-ce que … ? [kɛskə] Was … ? **2B**
une **question** [ynkɛstjɔ̃] eine Frage **3A, 2**
une **queue** [ynkø] eine Schlange **5C**
qui [ki] der, die, das (Relativpronomen, Subjekt) **8A**
une **quiche** [ynkiʃ] eine Quiche (= ein Speckkuchen) **8A**
Qui est-ce ? [kiɛs] Wer ist das? **1A**
quitter qc [kite] etw. verlassen **1B**
Quoi ? [kwa] Was? (hier: Ausdruck des Erstaunens) **1B**

R

raconter qc à qn [ʀakɔ̃te] jdm. etw. erzählen **3B**
une **radio** [ynʀadjo] ein Radio **5B, 3**
le **rafting** [ləʀaftiŋ] das Rafting **9E**
avoir **raison** [avwaʀʀɛzɔ̃] Recht haben **2C**
une **randonnée** [ynʀɑ̃dɔne] eine Wanderung **9E**
le **rap** [ləʀap] der Rap **2C, 3**
un **rat** [ɛ̃ʀa] eine Ratte **3B**
une **récré** (fam.) (= une récréation) [ynʀekʀe(asjɔ̃)] eine Pause (in der Schule) **4B**
regarder qc [ʀəgaʀde] etw. ansehen/anschauen/betrachten **1B**
un **régime** [ɛ̃ʀeʒim] eine Diät **9A**
une **région** [ynʀeʒjɔ̃] eine Region/Gegend **9E**
rencontrer qn [ʀɑ̃kɔ̃tʀe] jdn. treffen **4C**
un **rendez-vous** [ɛ̃ʀɑ̃devu] eine Verabredung/ ein Termin **2B**
 avoir rendez-vous avec qn [avwaʀʀɑ̃devu] eine Verabredung mit jdm. haben/sich mit jdm. treffen **2C**

rentrer [ʀɑ̃tʀe] heimgehen/heimkommen **2A**
un **repas** [ɛ̃ʀəpa] ein Essen/eine Mahlzeit **8A**
répéter qc [ʀepete] etw. wiederholen; (hier:) üben **6E**
une **répétition** [ynʀepetisjɔ̃] eine Wiederholung; Probe **6E**
 une répétition générale [ynʀepetisjɔ̃ʒeneʀal] eine Generalprobe **6A**
répondre à qn [ʀepɔ̃dʀ] jdm. antworten **8B**
une **réponse** [ynʀepɔ̃s] eine Antwort **6B, 9**
un **restaurant** (fam.: un resto) [ɛ̃ʀɛstɔʀɑ̃] ein Restaurant **5B**
rester [ʀɛste] bleiben **2A**
un **résumé** [ɛ̃ʀezyme] eine Zusammenfassung **4A, 3**
retourner [ʀətuʀne] zurückkehren **6B**
un **rêve** [ɛ̃ʀɛv] ein Traum **8A**
réveiller qn [ʀeveje] jdn. (auf)wecken **9E**
se réveiller [səʀeveje] aufwachen **9E**
revenir [ʀəv(ə)niʀ] zurückkommen/-kehren **9B**
Au revoir ! [ɔʀvwaʀ] Auf Wiedersehen! **1B, 6**
rien [ʀjɛ̃] nichts **7B**
 ne… rien [nə… ʀjɛ̃] nichts **7A, 3**
rigoler (fam.) [ʀigole] lachen **2A**
un **rire** [ɛ̃ʀiʀ] ein Lachen **8B**
une **robe** [ynʀɔb] ein Kleid **7E**
un **rôle** [ɛ̃ʀol] eine Rolle **6E**
rouge [ʀuʒ] rot **7E**
roux/rousse [ʀu/ʀus] rot(haarig) ⟨**7C, 5**⟩
une **rue** [ynʀy] eine Straße **2E**

S

un **sac** [ɛ̃sak] eine Tasche/Tüte **3A**
 un sac à dos [ɛ̃sakado] ein Rucksack **7B, 4**
une **salade** [ynsalad] ein Salat **8A, 6**
une **salle de bains** [ynsaldəbɛ̃] ein Badezimmer **3B, 4**
une **salle de classe** [ynsaldəklas] ein Klassenzimmer **4E**
un **salon** [ɛ̃salɔ̃] ein Wohnzimmer **3A**
Salut ! (fam.) [saly] Hallo!/Tschüs! (ugs.) **1E**

samedi *(m.)* [samdi] (am) Samstag 2E
sans [sã] ohne 6A
savoir [savwaʀ] wissen 9B
  savoir faire qc [savwaʀfɛʀ] etw. tun können *(wissen, wie es geht)* 9B
une **scène** [ynsɛn] eine Bühne; eine Szene 1B
une **semaine** [ynsəmɛn] eine Woche 3B, 7
se **sentir** [səsãtiʀ] sich fühlen 9E
seulement [sœlmã] nur 3A; erst 6B, 9
le **shopping** [ləʃɔpiŋ] der Einkaufsbummel/ das Einkaufen 5A
  faire du shopping [fɛʀdyʃɔpiŋ] einen Einkaufsbummel machen/ einkaufen gehen 5A
si [si] doch 4A; so 8B
si [si] ob 4B
s'il te plaît [siltəplɛ] bitte *(wenn man jdn. duzt)* 4A
s'il vous plaît [silvuplɛ] bitte *(wenn man mehrere Personen anspricht oder jdn. siezt)* 4A, 4
le **skate** [ləskɛt] das Skaten; das Skateboard 2E
le **ski** [ləski] der Ski; das Skifahren 9E
une **sœur** [ynsœʀ] eine Schwester 3E
un **soir** [ɛ̃swaʀ] ein Abend 3A
les **soldes** *(f., pl.)* [lesɔld] der Schlussverkauf 5A
  en soldes [ãsɔld] im Schlussverkauf/reduziert 7B
une **solution** [ynsɔlysjõ] eine Lösung 6B
son/sa/ses [sõ/sa/se] sein/seine; ihr/ihre 3E
sonner [sɔne] klingeln 2B
sortir (de qc) [sɔʀtiʀ] (aus etw.) hinausgehen; ausgehen 5A
sous [su] unter 6A
souvent [suvã] oft 5B
le **sport** [ləspɔʀ] der Sport 4A
un **square** [ɛ̃skwaʀ] eine (kleine) Grünanlage 2B
la **(super)star** [la(sypɛʀ)staʀ] der (Super)Star 1A
une **station** [ynstasjõ] eine Station/ Haltestelle 5A
une **station (de ski)** [ynstasjõ(dəski)] ein Skigebiet/ Wintersportort 9E

stupide [stypid] dumm 8B
le **sucre** [ləsykʀ] der Zucker 8E
un **Suisse**/une **Suisse** [ɛ̃sɥis/ynsɥis] ein Schweizer/eine Schweizerin 9A
super [sypɛʀ] super/toll 1A
un **supermarché** [ɛ̃sypɛʀmaʀʃe] ein Supermarkt 8E
sûr/sûre [syʀ] sicher 8B
  C'est sûr ? [sɛsyʀ] Ist das sicher? 2C
sur [syʀ] auf; über 1B
sur place [syʀplas] vor Ort *(Name eines Lektionsteils)* 1
une **surprise** [ynsyʀpʀiz] eine Überraschung 4B
un **surveillant**/une **surveillante** [ɛ̃syʀvɛjã/ynsyʀvɛjãt] eine Aufsichtsperson 4A
sympa *(fam.)* [sɛ̃pa] nett 2A

T

une **table** [yntabl] ein Tisch 1B
une **taille** [yntaj] eine (Körper-) Größe 7A
  en taille… [ãtaj] in Größe… 7A
  à la bonne taille [alabɔntaj] in der richtigen Größe 7B
un **tandem** [ɛ̃tãdɛm] ein Tandem 8B
la **techno** [latɛkno] der/das Techno 7C, 3
un **téléphone** [ɛ̃telefɔn] ein Telefon 2B, 4
téléphoner à qn [telefɔne] mit jdm. telefonieren/jdn. anrufen 3B
tellement [tɛlmã] so 8A
le **temps** [lətã] die Zeit 5C
  avoir le temps [avwaʀlətã] Zeit haben 5C
le **tennis** [lətenis] (das) Tennis 6A, 3
terminer qc [tɛʀmine] etw. beenden 4B
une **terrasse** [yntɛʀas] eine Terrasse 5A
la **terreur** [latɛʀœʀ] der Schrecken 3E
une **tête** [yntɛt] ein Kopf 2A
  faire la tête *(fam.)* [fɛʀlatɛt] schmollen/sauer sein *(ugs.)* 2A
le **texte** [lətɛkst] der Text 1
le **théâtre** [ləteatʀ] das Theater 1A
un **ticket** [ɛ̃tikɛ] eine Fahrkarte 5A, 4
Tiens ! [tjɛ̃] Schau mal!; Na sowas! 2E

les **toilettes** *(f., pl.)* [letwalɛt] die Toilette 3B, 4
une **tomate** [yntɔmat] eine Tomate 8E
tomber [tõbe] fallen 9B
ton/ta/tes [tõ/ta/te] dein/deine 3E
toujours [tuʒuʀ] immer; immer noch 2C
un **tour** [ɛ̃tuʀ] eine Tour/ein Rundgang 2A
  jouer un tour à qn [ʒweɛ̃tuʀ] jdm. einen Streich spielen 6B
un/une **touriste** [ɛ̃/yntuʀist] ein Tourist/eine Touristin 5E
tourner [tuʀne] abbiegen 5C, 3
tout/toute *(als Begleiter)* [tu/tut] ganz *(+ Nomen)* 8B
  tous/toutes [tus/tut] alle *(+ Nomen)* 8B
tout [tu] alles 5B
tout à coup [tutaku] plötzlich 2B
tout de suite [tutsɥit] sofort 7A
tout droit [tudʀwa] geradeaus 5C
tout le monde [tul(ə)mõd] jeder; alle 9B
un **travail** [ɛ̃tʀavaj] eine Arbeit 9A
travailler [tʀavaje] arbeiten 4B
traverser qc [tʀavɛʀse] etw. überqueren 5C
très [tʀɛ] sehr 1B
triste [tʀist] traurig 6B, 7
le/la **troisième** [lə/latʀwazjɛm] der/ die/das Dritte 5C, 3
trop [tʀo] zu 5C
  trop de [tʀodə] zu viel 8B, 4
trouver qc [tʀuve] etw. finden 3B
un **t-shirt** [ɛ̃tiʃœʀt] ein T-Shirt 7E

V

les **vacances** *(f., pl.)* [levakãs] die Ferien/der Urlaub 8A
Elle est vache ! *(fam.)* [ɛlɛvaʃ] Sie ist fies! *(ugs.)* 4B
un **vélo** [ɛ̃velo] ein Fahrrad 6E
un **vendeur**/une **vendeuse** [ɛ̃vãdœʀ/ynvãdøz] ein Verkäufer/ eine Verkäuferin 7A
vendredi *(m.)* [vãdʀədi] Freitag 3A
venir [vəniʀ] kommen 8A
le **ventre** [ləvãtʀ] der Bauch 4A
  avoir mal au ventre [avwaʀmalovãtʀ] Bauchweh haben 4A

LISTE DES MOTS

vert/verte [vɛʀ/vɛʀt] grün 7E
une veste [ynvɛst] eine Jacke 7E
un vêtement [ɛ̃vɛtmɑ̃] ein Kleidungsstück 7E
  des vêtements [devɛtmɑ̃] Kleider/Kleidung 7E
une vidéo [ynvideo] ein Video(film) 6E
vieux/vieil/vieille/vieux/vieilles [vjø/vjɛj] alt 7B
un village [ɛ̃vilaʒ] ein Dorf 5B
une ville [ynvil] eine Stadt 5A
le vin [ləvɛ̃] der Wein 8E
une visite [ynvizit] ein Besuch/eine Besichtigung 5E
visiter qc [vizite] etw. besichtigen 3A
vite (Adv.) [vit] schnell 4A
voilà… [vwala] da ist/da sind… 1E
voir qc [vwaʀ] etw. sehen 6B
un voisin/une voisine [ɛ̃vwazɛ̃/ynvwazin] ein Nachbar/eine Nachbarin 3B
voler qc [vɔle] etw. stehlen 6B
le volley [ləvɔlɛ] (das) Volleyball (als Sportart) 6A, 3
votre/vos [vɔtʀ/vo] euer/eure; Ihr/Ihre 3E
vouloir qc [vulwaʀ] etw. wollen 6A
  vouloir faire qc [vulwaʀfɛʀ] etw. tun wollen 6A
  Je voudrais … [ʒəvudʀɛ] Ich möchte gerne … /hätte gerne … 8E
A vous ! [avu] Jetzt seid ihr dran! 1B
un voyage [ɛ̃vwajaʒ] eine Reise 9A
vrai/vraie [vʀɛ] wahr/richtig 6B
le VTT [ləvetete] das Mountainbiken 6E
  un VTT [ɛ̃vetete] ein Mountainbike 6E
une vue [ynvy] eine Aussicht 5A

W

un week-end [ɛ̃wikɛnd] ein Wochenende 5E

Y

les yeux (sg.: **un œil**) [lezjø (ɛ̃nœj)] die Augen ⟨ 7C, 5⟩

Z

avoir un zéro [avwaʀɛ̃zeʀo] eine Sechs haben (Note) 4B
un zoom [ɛ̃zum] ein Zoom (beim Fotoapparat) 6B
Zut ! (fam.) [zyt] Mist! (ugs.) 4C

Prénoms masculins

Alexis [alɛksi] ⟨ 7C, 5⟩
Ali [ali] 7B, 3
Bernard [bɛʀnaʀ] 7B, 3
Charles [ʃaʀl] 2C, 4
Eric [eʀik] 1A
Farid [faʀid] 1B, 5
Félix [feliks] 2C, 3
Frédéric [fʀedeʀik] 7B, 5
Hugo ['ygo] 9E
Jean [ʒɑ̃] 9A
Jérémy [ʒeʀemi] 3E
Julien [ʒyljɛ̃] 1E
Karim [kaʀim] 4C, 6
Léo [leo] 8A
Lucas [lyka] 1B
Maxime (Abkürzung: **Max**) [maksim] 3E
Nicolas (Abkürzung: **Nico**) [nikɔla] 1E
Pierre [pjɛʀ] 4A
Régis [ʀeʒis] 9A, 3
Romain [ʀɔmɛ̃] ⟨ 7C, 3⟩
Simon [simɔ̃] 7B, 5
Théo [teo] 1B
Victor [viktɔʀ] 7A, 6
Yannick [janik] 5B

Prénoms féminins

Amandine [amɑ̃din] 3A, 7
Anne [an] 3E
Camille [kamij] 5C, 2
Cécile [sesil] 2C, 4
Charlotte [ʃaʀlɔt] 2C, 4
Clémence [klemɑ̃s] 7B, 5
Emma [ema] 3A, 5
Gina [dʒina] 8B, 2
Ginette [ʒinɛt] 8A
Julie [ʒyli] 7A, 6
Juliette [ʒyljɛt] 7C, 4
Léa [lea] 3A, 6
Malika [malika] 2B, 6
Marie [maʀi] 1E
Marion [maʀjɔ̃] 5C, 2
Maryse [maʀiz] 8A
Naïma [naima] 1E
Pauline [polin] 6E
Rita [ʀita] 8B, 2
Sarah [saʀa] 3E
Sonia [sɔnja] 9A, 3
Sophie [sɔfi] 1B, 5
Yasmine [jasmin] 5E
Yvonne [ivɔn] 8A
Zazie [zazi] 2C, 4
Zoé [zoe] 2A

Noms de famille

Bertin [bɛʀtɛ̃] 8E
Brunel [bʀynɛl] 3B, 2
Canette [kanɛt] 6E
Caron [kaʀɔ̃] 8E
Davot [davo] 7B, 2
Dufour [dyfuʀ] 3A
Forestier [fɔʀɛstje] 4C
Kherour [keʀuʀ] 3B, 2
Laroche [laʀɔʃ] 3E
Lebœuf [ləbœf] 2C, 2
Rollin [ʀɔlɛ̃] 1A
Sireau [siʀo] 4B
Souvras [suvʀas] 2C, 4
Vidal [vidal] 6E
de Villèle [dəvilɛl] 5B, 3

Noms de villes

Arses [aʀs] Ort in der Schweiz (im Kanton Fribourg) 9A, 2
Bagnolet [baɲɔlɛ] Vorort von Paris 3A
Berlin [bɛʀlɛ̃] 2C, 6
Broc [bʀo] Ort in der Schweiz (im Kanton Fribourg) 9A
Charmey [ʃaʀmɛ] Ort in der Schweiz (im Kanton Fribourg) 9E
Deauville [dovil] Küstenort in der Normandie 8B, 9
Fontainebleau [fɔ̃tɛnblo] Stadt, 60 km südlich von Paris 6B, 3
Fribourg [fʀibuʀ] zweisprachiger Kanton im Westen der Schweiz und gleichzeitig Name der Kantons-Hauptstadt 9B
Honfleur [ɔ̃flœʀ] Ort in der Normandie 8E
Jaun [jaun] Ort in der Schweiz (im Kanton Fribourg) 9A
Marseille [maʀsɛj] Stadt in Südfrankreich 1B

LISTE DES MOTS

Munich [mynik] 3B, 11
Paris [paʀi] 1E
Toulouse [tuluz] *Stadt in Südwestfrankreich* 4A, 4

Noms géographiques

l'**Allemagne** *(f.)* [lalmaɲ] *Deutschland* 4C, 9
les **Alpes** *(f., pl.)* [lezalp] *die Alpen* 9E
la **Belgique** [labɛlʒik] *Belgien* 9A
le **Canada** [ləkanada] *Kanada* 9A
l'**Espagne** *(f.)* [lɛspaɲ] *Spanien* 9A
l'**Europe** *(f.)* [løʀɔp] *Europa* 9A
la **France** [lafʀɑ̃s] *Frankreich* 4C, 4
Gruyères [gʀyjɛʀ] *Greyerz (Gemeinde im Kanton Fribourg)* 9E
l'**Italie** *(f.)* [litali] *Italien* 9B
le **Luxembourg** [ləlyksɑ̃buʀ] *Luxemburg* 9A
le **Moléson** [ləmɔlezɔ̃] *Berggipfel im Süden des Kantons Fribourg* 9E
la **Normandie** [lanɔʀmɑ̃di] *die Normandie (Region in Frankreich)* 8E
les **Pays-Bas** *(m., pl.)* [lepeiba] *die Niederlande* 9A
le **Québec** [ləkebɛk] *Quebec* 9A
la **Sarine** [lasaʀin] *die Sarine (Fluss in der Schweiz)* 9B
la **Suisse** [lasɥis] *die Schweiz* 9E

Noms divers

Airbus [ɛʀbys] *europäischer Flugzeughersteller* 4E
l'**Airbus A380** *(m.)* [lɛʀbysatʀwasɑ̃katʀɑ̃vɛ̃] *der Airbus A380 (momentan größtes Passagierflugzeug)* 4C
l'**Arc de triomphe** *(m.)* [laʀkdətʀijɔ̃f] *Triumphbogen in Paris* 5E
les **blocks de Bercy** [leblɔkdəbɛʀsi] *Skater-Treffpunkt im Südosten von Paris* 2E
le **Centre Pompidou** [ləsɑ̃tʀ(ə)pɔ̃pidu] *Kunst- und Kulturzentrum in Paris* 5E
les **Champs-Elysées** [leʃɑ̃zelize] *große Prachtstraße in Paris* 5E
Collège Anne Frank [ləkɔlɛʒanfʀɑ̃k] *Name einer Schule im Bastille-Viertel* 2E

Goliath [gɔliat] *(hier) Name eines Hundes* 3E
gruyère [ləgʀyjɛʀ] *Greyerzer (Schweizer Hartkäse)* 9E
la **Joconde** [laʒɔkɔ̃d] *die Mona Lisa* 5E
Leclerc [ləklɛʀ] *Name einer Supermarktkette* 8E
Les Halles [le'al] *Metrostation in Paris* 5C, 3
le **Louvre** [ləluvʀ] *Museum in Paris* 5E
Lulu [lyly] *(hier) Name einer Katze* 3B
le **marché d'Aligre** [ləmaʀʃedaligʀ] *Markt im Bastille-Viertel* 2E
Monoprix [monopʀi] *Name einer Supermarktkette* 6B, 9
Montmartre *(m.)* [mɔ̃maʀtʀ] *Stadtviertel in Paris* 5E
Notre-Dame [nɔtʀedam] *Kathedrale in Paris* 5A
Paname [panam] *umgangssprachlicher Name für Paris* 5B, 3
la **place de la Bastille** [laplasdəlabastij] *zentraler Platz im Bastille-Viertel* 2E
la **place de la Concorde** [laplasdəlakɔ̃kɔʀd] *größter Platz in Paris* 5E
la **place du Tertre** [laplasdytɛʀtʀ] *Platz in Montmartre* 5B
le **Printemps** [ləpʀɛ̃tɑ̃] *Kaufhaus in Frankreich (wörtl: der Frühling)* 5E
Au P'tit Cahoua [optikawa] *Restaurant im Bastille-Viertel; (arab.: im kleinen Café)* 5B
la **pyramide du Louvre** [lapiʀamiddyluvʀ] *Pyramide aus Glas, die im Hof des Louvre steht.* 5E
le **quartier Bastille** [ləkaʀtjebastij] *Stadtviertel im Osten von Paris* 2E
le **quartier Latin** [ləkaʀtjelatɛ̃] *Stadtviertel in Paris* 5B
un **rottweiler** [ɛ̃ʀɔtvajlœʀ] *ein Rottweiler* 3B
la **rue Bréguet** [laʀybʀege] 2E
la **rue de Chanzy** [laʀyd(ə)ʃɑ̃ʒi] 3B, 9
la **rue de Charonne** [laʀydəʃaʀɔn] 3A
la **rue de la Roquette** [laʀydəlaʀɔkɛt] 2B

la **rue de Lausanne** [laʀydəlosan] 9B
la **rue des Taillandiers** [laʀydetajɑ̃dje] 3B, 2
la **rue Jean Macé** [laʀyʒɑ̃mase] 3B, 2
la **rue Trousseau** [laʀytʀuso] 2C, 1
le **Sacré-Cœur** [ləsakʀekœʀ] *Basilika in Montmartre* 5E
Saint-Nicolas [sɛ̃nikɔla] *Name einer Kathedrale in Fribourg* 9B
le **Salon du Bourget** [ləsalɔ̃dybuʀʒe] *Ausstellungshallen für Flugzeuge in Paris* 4E
Shrek 2 [ʃʀɛkdø] *Titel eines Filmes* 2B
le **square Trousseau** [ləskwaʀtʀuso] *Name einer Grünanlage im Bastille-Viertel* 2B
le **théâtre de l'Epouvantail** [ləteatʀdəlepuvɑ̃taj] *Name eines Theaters in Paris (l'épouvantail (m.) = die Vogelscheuche)* 1A
Titeuf [titœf] *Comicfigur* 4A, 3
la **tour Eiffel** [latuʀɛfɛl] *der Eiffelturm* 5E
les **Tuileries** [letɥilʀi] *Parkanlage vor dem Louvre* 5A
le **Virgin Mégastore** [ləviʀdʒinmegastɔʀ] *große Medienkette* 5C

Noms de personnes connues

Céline Dion [selindjɔ̃] *frankokanadische Popsängerin* 9B, 6
Diam's [djams] *frz. Rap-Sängerin* 7C, 3
Fanny Joly [fanyʒoli] *Name einer frz. Jugendbuchautorin* 5C, 2
Kyo [kio] *frz. Musikgruppe* 2C, 2
MC Solaar [ɛmsisɔlaʀ] *frz. Sänger* 1B
Tahar Ben Jelloun [taaʀbɛnʒelun] *marokkanischer Schriftsteller* 6B, 3
Audrey Tautou [odʀɛtotu] *frz. Schauspielerin* 2B, 2
Yannick Noah [janiknoa] *frz. Tennisspieler und Sänger* 5B
Zinedine Zidane [zinedinzidan] *frz. Fußballspieler* 1A, 1

A

abbiegen tourner 5C, 3
ein Abend un soir 3A
aber mais 1B
eine Etappe une étape 5C
eine Adresse une adresse 3B, 2
ein Akzent un accent 9A
alle *(+ Nomen)* tous, toutes 8B
alles tout 5B
als comme 6A, 3
als *(zeitlich)* quand 3A
also alors 1A
alt vieux/vieil/vieille/vieux/vieilles 7B
Wie alt sind sie? Ils ont quel âge ? 3E
das Alter l'âge *(m.)* 3E
jdn. amüsieren amuser qn 8A
sich amüsieren s'amuser 9E
andere(r,s) autre 5C
etw. anfangen commencer qc 2C
„angesagt" *(ugs.)* branché/branchée *(fam.)* 5B
anhalten s'arrêter 9A
(an)kommen arriver 2A
ein Anorak un anorak 7E
etw. anprobieren essayer qc 7A
jdn. anrufen téléphoner à qn 3B
etw. ansehen/anschauen regarder qc 1B
eine Antwort une réponse 6B, 9
jdm. antworten répondre à qn 8B
eine Anzeige/Annonce une annonce 3A
etw. anziehen mettre qc 7B
sich anziehen s'habiller 9E
ein Aperitif un apéritif *(fam.:* un apéro) 8A
ein Apfel une pomme 8E
eine Arbeit un travail 9A
arbeiten travailler 4B
arm pauvre 5C
ein Arm un bras 9B
eine Art und Weise une façon 6E
eine Atmosphäre une ambiance 7C
auch aussi 1A
auf sur 1B
Auf Wiedersehen! Au revoir ! 1B, 6
aufbrechen partir 5A
die (Haus)Aufgaben les devoirs 2A
aufgeregt nerveux/nerveuse 6A
aufhören arrêter 3B
jdn. aufregen énerver qn 8B
sich aufregen s'énerver 9E
eine Aufsichtsperson un surveillant/une surveillante 4A
aufstehen se lever 9E
aufwachen se réveiller 9E
ein Aufzug un ascenseur 5A
aus de 2C, 7
ausgehen sortir (de qc) 5A
außerdem en plus 8A
eine Aussicht une vue 5A
aussteigen descendre 8B
ein Autogramm un autographe 5C

B

eine Bäckerei une boulangerie 8A
ein Badezimmer une salle de bains 3B, 4
ein Bahnhof une gare 8A
Bis bald! A bientôt ! 9B, 6
ein Balkon un balcon 3A
eine Band un groupe 6A
eine (Sitz)Bank un banc 2B
der Bauch le ventre 4A
Bauchweh haben avoir mal au ventre 4A
sich beeilen se dépêcher 9E
etw. beenden terminer qc 4B
etw. behalten garder qc 7C
bei chez 2E
beige beige 7B
beinahe presque 9B
bereit prêt/prête 6A
ein Berg une montagne 9E
sich beschäftigen s'occuper de qn/qc 9A
etw. besichtigen visiter qc 3A
eine Besichtigung une visite 5E
etw. besteigen monter sur qc 1B
ein Besuch une visite 5E
etw. betrachten regarder qc 1B
der Betreuer l'animateur *(m.)* 1A
ein Bett un lit 5A
bevorzugt préféré/préférée 7A
bezahlen payer 7A
blau bleu/bleue 7E
bleiben rester 2A
ein Blitz(licht) un flash 6B
blöd *(ugs.)* nul/nulle *(fam.)* 5C
Das ist blöd! *(ugs.)* C'est nul ! *(fam.)* 2C
eine Bombe une bombe 7C
jd. braucht etw. il faut qc à qn 8E
man braucht etw. il faut qc 8E
(kastanien)braun marron 7B
ein Brief une lettre 1B

das Brot le pain 8A
ein Bruder un frère 3E
ein Buch un livre 4E
eine Bühne une scène 1B
ein Bus un bus 9A
die Butter le beurre 8E

C

ein Café un café 5B
der Calvados *(Apfelschnaps aus der Normandie)* le calvados 8B
eine CD/CDs un CD/des CD 5C
CDI un CDI (= un centre de documentation et d'information) 4E
eine Cola un coca 7C
ein Comic(heft) une BD (= une bande dessinée) 4A, 3
ein Computer un ordinateur 4E
cool *(ugs.)* cool *(fam.)* 1A
ein Cousin/eine Cousine un cousin/une cousine 5E
eine Crêpe *(dünner Pfannkuchen)* une crêpe 2B

D

da là 1A
da ist/da sind… voilà… 1E
danach après 1B
Danke. Merci. 1E
dann puis 3A
man darf etw. nicht tun il ne faut pas faire qc 6B
Darf es sonst noch etwas sein? Et avec ça ? 8E
das ça 2A
dass *(Konjunktion)* que 4B
sich etw. (aus)denken imaginer qc 1B
denken penser 6A
der-/die-/dasselbe le/la même 6A
Deutsch l'allemand *(m.)* 2C
eine Diät un régime 9A
dick gros/grosse 7A
(am) Dienstag mardi *(m.)* 3A
dieser/diese/dieses *(Demonstrativbegleiter)* ce/cet/cette/ces 7A
diskutieren discuter 2B
doch si 4A
Donnerstag jeudi *(m.)* 3B, 7
doof *(ugs.)* nul/nulle *(fam.)* 5C
Das ist doof! *(ugs.)* C'est nul ! *(fam.)* 2C

ein Dorf un village 5B
dort là 1A
eine Drahtseilbahn un funiculaire 9B
dumm stupide 8B
eine Dummheit une bêtise 6B
ein Dummkopf un/une imbécile 7B
im Dunkeln dans le noir 6B

E

ein Ei/Eier un œuf/des œufs 8E
der Eingang l'entrée (f.) 1
ein Einkauf une course 2B
einkaufen faire les courses 2B
der Einkaufsbummel/ das Einkaufen le shopping 5A
    einen Einkaufsbummel machen/einkaufen gehen faire du shopping 5A
jdn. zu etw. einladen inviter qn à qc 7A, 1
eine Einladung une invitation 1B
in etw. (ein)steigen monter dans qc 4B, 2
eintreten entrer 3B
eine Eintrittskarte un billet 2C
einverstanden d'accord 2A
die Eltern les parents (m., pl.) 3E
endlich enfin 7B
ein Enkel un petit-fils 8A
etw. entscheiden décider qc 3A
    sich entscheiden se décider 9E
Entschuldigung. Pardon. 5C, 3
    jdn. um Entschuldigung bitten demander pardon à qn 6B
eine Erdnuss une cacahuète 8B
jdm. etw. erklären expliquer qc à qn 3B
erst seulement 6B, 9
der/die/das Erste le premier/la première 5C, 3
jdm. etw. erzählen raconter qc à qn 3B
etw. essen manger qc 8B
ein Essen un repas 8A
eine Etappe une étape 5C
etwas quelque chose 7C
ein Euro/Euro(s) un euro/des euros 5B

F

eine Fabrik une fabrique 9A
fahren aller 2E
eine Fahrkarte un ticket 5A, 4
ein Fahrrad un vélo 6E
ein Fahrstuhl un ascenseur 5A
eine Falafel un falafel 2B
fallen tomber 9B
eine Familie une famille 3E
ein Fan un/une fan 9B
eine Farbe une couleur 7B, 6
fast presque 9B
fehlen manquer 7C
die Ferien les vacances (f., pl.) 8A
ein Ferienlager un centre de vacances 9E
fertig prêt/prête 6A
ein Fest une fête 1B
Sie ist fies! (ugs.) Elle est vache ! (fam.) 4B
eine Figur (hier: beim Sport) une figure 2A
ein Film un film 2B, 2
etw. finden trouver qc 3B
fit en forme 6B, 7
eine Flasche une bouteille (de) 8E
ein Flugzeug un avion 4E
ein Fondue une fondue 9A
in Form en forme 6B, 7
ein Fortschritt un progrès 6A
ein Foto une photo 1B
ein Fotoapparat un appareil photo 4B, 3
ein Fotokurs un atelier photo 2E
etw. fotografieren prendre qc en photo 5A
eine Frage une question 3A, 2
    eine Frage stellen poser une question 3A, 6
jdn. (nach) etw. fragen demander qc à qn 5A
Französisch/die frz. Sprache le français 3A, 6
Frau … madame … 1B, 6
Frau mademoiselle… 1B, 6
eine Frau une femme 8A
Freitag vendredi (m.) 3A
ein Freund/eine Freundin un copain/une copine (fam.) 1B; un ami/une amie 2C
der Frieden la paix 7C
ein Frühstück un petit-déjeuner (fam.: un p'tit déj') 9E
sich fühlen se sentir 9E
für pour 1A

ein Fuß un pied 5B
    zu Fuß à pied 5C
der Fußball (als Sportart) le foot 1B

G

ganz/alle (+ Nomen) tout, toute 8B
ein Garten un jardin 3A
ein Gast un invité/une invitée 7C
ein Gebäude un immeuble 3B
jdm. etw. geben donner qc à qn 3B
ein Gebirge une montagne 9E
ein Geburtstag un anniversaire 8E
    Alles Gute …/Herzlichen Glückwunsch zum Geburtstag! Joyeux anniversaire ! 8B
geduldig patient/patiente 6A
Das gefällt mir. Ça me plaît. 7A
eine Gegend une région 9E
gehen aller 2E
    Gehen wir!/Los geht's! On y va ! 1A
    Wie geht's? Ça va ? 1E
gelb jaune 7E
eine Generalprobe une répétition générale 6A
Genial! (ugs.) Génial ! (fam.) 1A
geradeaus tout droit 5C
ein Geschäft un magasin 2E
ein Geschenk un cadeau/des cadeaux 8B
eine Geschichte une histoire 1B
gestern hier 6E
es gibt il y a 1B
eine Gitarre une guitare 3B
Viel Glück! Bon courage ! 2C
Glück haben avoir de la chance 4A
glücklich content/contente 5B
die Grammatik la grammaire 4C
grau gris/grise 7E
groß grand/grande 5B
eine (Körper-)Größe une taille 7A
    in der richtigen Größe à la bonne taille 7B
Großeltern des grands-parents (m., pl.) 8E
eine Großmutter une grand-mère 8E
ein Großvater un grand-père 8E
grün vert/verte 7E
eine Gruppe un groupe 6A
gut bon/bonne 5B

WORTLISTE

gutgelaunt de bonne humeur 7B
gut bien 1E

H

haben avoir 2C
ein Hafen un port 8A
halb drei deux heures et demie 4A
eine halbe Stunde une demi-heure 4A, 4
Hallo! Salut ! *(fam.)* 1E
Halt machen s'arrêter 9A
eine Haltestelle une station 5A
ein Handy un portable 2B
etw. hassen détester qc 2C
ein Haus une maison 2E
heimgehen/heimkommen rentrer 2A
heißen s'appeler 9E
    ich heiße ... je m'appelle... 1E
    Wie heißt du? Tu t'appelles comment ? 1E
    er heißt il s'appelle... 3E
    sie heißen ils/elles s'appellent... 3E
jdm. helfen aider qn 5B
hereinkommen entrer 3B
der Herr/Herr ... le monsieur/monsieur... 1A
heute aujourd'hui 2A
hier ici 3A
(aus etw.) hinausgehen sortir (de qc) 5A
hinter derrière 5A
im Hintergrund au fond de 6B
etw. hinterlassen laisser qc 4B
hinuntergehen descendre 8B
ein Hof une cour 4E
etw. hören entendre qc 8B
eine Hose un pantalon 7E
hübsch joli/jolie 5B
ein Hund un chien 3E
Hunger la faim 4A
    Hunger haben avoir faim *(f.)* 4A

I

eine Idee une idée 1B
ein(e) Idiot(in) un/une imbécile 7B
immer (noch) toujours 2C
„in" *(ugs.)* branché/branchée *(fam.)* 5B
in à 1E; dans 2E; en 4C, 8

in einer Viertelstunde dans un quart d'heure 5A
jdn. interessieren intéresser qn 5E
das Internet l'Internet *(m.)* 4E
    im Internet sur Internet 4E

J

Ja. Oui. 1E
eine Jacke une veste 7E
ein Jahr un an 3E
eine Jeans un jean 7A, 5
jetzt maintenant 1A
(das) Judo le judo 6A, 3
ein Jugendlicher/eine Jugendliche un/une jeune 1B
ein Jugendzentrum une MJC (= une maison des jeunes et de la culture) 2E
jung jeune 5B
ein Junge un garçon 1A
Juni juin *(m.)* 4C

K

ein Kaffee un café 5B
kalt froid/froide 9B
eine Kantine une cantine 4E
eine Kappe une casquette 7E
eine Kartoffel une pomme de terre 8A, 6
der Käse le fromage 8A
eine Kathedrale une cathédrale 9B
eine Katze un chat 3B
etw. kaufen acheter qc 7A
kein/keine ne ... pas de 4C
kein/keine mehr ne ... plus de 4C
ein Keller une cave 8B
ein Kind un enfant 3E
ein Kino un cinéma *(fam.:* un ciné) 2E
Klamotten des fringues *(f., pl.) (fam.)* 7A
Na klar! Bien sûr ! 1B
eine Klasse une classe 4E
eine Klassenarbeit une interro *(fam.)* (= une interrogation) 2C
ein Klassenlehrer un professeur principal 4C
ein Klassenzimmer une salle de classe 4E
ein Klavier un piano 6A, 3
ein Kleid une robe 7E

Kleider/Kleidung des vêtements 7E
ein Kleidungsstück un vêtement 7E
klein petit/petite 5B
(das) Klettern l'escalade *(f.)* 6E
klingeln sonner 2B
komisch bizarre 5B
(an)kommen arriver 2A
kommen venir 8A
eine Konferenz une conférence 4C
können pouvoir 6A
    etw. tun können pouvoir faire qc 6A
    etw. tun können *(wissen, wie es geht)* savoir faire qc 9B
ein Konzert un concert 1B
ein Kopf une tête 2A
Wie viel kostet das? Ça fait combien ? 8A
ein Kostüm un costume 6A
krank malade 4A
eine Küche une cuisine 3E
ein Kuchen un gâteau/des gâteaux 8E
die Kulissen les coulisses *(f., pl.)* 6A
die Kultur la culture 2E
ein Kunde/eine Kundin un client/une cliente 8A, 6
ein Künstler/eine Künstlerin un/une artiste 5A
der Kurs le cours 1A
der Kursleiter l'animateur *(m.)* 1A
ein Kuskus *(nordafrikanisches Gericht)* un couscous 5C
ein Kuss une bise *(fam.)* 9B, 6

L

lachen rigoler *(fam.)* 2A
ein Lachen un rire 8B
ein Laden un magasin 2E
ein Land un pays 9A
lang long/longue 5C
etw. legen mettre qc 7B
ein Lehrer/eine Lehrerin un/une prof *(fam.)* (= un professeur) 2C
(die) Leichtathletik l'athlétisme *(m.)* 6A, 3
die Lektion la leçon 1
etw. lernen apprendre qc 6A
etw. lesen lire qc 4E
letzter/letzte/letztes dernier/dernière 5C
die Leute les gens *(m., pl.)* 2B

lieb cher/chère 6A, 5
etw. lieben aimer qc/qn 1B
etw. lieber mögen préférer qc 7C
  etw. lieber tun préférer faire qc 7C
Lieblings- préféré/préférée 7A
ein Lied une chanson 5C
eine Limonade une limonade 7C
(nach) links à gauche 5A
eine Liste une liste 6B, 9
ein Liter un litre (de) 8E
eine Lösung une solution 6B
Lust haben avoir envie (de faire qc) 6A

M

etw. machen faire qc 2A
ein Mädchen une fille 1A
eine Mahlzeit un repas 8A
ein Mal une fois 5C
man on 1E
ein Mann un homme 8B
ein Markt un marché 2E
Mathe *(ugs.)* les maths *(f., pl.) (fam.)* (= les mathématiques) 4A
das Mehl la farine 8E
merkwürdig bizarre 5B
die Metro le métro 4A
die Milch le lait 8E
mindestens au moins 7B
das Mineralwasser l'eau minérale *(f.)* 8E
ein Minirock une minijupe 7A, 5
Mist! *(ugs.)* Zut ! *(fam.)* 4C
mit avec 1B
Mittag midi *(m.)* 2A
  um 12 Uhr mittags à midi 2A
Mitternacht/12 Uhr nachts minuit *(m.)* 4A, 4
(am) Mittwoch mercredi *(m.)* 3A
mittwochs le mercredi 3A
die Mode la mode 7E
  in Mode à la mode 7E
etw. mögen aimer qc/qn 1B
  etw. sehr gern mögen adorer qc 3B
  Ich möchte gerne … /hätte gerne … Je voudrais … 8E
möglich possible 6B
Montag/am Montag lundi *(m.)* 2C
morgen demain 1B
ein Morgen un matin 2E
ein Mountainbike un VTT 6E
das Mountainbiken le VTT 6E
müde fatigué/fatiguée 5C
die Musik la musique 1B
etw. tun müssen devoir faire qc 9A
  man muss etw. tun il faut faire qc 6B
eine Mutter une mère 3E

N

Na ja!/Ach! Bof ! *(fam.)* 1B, 6
Na klar! Bien sûr ! 1B
nach *(zeitlich)* après 1B
nach en 9A
ein Nachbar/eine Nachbarin un voisin/une voisine 3B
ein Nachmittag un après-midi 2A
  am Nachmittag dans l'après-midi 2A
eine Nachricht un message 2B
nachsitzen müssen avoir des heures de colle 4C
nächster/nächste/nächstes prochain/prochaine 6A
ein Nachtisch un dessert 8E
ein Name un nom 3B, 2
neben à côté de 8B
etw. nehmen prendre qc 3A
Nein. Non. 1A
die Nerven verlieren craquer 6B
eine Nervensäge *(wörtl. eine Pest)* une peste 7C
nervös nerveux/nerveuse 6A
nett sympa *(fam.)* 2A
neu nouveau/nouvel/nouvelle/nouveaux/nouvelles 7B
…, nicht wahr? … , non ? 1B
nicht ne… pas 4E
  nicht mehr ne… plus 4A
nichts rien 7B; ne… rien 7A, 3
nie ne… jamais 7C
niedlich mignon/mignonne 7A
(immer) noch encore 2A
eine Note une note 4B
eine (Telefon)Nummer un numéro (de téléphone) 2B, 4
  eine Nummer wählen faire un numéro 3B
nun maintenant 1A
nur seulement 3A

O

ob si 4B
…, oder? … , non ? 1B
oder ou 1B
oft souvent 5B
ohne sans 6A
das Öl l'huile *(f.)* 8E
Oma *(ugs.)* mamie *(f.) (fam.)* 8B
Opa *(ugs.)* papi *(m.) (fam.)* 8E
eine Oper un opéra 2E
ein Opernhaus un opéra 2E
eine Orange une orange 8E
etw. organisieren organiser qc 1B
ein Outfit un look 7E

P

eine Party une fête 1B
eine Pause une pause 2A
  eine Pause *(in der Schule)* une récré *(fam.* = une récréation) 4B
eine Person une personne 5B, 3
ein Pfirsich une pêche 8E
ein Picknick un pique-nique 8B, 9
ein Piercing un piercing 7B, 5
ein Pilot/eine Pilotin un/une pilote 4E
eine Pizza une pizza 2B
ein Plakat une affiche 4C
ein (Metro-)Plan un plan (de métro) 5A, 4
ein Platz une place 2E
plötzlich tout à coup 2B
die Polizei la police 6A
ein Polizist un policier 6A
Pommes frites des frites *(f., pl.)* 4A
ein Porträt un portrait 5B
ein Poster une affiche 4C
eine Postkarte une carte postale 9B, 2
eine Probe une répétition 6E
etw. probieren goûter qc 9A
ein Problem un problème 3A
ein Projekt un projet 2C
ein Pulli *(ugs.)* un pull *(fam.)* 7E

R

das Rafting le rafting 9E
der Rahm la crème 8E
eine Ratte un rat 3B
Recht haben avoir raison 2C
(nach) rechts à droite 5A
reduziert en soldes 7B
eine Region une région 9E
eine Reise un voyage 9A

WORTLISTE

ein Restaurant un restaurant
  (fam.: un resto) 5B
richtig vrai/vraie 6B
ein Rock une jupe 7E
eine Rolle un rôle 6E
rot rouge 7E
ein Rucksack un sac à dos 7B, 4
ein Rundgang un tour 2A

S

eine Sache une chose 7B
ein Saft un jus 8E
jdm. etw. sagen dire qc à qn 4E
  Sag mal, … Dis donc, … 7B
die Sahne la crème 8E
ein Salat une salade 8A, 6
(am) Samstag samedi (m.) 2E
(am) Samstagmorgen samedi
  matin 2E
sauer sein (ugs.) faire la tête (fam.)
  2A
Das ist schade! C'est dommage !
  3B
ein Schal une écharpe 7E
der Schauspieler l'acteur (m.) 1A
eine Schirmmütze une casquette
  7E
schlafen dormir 5A
ein Schlafzimmer une chambre
  3E
ein Schlagzeug une batterie 6A, 3
eine Schlange une queue 5C
schlecht mauvais/mauvaise 5B
  schlechtgelaunt de mauvaise
  humeur 7B
etw. schließen fermer qc 7A
schließlich finalement 5A; enfin
  7B
der Schlussverkauf les soldes (f.,
  pl.) 5A
schmollen (ugs.) faire la tête (fam.)
  2A
schnell (Adv.) vite 4A
die Schokolade le chocolat 8A
schön beau/bel/belle 7B
schon déjà 1A
der Schrecken la terreur 3E
jdm. etw. schreiben écrire qc à qn
  4E
schreien crier 5C
ein Schuh une chaussure 7E
eine Schule une école 4C, 7
ein Schüler/eine Schülerin un/
  une élève 4E

ein Schutzhelm un casque 9B
schwarz noir/noire 7E
ein Schweizer/eine Schweizerin
  un Suisse/une Suisse 9A
eine Schwester une sœur 3E
schwierig difficile 6A
schwimmen nager 9B
(das) Schwimmen la natation 6E
eine Sechs (Note) un zéro 4B
  eine Sechs haben (Note) avoir
  un zéro 4B
etw. sehen voir qc 6B
sehr très 1B; beaucoup 2C
sein être 1A
seit depuis 6E
etw. setzen mettre qc 7B
sicher sûr/sûre 8B
  Ist das sicher? C'est sûr ? 2C
Sicherlich! Bien sûr ! 1B
sich um jdn./etw. kümmern
  s'occuper de qn/qc 9A
singen chanter 5C
das Skaten; das Skateboard le
  skate 2E
der Ski; das Skifahren le ski 9E
ein Skigebiet une station (de ski)
  9E
so/auf diese Weise comme ça 5B
so tellement 8A; si 8B
sofort tout de suite 7A
ein Sohn un fils 3E
der Sommer l'été (m.) 7A
(am) Sonntag dimanche (m.) 3B
später après 1B
ein Spaziergang une promenade
  5C
ein Spiel (beim Sport) un match 1B
spielen jouer 1B
der Sport le sport 4A
eine Sprache une langue 9A
mit jdm. sprechen parler à qn 4A
  über etw. sprechen parler de qc
  6B
eine Stadt une ville 5A
ein (Stadt)Viertel un quartier 2E
der (Super)Star la (super)star 1A
eine Station une station 5A
Das steht dir gut. Ça te va bien. 7A
etw. stehlen voler qc 6B
auf etw. steigen monter sur qc 1B
etw. stellen mettre qc 7B
eine Stimmung une ambiance 7C
ein Strand une plage 8B, 9
eine Straße une rue 2E
jdm. einen Streich spielen jouer
  un tour à qn 6B

eine Stunde une heure 1B
etw. suchen chercher qc 1B
super super 1A
Super! (ugs.) Génial ! (fam.) 1A
ein Supermarkt un supermarché
  8E
süß mignon/mignonne 7A
eine Szene une scène 1B; 1B

T

ein Tag un jour 4B
  ein Tag/ein Tagesablauf une
  journée 9A
  Guten Tag! Bonjour. 1A
ein Tandem un tandem 8B
der Tanz la danse 1B
tanzen danser 7C
das Tanzen la danse 1B
eine Tasche un sac 3A
eine Tätigkeit une activité 3A
ein Telefon un téléphone 2B, 4
mit jdm. telefonieren téléphoner à
  qn 3B
(das) Tennis le tennis 6A, 3
ein Termin un rendez-vous 2B
eine Terrasse une terrasse 5A
teuer cher/chère 6A, 5
das Theater le théâtre 1A
der Theaterkurs
  le cours de théâtre 1A
ein (Theater-)Stück une pièce (de
  théâtre) 6E
ein Tisch une table 1B
(das) Tischtennis le ping-pong
  6A, 3
eine Tochter une fille 3E
die Toilette les toilettes (f., pl.)
  3B, 4
toll super 1A
eine Tour un tour 2A
ein Tourist/eine Touristin un/une
  touriste 5E
etw. tragen porter qc 7C
ein Traum un rêve 8A
traurig triste 6B, 7
jdn. treffen rencontrer qn 4C
sich mit jdm. treffen avoir rendez-
  vous avec qn 2C
etw. trinken boire qc 8B
Tschüs! (ugs.) Salut ! (fam.) 1E
eine Tür une porte 5A, 2
eine Turnhalle un gymnase 4E
eine Tüte un sac 3A
ein Typ (ugs.) un mec (fam.) 8B

U

die U-Bahn le métro 4A
etw. üben répéter qc 6E
über sur 1B
überall partout 6A
etw. überqueren traverser qc 5C
eine Überraschung une surprise 4B
eine Übung un exercice 4A
Wie viel Uhr ist es? Il est quelle heure ? 4A
die Uhrzeit l'heure (f.) 4A, 4
um etw. zu tun pour faire qc 6B
umziehen déménager 3A
und et 1E
unmöglich impossible 5C
unter sous 6A
sich unterhalten discuter 2B
Unterricht haben avoir cours 4E
eine Unterrichtsstunde un cours 4E
der Urlaub les vacances (f., pl.) 8A

V

ein Vater un père 3E
eine Verabredung un rendez-vous 2B
  eine Verabredung mit jdm. haben avoir rendez-vous avec qn 2C
(die Ferien) verbringen passer (les vacances) 9E
etw. vergessen oublier qc 4B
ein Verkäufer/eine Verkäuferin un vendeur/une vendeuse 7A
etw. verlassen quitter qc 1B
verliebt (in jdn.) amoureux/amoureuse (de qn) 6A
etw. verstehen comprendre qc 3A
etw. versuchen essayer qc 7A
versuchen etw. zu tun essayer de faire qc 8B
Verzeihung. Pardon. 5C, 3
ein Video(film) une vidéo 6E
viel beaucoup 2C
  viel(e) (bei Mengen) beaucoup de 8A
vielleicht peut-être 1B
eine Viertelstunde un quart d'heure 4A, 4
(das) Volleyball (als Sportart) le volley 6A, 3
von de 1A

vor (örtlich) devant 2C
vor (zeitlich)/vorher avant 7B
etw. vorbereiten préparer qc 4C
etwas vorhaben avoir des projets 2C
ein Vorhaben un projet 2C
vor Ort sur place 1
der Vorort la banlieue 3A
jdm. etw. vorschlagen proposer qc à qn 4C
  jdm. vorschlagen etw. zu tun proposer à qn de faire qc 5B
ein Vortrag une conférence 4C
etw. vorziehen préférer qc 7C
  vorziehen etw. zu tun préférer faire qc 7C

W

eine Nummer wählen faire un numéro 3B
wahr vrai/vraie 6B
während pendant 2C
eine Wanderung une randonnée 9E
Wann … ? Quand est-ce que … ? 3A
warum pourquoi 2C
  Warum nicht? Pourquoi pas ? 2C
Was? (hier: Ausdruck des Erstaunens) Quoi ? 1B
Was … ? Qu'est-ce que … ? 2B
das Wasser l'eau (f.) 8E
jdn. (auf)wecken réveiller qn 9E
ein Weg un chemin 5C, 3
weggehen partir 5A
weil parce que 2C
der Wein le vin 8E
auf diese Weise comme ça 5B
weiß blanc/blanche 7E
weitermachen continuer 1B
welcher/welche/welches (Fragebegleiter) quel/quels/quelle/quelles 7A
wenig peu 2A
  wenig später peu après 2C
  ein wenig un peu (de) (bei Mengen) 8E
wenigstens au moins 7B
wenn quand 3A
die Werkstatt l'atelier (m.) 1
wie (beim Vergleich) comme 2A
Wie …? Comment… ? 1E
Wie kommt man zu … ? Comment est-ce qu'on va … ? 5C
etw. wiederholen répéter qc 6E
eine Wiederholung une répétition 6E
Auf Wiedersehen! Au revoir ! 1B, 6
wie viel combien 8E
Willkommen! Bienvenue ! 1E
der Winter l'hiver (m.) 9E
ein Wintersportort une station (de ski) 9E
wissen savoir 9B
witzig marrant/marrante 5B
wo où 1A
eine Woche une semaine 3B, 7
ein Wochenende un week-end 5E
woher d'où 8A, 7
wohin où 1A
wohnen habiter 3A
eine Wohnung un appartement 3E
ein Wohnzimmer un salon 3A
etw. wollen vouloir qc 6A
etw. tun wollen vouloir faire qc 6A
Wo/Wohin … ? Où est-ce que … ? 3A
die Wut la colère 3B

Z

(das) Zeichnen le dessin 6E
eine Zeichnung un dessin 6E
jdm. etw. zeigen montrer qc à qn 3B, 5
die Zeit le temps 5C
  Zeit haben avoir le temps 5C
ein Zentrum un centre 9E
ein (Schlaf)Zimmer une chambre 3E
ein Zimmer une pièce 3A
ein Zoom (beim Fotoapparat) un zoom 6B
der Zorn la colère 3B
zu trop 5C
zu viel trop de 8B, 4
der Zucker le sucre 8E
zuerst d'abord 1B
zufrieden content/contente 5B
jdm. zuhören écouter qn 3A
zunächst d'abord 1B
zurückkehren retourner 6B
zurückkommen revenir 9B
zurücklassen laisser qc 4B
zusammen ensemble 2A
eine Zusammenfassung un résumé 4A, 3
zusätzlich en plus 8A

Révisions 1 → Seite 38–41

1 Les activités du week-end

à l', de la, du, des, à l', aux, au, du, de la, de la, du, de l', au, à la

2 Un, deux, trois …

a) Nicolas : 01 53 04 69 45 ; Zoé : 01 53 12 36 62 ;
Julien : 01 46 54 27 61 ; Marie : 01 52 60 26 19 ;
Naïma : 01 52 21 48 65 ; M. Rollin : 06 16 07 04 11

b) (1) 38= trente-huit (2) 69= soixante-neuf
(3) 59= cinquante-neuf (4) 16= seize

3 Le problème de Marie

arrive, sont, discutent, va, quittons, déménageons, adores, allez, cherchent, déteste, comprenez, comprends, aime, écoute, ai, restes, habites, a, expliquez, imagine, prennent, est, visitons, décident.

4 Chez madame Dufour

vos, mon, nos, tes, ton, sa, nos, leur, leurs, son, votre, mes, mon / notre, ma, ta, ses, son

5 Cherchons les verbes !

a) Hinweis: die Verben aus der Wortschlange sind **halbfett** gedruckt.

	aller	avoir	être	faire
j(e)	vais	ai	**suis**	**fais**
tu	**vas**	**as**	es	fais
il/elle	va	a	**est**	**fait**

	aller	avoir	être	faire
nous	**allons**	**avons**	sommes	**faisons**
vous	allez	avez	**êtes**	**faites**
ils/elles	**vont**	ont	sont	font

b)
1. Ils **sont / vont** dans le salon.
2. Pierre **va** au cinéma.
3. Je **suis** à Paris.
4. Nous **avons** une invitation.
5. Tu **as** un chat sympa.
6. Nous **allons** à la maison.
7. Où **est** ton billet ?
8. Nous **faisons** un jeu de sons.
9. Vous **êtes** avec Juliette ?
10. Tu **vas** à l'opéra ?
11. On **fait** un projet.
12. Vous **faites** une fête ?

6 Jeu de mots

a) le square, la place, la rue
le professeur, le collège, la leçon
le concert, le rap, la musique
le marché, les courses, le magasin
la salle de bains, la cuisine, le salon
le fils, les parents, la sœur
le théâtre, l'acteur, la scène
le portable, le numéro, le téléphone
l'après-midi, le soir, le matin
le chien, le rat, le chat.

7 Des questions …

1. Quand est-ce que Naïma va aux blocks de Bercy ?
2. Où est-ce que monsieur Laroche fait les courses ?
3. Qu'est-ce que les parents de Marie visitent samedi ?
4. Pourquoi est-ce que Marie aime le cours de théâtre ?
5. Est-ce que madame Dufour habite dans l'immeuble ?
6. Qu'est-ce que Julien regarde mercredi ?

8 Tu montres tes devoirs à Marie ?

1. Marie raconte une histoire à madame Dufour.
2. Madame Laroche écoute sa fille.
3. Julien et Nicolas posent une question à l'animateur.
4. Monsieur Rollin explique la scène aux acteurs.
5. Julien téléphone à sa copine Zoé.
6. Marie donne un CD de KYO à ses amis.

9 Au collège

a) 1. Donnez vos devoirs à votre voisin / votre voisine. 2. Prenez vos cahier. 3. Regardez la leçon. 4. Cherchez des idées. 5. Racontez une histoire.

b) 1. Lisa, montre tes photos. 2. Marco, écoute ton voisin. 3. Lucas, explique le texte. 4. Anne, fais tes devoirs. 5. Paula, joue la scène. 3. Regardons un match de foot.

c) 1. Allons au cinéma. 2. Faisons du shopping.

10 Qu'est-ce qu'on dit en français ?

1. J'habite à XXX. J'aime les falafels, mais pas les pizzas. Je vais au collège XXX. Je trouve le / la prof d'allemand sympa.
2. Tu t'appelles comment ? Où est-ce que tu habites ? Où est le cinéma Rex ? Maman, quand est-ce que tu rentres à la maison ? Marie, pourquoi est-ce que tu fais la tête ? Zoé, qu'est-ce que tu fais vendredi soir ?
3. Allons au théâtre. Faisons les devoirs ensemble.
4. Voilà mon numéro de téléphone et mon adresse e-mail.

Révisions 2 → Seite 76–78

1 Cherchez les verbes

LIS**F**VEULENT**A**DISONS**I**PEUX**R**ÉCRIT**E**LISONS**D**VEUT**U**ÉCRIVENT**S**
POUVONS**H**DITES**O**VOULEZ**P**DISENT**P**PEUVENT**I**LISENT**N**ÉCRIVEZ**G**LISEZ

pronom + verbe	infinitif	passé composé	pronom + verbe	infinitif	passé composé
je / tu lis	lire	j'ai / tu as lu	nous pouvons	pouvoir	nous avons pu
ils / elles veulent	vouloir	ils / elles ont voulu	vous dites	dire	vous avez dit
nous disons	dire	nous avons dit	vous voulez	vouloir	vous avez voulu
je / tu peux	pouvoir	j'ai / tu as pu	ils / elles disent	dire	ils / elles ont dit
il / elle écrit	écrire	il / elle a écrit	ils / elles peuvent	pouvoir	ils / elles ont pu
nous lisons	lire	nous avons lu	ils / elles lisent	lire	ils / elles ont lu
il / elle veut	vouloir	il / elle a voulu	vous écrivez	écrire	vous avez écrit
ils / elles écrivent	écrire	ils / elles ont écrit	vous lisez	lire	vous avez lu

L'activité : FAIRE DU SHOPPING

2 Encore des intrus !

l' affiche	l'escalade	le gymnase	le CD	le rôle	la fille
l' immeuble	le VTT	l' infirmerie	la guitare	le dessin	les parents
le restaurant	la natation	la cuisine	le concert	l'acteur	le frère
le café	le piano	le CDI	la radio	la scène	le voisin
le cinéma	le tennis	la cantine	la BD	les coulisses	la cousine
la ville	les sports	le collège / l'école	la musique	le théâtre	la famille

3 Petit ou grand ?

1. dernier 2. … mauvaise 3. déteste 4. … n'a plus de devoirs 5. entre 6. commence 7. réponses 8. petit

SOLUTIONS

4 En français

1. Il est cinq heures moins vingt. 2. Je vais avoir un zéro en maths. 3. XXX ne m'intéresse pas. 4. J'ai mal au ventre. 5. X est vache. 6. J'ai faim. 7. Je suis en colère. 8. Il est quelle heure, s'il vous / te plaît ? / Vous avez / tu as l'heure, s'il vous / te plaît. 9. Comment est-ce que je vais à la tour Eiffel, s'il vous plaît ? 10. Qu'est-ce que tu as fait hier ? 11. Est-ce que tu as le temps pour aller au cinéma ? 12. Est-ce que tu as envie de faire du shopping / faire les courses ? 13. C'est vrai ?

5 Le jeudi de Naïma

1. A huit heures, elle est arrivée au collège. 2. A huit heures cinq, elle a eu cours de maths. 3. A onze heures et quart, elle a fait une interro d'allemand. 4. A midi, elle a mangé à la cantine. 5. A une heure moins vingt-cinq elle a lu une BD au CDI. 6. A cinq heures moins vingt, elle est rentrée à la maison. 7. A six heures vingt, elle a fait ses devoirs. 8. A huit heures moins le quart, elle a regardé une vidéo. 9. A dix heures, elle est allée au lit.

6 Des projets pour le week-end

1. je vais faire ; je ne vais pas faire 2. on va aller, on va regarder 3. nous allons aider ; 4. je vais encore aller

7 L'histoire de Goliath et de Minnie

1. Hier, Jérémy et Marie ont fait les courses. Ils sont allés dans un magasin. 2. Leur chien Goliath est resté devant le magasin. 3. Tout à coup, la jolie Minnie est sortie du magasin. 4. Goliath est parti avec sa copine. 5. Peu après, Jérémy et Marie sont sortis du magasin. Ils ont cherché leur chien, mais ils n'ont pas trouvé Goliath. 6. Alors, ils sont rentrés à la maison, mais ils n'ont pas vu leur chien. 7. A deux heures, Sarah et Marie sont parties pour chercher Goliath. 8. Finalement, Goliath est arrivé avec sa copine et six autres chiens !

8 Qui fait quoi ?

1. Charlotte fait de la danse. 2. Qui fait de la musique et qui fait du sport ? 3. Moi, je fais du théâtre. 4. Tu fais de l'escalade, Lucas ? 5. Sophie fait de la natation. 6. Zoé fait du vélo. 7. Nous faisons du ping-pong. 8. Anne, tu fais du foot ?

9 La classe de Marie

1. des élèves sympas 2. une jolie fille, une bonne élève 3. un grand frère 4. un garçon cool, des histoires marrantes 5. des mauvaises élèves 6. elles sont nulles 7. Cécile est souvent fatiguée 8. une fille branchée 9. elle est un peu bizarre 10. elle est amoureuse 11. un garçon difficile 12. il est triste

10 Nicolas est malade.

1. …et la donne ; 2. Il lui montre… ; 3. …ne les comprend. 4. Nicolas leur dit… 5. Je vais vous montrer… ; 6. Tu nous montres… 7. On va l'écouter… ; 8. …mais il ne le trouve pas… 9. je vais te téléphoner et tu vas me dire

11 Un mail

Timo dit qu'il ne va pas (très) bien : Il explique qu'il n'a pas pu aller à l'école aujourd'hui parce qu'il a mangé deux pizzas hier. Et il dit qu'il a maintenant mal au ventre. Puis, il me demande si nous avons des devoirs. Finalement, il demande si je peux lui téléphoner.

Révisions 3 → Seite 112–114

1 Qu'est-ce qu'on dit en français ?

1. Cela te va bien.
2. Je peux essayer ce / le t-shirt ?
3. Vous avez ce t-shirt aussi en L ?
4. Ça fait combien ?
5. Je voudrais deux kilos d'oranges, s'il vous plaît.
6. Il me faut des œufs, du fromage, de la crème, de l'huile et deux kilos de pommes.
7. Joyeux anniversaire.
8. Est-ce que tu veux boire quelque chose ?
9. Je me sens mal. / Je ne me sens pas bien.
10. Je sais nager.

2 Une visite chez Sandrine

Sandrine, une vieille copine de la mère de Nicolas a déménagé. Maintenant, elle habite à Montmartre, un vieux quartier où il y a des beaux immeubles. Ce soir, elle montre son bel appartement à son amie.
– Bienvenue dans mon nouvel appartement.
– Il est beau, ton appartement. En plus, il est dans un vieil immeuble. J'adore les vieilles portes. Elles sont belles.
– Regarde ma nouvelle cuisine, Michèle. Comment est-ce que tu la trouves ?
– Très belle. Tu as de la chance. Et tes nouveaux voisins ?
– Ils sont sympas. Surtout Bruno. Il est aussi nouveau ici. En plus, c'est un bel homme…
– Ah oui ? Tiens tiens…

3 La mode

1. Quelles écharpes est-ce que tu aimes ?
   J'aime les écharpes rouges.
2. Quels pantalons est-ce que tu préfères ?
   Moi, je préfère les pantalons marron.
3. Quel jean est-ce que tu achètes ?
   J'achète le jean noir.
4. Quelle robe me va bien ?
   La robe blanche vous va très bien.
5. Quelles chaussures est-ce que tu regardes ?
   Je regarde les chaussures beiges.
6. Quelle jupe est-ce que tu vas porter ce soir ?
   Je vais porter la jupe jaune.

4 Ces dessins sont marrants.

2. Ce café est branché.
3. Cette histoire est nulle.
4. Cet appareil photo est vieux.
5. Cette interro(gation) est difficile.
6. Ces jeunes sont amoureux.
7. Ce chien est mignon.
8. Ces filles sont malades.
9. Cette femme est fatiguée.

5 Au centre de vacances

1. Qu'est-ce que nous faisons (on fait) aujourd'hui ?
2. Ce matin, nous visitons (on visite) une fabrique de chocolat.
3. Cet après-midi, nous allons (on va) à Gruyère.
4. Et ce soir, nous regardons (on regarde) un film sur les Alpes.

6 Nicolas et sa mère

Mère : …du (un) couscous, une pizza, des falafels, des crêpes ?
Nicolas : une quiche ; du lait ? de la farine
Mère : …assez de lait. …on n'a plus de farine. Il en faut…
Nicolas : …du fromage ? Il en faut combien ?
Mère : Il nous en faut… Tu prends du Gruyère…
Nicolas : Et il faut combien d'œufs ? On en a encore ….
Mère : Pas de problème. J'en prends… de la crème
Mère : deux bouteilles d'eau et de l'huile

SOLUTIONS

7 En Suisse

1. où 2. qui 3. qui 4. qu'on 5. où 6. qui, qui 7. que ; qui

8 Sarah et Goliath ont tout mangé !

Sarah a bu tout le lait et elle a mangé tous les pains au chocolat. Et Goliath a bu toute l'eau et il a mangé toutes les frites.

9 Ils habitent où ? Ils viennent d'où ?

1. Eric habite en Belgique.
2. Giulia vient d'Italie.
3. Joost habite aux Pays-Bas.
4. Simon vient du Canada.
5. Zoé habite en France.
6. Anna vient d'Allemagne.
7. Luc habite en Suisse.
8. Paola vient d'Espagne.

10 A propos du vocabulaire

a) 1. des mecs 2. stupide 3. à la mode 4. est en forme 5. se dépêche 6. s'habille

b) 1. les sports d'été 2. après minuit 3. derrière 4. ses vieilles chaussures 5. je me sens bien 6. de bonne humeur.

11 Les verbes

Ex.	elle	d■■t	▶	elle	doit
		bo■■		elle	boit
		v■e■t		elle	vient
		■■it		elle	sait

1.	tu	achètes	2.	j'ai	mis	3.	ils	boivent	4.	nous	devons
	tu	préfères		j'ai	bu		ils	viennent		nous	buvons
	tu	entends		j'ai	su		ils	doivent		nous	venons
	tu	mets		j'ai	dû		ils	savent		nous	mangeons

5.	il a	acheté	6.	vous	achetez	7.	ils	entendent	8.	je	viens
	il a	entendu		vous	venez		ils	mettent		j'	entends
	il a	mangé		vous	préférez		ils	préfèrent		je	préfère
	il a	préféré		vous	savez		ils	mangent		je	mets

Lektion 7, sur place, Seite 91 : Résultats du test – La mode et toi

a) Tu as une majorité de a : Tu fais très attention à ton look et tu adores les marques. Mettre un pantalon de l'année dernière, pour toi, c'est la cata ! Tu es un peu la star de ta classe, non ?

b) Tu as une majorité de b : Tu fais attention à ton look parce que tu aimes plaire mais tu préfères rester toi-même. Tu as ton style bien à toi, et tu penses qu'il faut être bien dans ses vêtements.

c) Tu as une majorité de c : La mode ? Bof, ça ne t'intéresse pas. L'important pour toi, c'est de rigoler avec les copains. Tu aimes les sorties et les fêtes. Avec toi, il y a toujours une super ambiance !

EN CLASSE

D'autres expressions utiles en classe / Weitere Redewendungen, die im Unterricht nützlich sind

Pour parler au professeur

Je ne comprends pas le mot…/l'expression…/la phrase… à la ligne…	Ich verstehe das Wort …/den Ausdruck …den Satz …in der Zeile … nicht.
Qu'est-ce que cela veut dire ?	Was heißt das?
Que veut dire le mot…/l'expression…/la phrase… ?	Was heißt das Wort …/der Ausdruck …/der Satz …?
Je ne sais pas.	Ich weiß nicht.
Pardon ? Comment ?	Wie bitte?
Est-ce que vous pouvez répéter, s'il vous plaît ?	Können Sie bitte wiederholen?
Est-ce que vous pouvez expliquer … encore une fois, s'il vous plaît ?	Können Sie bitte … noch einmal erklären?
Est-ce que vous pouvez parler moins vite, s'il vous plaît ?	Können Sie bitte langsamer sprechen?
Comment est-ce qu'on dit… en français ?	Wie sagt man … auf Französisch?
Est-ce qu'on peut dire aussi… ?	Kann man auch … sagen?
Comment est-ce qu'on prononce… ?	Wie spricht man … aus?
Comment est-ce qu'on écrit… ?	Wie schreibt man …?
Est-ce que vous pouvez traduire…, s'il vous plaît ?	Können Sie bitte … übersetzen?
Qu'est-ce qu'on a comme devoirs ?	Was haben wir als Hausaufgabe auf?
J'ai encore une question.	Ich habe noch eine Frage.
Je n'ai pas fait mes devoirs.	Ich habe meine Hausaufgaben nicht gemacht.
J'ai oublié mon cahier/mon livre/mes affaires de français à la maison.	Ich habe mein Heft/mein Buch/meine Französischsachen zu Hause vergessen.

Pour parler à ses camarades

Nous en sommes à quelle leçon/à quel paragraphe ?	Bei welcher Lektion/welchem Abschnitt sind wir?
On en est à quelle page/à quelle ligne ?	Auf welcher Seite/Bei welcher Zeile sind wir?
C'est quelle leçon ?	Welche Lektion ist das?
C'est à quelle page ?	Auf welcher Seite ist das?
Est-ce que tu peux m'aider ?	Kannst du mir helfen?
Est-ce que tu peux me donner… ?	Kannst du mir … geben?
Est-ce que tu as… pour moi ?	Hast du … für mich?
Comment est-ce qu'on fait cet exercice ?	Wie macht man diese Übung?
Quel rôle est-ce que tu prends ?	Welche Rolle übernimmst du?
Tu commences/continues/distribues les cartes ?	Beginnst du/Machst du weiter/Teilst du die Karten aus?
Qui commence à jouer/à poser des questions ?	Wer beginnt zu spielen/Fragen zu stellen?
C'est à toi maintenant.	Jetzt bist du dran.
Et puis, c'est à…	Und dann ist … dran.

Pour corriger les fautes

Il y a une faute.	Da ist ein Fehler.
Tu as fait une faute/une faute de grammaire/de prononciation/de vocabulaire/d'accord.	Du hast einen Fehler/einen Grammatikfehler/einen Aussprachefehler/einen Wortschatzfehler/einen Angleichungsfehler gemacht.
Corrigez (la faute).	Verbessert (den Fehler).
Répète la phrase/le mot, s'il te plaît.	Wiederhole bitte den Satz/das Wort.
Répète encore une fois, s'il te plaît.	Wiederhole bitte noch einmal.
Fais la liaison, s'il te plaît.	Mach bitte die Bindung.
Est-ce que c'est juste?	Ist das richtig?
Non, c'est faux/ce n'est pas juste.	Nein, das ist falsch/das ist nicht richtig.
Révisez le vocabulaire de la leçon 9 B.	Wiederholt das Vokabular der Lektion 9 B.
Comment est-ce qu'on écrit ce mot ?	Wie schreibt man dieses Wort?
Ça s'écrit en/avec…	Das schreibt man in/mit …

Le professeur parle aux élèves

C'est bien, c'est super.	Das ist gut/super.
C'est juste./C'est faux.	Das ist richtig/falsch.
Corrigez la faute.	Verbessert den Fehler.
Vous avez une idée ?	Habt ihr eine Idee?
Ecoute ton camarade de classe.	Hör deinem Klassenkameraden zu.

EN CLASSE

Pour faire les exercices du livre

A	A vous.	Jetzt seid ihr dran.
	A propos du texte	Zum Text
	Avant la lecture	Vor dem Lesen
	Ajoutez…	Ergänzt …
C	un cahier	ein Heft
	un champ lexical	ein Wortfeld
	Changez de rôle.	Tauscht die Rollen.
	Cherchez les informations.	Sucht die Informationen.
	Choisissez…	Wählt … aus.
	Complétez les phrases.	Vervollständigt die Sätze.
	Complétez les phrases dans votre cahier.	Vervollständigt die Sätze in eurem Heft.
	Contrôlez votre résultat.	Überprüft euer Ergebnis.
	Corrigez les fautes.	Verbessert die Fehler.
	Copiez…	Übertragt …
	un chiffre	eine Zahl
	Comparez.	Vergleicht.
D	Décrivez…	Beschreibt …
	Dessinez.	Zeichnet.
	le dessin	die Zeichnung
	Deuxième écoute	Beim zweiten Hören
	un dialogue	ein Dialog
E	Ecoutez.	Hört zu.
	un exemple	ein Beispiel
	Ecrivez…	Schreibt …
	Expliquez…	Erklärt …
F	Faites des dialogues.	Bildet Dialoge.
	une faute	ein Fehler
	une forme	eine Form
	Formez le singulier.	Bildet den Singular.
	en français	auf Französisch
G	la grille	die Tabelle
I	Imaginez…	Denkt euch … aus.
J	un jeu de sons	ein Spiel mit Lauten
	Jouez les scènes.	Spielt die Szenen.
L	une leçon	eine Lektion

EN CLASSE

	Lisez le texte (à haute voix.)	Lest den Text (laut).
M	une machine à phrases	eine Satzmaschine (Übungstyp)
	Mettez les phrases au discours indirect.	Setzt die Sätze in die indirekte Rede.
N	les nombres	die Zahlen
	Notez…	Notiert
O	On dit…	Man sagt …
	le (bon) ordre	die (richtige) Reihenfolge
P	une phrase	ein Satz
	Posez des questions.	Stellt Fragen.
	Première écoute	Beim ersten Hören
Q	Qu'est-ce qui va ensemble ?	Was passt zusammen?
R	Racontez…	Erzählt …
	Regardez les photos.	Betrachtet die Fotos.
	Reliez…	Verbindet …
	Répétez.	Sprecht nach. / Wiederholt.
	Répondez.	Antwortet.
	Répondez aux questions.	Antwortet auf die Fragen.
	une réponse	eine Antwort
	le résultat	das Ergebnis
	un résumé	eine Zusammenfassung
	Résumez.	Fasst zusammen.
S	une stratégie	eine Arbeitstechnik, eine Strategie
T	un tableau	eine Tabelle
	un titre	ein Titel
	Traduisez.	Übersetzt.
	Trouvez les phrases. / … les questions.	Finde die Sätze. / … die Fragen.
U	Utilisez …	Verwendet …
V	par verbe	pro Verb
	Vrai ou faux ?	Richtig oder falsch?
	Vérifiez.	Überprüft.

DICTIONNAIRE

Adresses / Adressen → L3 B, ex. 2

Anders als in Deutschland wird bei Adressen in Frankreich zuerst die Hausnummer angegeben, dann der Straßenname und schließlich, wie in Deutschland, die Postleitzahl und der Ortsname. Aus der Postleitzahl lässt sich ablesen, in welcher Gegend der Adressat lebt, da die ersten beiden Ziffern das *département* angeben.

Airbus A380 → L4, Text C

Weltgrößtes Passagierflugzeug. Die Fertigung der einzelnen Teile ist auf die verschiedenen Airbus-Standorte in Europa verteilt (Frankreich, Deutschland, England, Spanien).

Apéritif → L8, Text B

Vor dem Essen wird in Frankreich häufig ein Aperitif genommen. Traditionell werden dazu Getränke und salziges Gebäck gereicht. Typische Getränke für den Aperitif sind z. B. *Pastis*, ein Anisgetränk und *Kir*, ein Mischgetränk aus Weißwein und einem Fruchtlikör.

Arc de Triomphe → L5, Entrée

Von Napoleon I im Jahre 1806 in Auftrag gegeben und 1835 vollendet. Er befindet sich mitten auf dem *Place Charles de Gaulle*, einem sternförmigen Platz, dessen 15 „Strahlen" viel befahrene Straßen sind. Eine Herausforderung für Autofahrer!

Bagnolet → L3, Text A

Kleine Stadt im Osten von Paris mit knapp über 30.000 Einwohnern. In den letzten Jahren hat sich die Stadt mit dem Festival *Kosmopolite* einen Namen gemacht, auf dem die besten Graffiti-Künstler aus aller Welt vorgestellt werden.

Bastille → L2 Entrée, Sur Place

Das *quartier de la Bastille* liegt östlich der *place de la Bastille*. Das Viertel wurde durch den Sturm auf das Bastille-Gefängnis am 14. Juli 1789 bekannt. Dieses Ereignis ist zum Symbol der Französischen Revolution geworden. Heute ist das Viertel sehr beliebt, vor allem wegen seiner berühmten Oper, den belebten Straßen und den recht großzügigen Grünanlagen. Zahlreiche Künstler haben sich hier niedergelassen.

Blocks de Bercy → L2, Entrée

Frankreichs Hauptstadt bietet ein gutes Dutzend Anlagen für Skater. Die *blocks de Bercy* gehören wegen der zentralen Lage und der recht guten Ausstattung zu den beliebtesten Plätzen.

Calvados → L8, Text B

Name eines *département* in der Normandie und eines dort hergestellten, hochprozentigen Apfelschnapses, der nach dem Essen als Digestif (Verdauungsschnaps) getrunken wird.

Centre Pompidou → L5, Entrée

Museum für moderne Kunst mit zwei Bibliotheken, einer *Cinémathèque* und einem Theatersaal.
Vor allem im Sommer ist auf dem großen Platz vor dem Centre Pompidou sehr viel los. Man kann sich porträtieren lassen oder einfach den Straßenkünstlern zusehen und den Musikern zuhören.

Champs-Elysées → L5, Entrée

Die 2 km lange Prachtstraße von Paris führt von der *place de la Concorde* bis zum *Arc de Triomphe*. Wichtige gesellschaftliche Ereignisse wie die jährliche Militärparade zum 14. Juli oder die Zieleinfahrt der *Tour de France* finden hier statt.

Collège / Schulsystem → L4

Mit ca. 11 Jahren gehen alle französischen Schülerinnen/Schüler nach der fünfjährigen Grundschule *(école primaire)* auf das *collège*. Sie kommen zunächst in die *sixième* (6 ^{e}). Von dieser Klasse an wird rückwärts gezählt.
Die *troisième* (3 ^{e}) ist die letzte Klasse des *collège*, dann kann man auf das *lycée* gehen. Das *lycée* entspricht ungefähr der Oberstufe des deutschen Gymnasiums und umfasst die Klassen *seconde*, *première* und *terminale*.
Der Alltag im *collège*: Das *collège* ist eine Ganztagsschule: Die Schüler haben meistens von 8.00 bis 17.00 Uhr Unterricht, danach sind noch die Hausaufgaben zu erledigen. Mittwoch Nachmittag haben die Schüler frei, samstags findet je nach Schule auch Unterricht statt. Eine Unterrichtsstunde dauert in Frankreich 55 Minuten. Die Schüler dürfen während der Schulzeit das Schulgelände nicht verlassen. Mittags können sie in der *cantine* essen. Wenn sich ein Schüler nicht wohl fühlt oder krank ist, kann er in Begleitung eines Mitschülers in die *infirmerie* gehen. Dort wird er von einer Krankenschwester betreut und erhält von ihr eine Abwesenheitsbescheinigung. Ihre Freistunden verbringen die Schüler in der *salle de permanence* mit einer Aufsichtsperson (*un surveillant*). Eine besondere Einrichtung ist das CDI, wo die Schüler Informationen für den Unterricht recherchieren, Bücher ausleihen oder am Computer arbeiten können. Das französische Notensystem geht von 0 (schlechteste Note) bis 20 (beste Note).

DICTIONNAIRE

Collège Anne Frank → L2, Entrée; L4, Entrée

Marie, Naïma und Nicolas gehen auf das *Collège Anne Frank*. Es liegt in der *rue Trousseau* und hat ca. 400 Schüler.

Couscous → L5, Text C

Typisches nordafrikanisches Gericht, das sich in Frankreich sehr großer Beliebtheit erfreut. Es besteht aus verschiedenen Gemüsesorten, Kichererbsen und Gries sowie Lammfleisch, Huhn oder auch scharfen Würstchen, den Merguez. Gegessen wird es mit Harissa, einer pikanten Sauce.

Deauville → L8 B, Ex. 10

Einer der berühmtesten Badeorte in der Normandie mit ca. 4500 Einwohnern. War der Ort früher eher landwirtschaftlich geprägt, hat er sich heute zu einem touristischen Zentrum mit Pferderennbahnen, zahlreichen Hotels und einem Casino gewandelt. Während des jährlich stattfindenden amerikanischen und asiatischen Filmfestivals versammeln sich in Deauville viele Filmstars.

Diam's → L7 C, Ex. 3

Die in der Banlieue von Paris aufgewachsene Rapperin Diam's gehörte mit den Alben *Brut de femme* (2003) und *Dans ma bulle* (2006) zu den meist verkauften Künstlern Frankreichs. Besonders anerkannt sind Diam's engagierte und mutige Texte.

Fribourg → L9, Entrée

Hauptstadt des gleichnamigen Schweizer Kantons. 32000 Einwohnern, mittelalterliches Stadtbild mit ausgedehnten Befestigungsanlagen. Kathedrale Saint-Nicolas (13. Jh.).

Gruyères → L9, Entrée

Schweizer Ort im Kanton Freiburg. Etwa 1500 Einwohner. Bekannt durch den gleichnamigen Käse (Gruyère, auf dt. Greyerz).

Honfleur → L8, Entrée

Kleiner malerischer Ort in der Normandie. Sehenswert sind die alten Fachwerkhäuser und der Hafen.

La Joconde → L5, Entrée

La Joconde, auf dt. Mona Lisa wurde 1503 von Leonardo da Vinci gemalt und hängt heute im Louvre. Experten vermuten, dass es sich um das Porträt von Lisa del Giocondo, der Gemahlin eines florentiner Kaufmanns handelt.

Joly, Fanny → L5 C, Ex. 2; Récré 2

Die 1954 geborene Autorin gehört mit ihren über 200 Büchern zu den erfolgreichsten Kinder- und Jugendbuchautoren Frankreichs. Ihre witzigen und lebensfrohen Geschichten gewinnen regelmäßig Preise.

Kyo → L2 C, Ex. 2

Rockband aus Frankreich. Der Name der 1994 gegründeten Gruppe verweist auf eine Manga-Figur. Ihr bisher größter Erfolg war die Single *Le Chemin*.

Louvre → L5, Entrée

Einst Schloss der französischen Könige, heute eines der größten Museen der Welt. Über 30 000 Kunstwerke sind dort ausgestellt, darunter so berühmte wie die Venus von Milo und Leonardo da Vincis Gemälde Mona Lisa (*La Joconde*). Die Pyramide im Hof des Louvre besteht aus Glas und Stahl und wurde im Jahre 1988 erbaut.

MC Solaar → L1, Text B; L7, Sur place

Der 1969 im Senegal geborene Sänger ist einer der berühmtesten Rapper Frankreichs. Seine kritischen und provokativen Texte werden auch von Literaten als herausragend bezeichnet.

Metro → L5, Text A

Die Metro von Paris ist die viertälteste U-Bahn Europas. Sie nahm 1900 ihren Betrieb auf und dehnte seitdem ihr Schienennetz auf 212 Kilometer aus. Sie wird täglich von rund fünf Millionen Menschen genutzt.

MJC → L2, Entrée

1944 wurden die ersten MJC gegründet mit dem Ziel, Jugendlichen und sozial schwächeren Schichten den Zugang zu Erziehung, Bildung und Kultur zu erleichtern. Heute gibt es in nahezu jeder Stadt ein MJC, in dem sowohl sportliche als auch kulturelle Veranstaltungen stattfinden. Im Gegensatz zum Namen wenden sich jetzt die MJC an alle Altersstufen.

DICTIONNAIRE

Montmartre → L5, Entrée

Der Hügel liegt im Norden von Paris. Im 19. Jahrhundert standen hier 30 Windmühlen. In den engen Gassen siedelten sich viele Künstler an. Das Viertel wurde Ausflugs- und Vergnügungsziel der Pariser Stadtbevölkerung.
Heute besuchen mehr als 15 Millionen Touristen jährlich Montmartre, schlendern über die *Place du Tertre* – Arbeitsplatz der Porträt-Maler und Scherenschnitt-Künstler – und genießen den Ausblick auf Paris vom Fuße der Basilika *Le Sacré-Cœur*.

Normandie → L8

Die Normandie ist eine Region im Norden Frankreichs. Die größten Städte sind Rouen, Le Havre und Caen. Im Mittelalter wurde die Normandie von Normannen besiedelt. Im 2. Weltkrieg war die Region von der deutschen Wehrmacht besetzt und wurde am 6. Juni 1944 von amerikanischen und britischen Truppen befreit. Die klimatisch eher wechselhafte Gegend ist berühmt für ihre schwarz-weißen Kühe und ihre Produkte wie Camembert und Cidre.

Notre-Dame → L5, A, Ex. 3

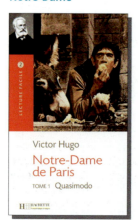

Eine der ältesten und größten gotischen Kathedralen in Frankreich (Baubeginn: 1163). Besonders bekannt wurde die Kathedrale durch den Roman von Victor Hugo: *Notre-Dame de Paris* (Der Glöckner von Notre-Dame).
Das Buch spielt im Paris des 15. Jahrhunderts und erzählt die Geschichte des buckligen Quasimodo und seiner Liebe zur schönen Esmeralda.
Es ist ein düsterer Roman, dessen Handlungsort die berühmte Pariser Kathedrale ist. Trotz des dramatischen Ausgangs diente das Buch u.a. als Vorlage zu einem Zeichentrickfilm und zu einem Musical, das seit 1998 in Frankreich und im Ausland großen Erfolg hatte.

Paris → L5

Hauptstadt von Frankreich mit ca. zwei Mio. Einwohnern (11 Mio. mit den Vororten). Wirtschaftliches und politisches Zentrum des Landes. Auch kulturell kommt der Stadt an der Seine mit ihren 160 Museen, ca. 100 Theatern, über 650 Kinos und zahlreichen Veranstaltungen eine tragende Rolle zu.

Place de la Concorde → L5, Entrée

Größter Platz von Paris, ab 1755 errichtet unter Ludwig XV. 1793 wurde dort die Guillotine aufgestellt. Auf dem Platz wurden unter anderem König Ludwig XVI. und Königin Marie Antoinette hingerichtet. Heute steht auf dem Platz ein Obelisk.

Printemps → L5, Entrée

1865 gegründete Kaufhauskette. Allein in der Region Paris gibt es sechs Filialen.

Quartier Latin → L5, Text B

Traditionelles Studentenviertel um die berühmte Universität Sorbonne.

Québec → L9, Text A

Name der größten Provinz Kanadas und ihrer Hauptstadt. Die Mehrzahl der 7,5 Mio Einwohner spricht Französisch.

Sacré-Cœur → L5, Entrée

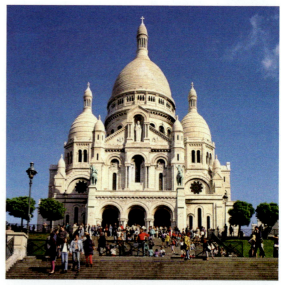

Berühmte weiße Basilika auf dem Hügel von Montmartre, im Norden von Paris. Mit einer Standseilbahn (*funiculaire*) kann man hinauffahren. Die große Treppe vor der Basilika ist ein beliebter Treffpunkt für Touristen aus aller Welt.

DICTIONNAIRE

Salon du Bourget → L4, Entrée

Große internationale Flugzeug- und Raumfahrtmesse in Le Bourget, einem Vorort im Norden von Paris. Sie findet alle zwei Jahre statt. Im Juni 2005 wurde dort der Airbus A380 vorgestellt.

Leclerc → L8, Entrée

Für Frankreich typisch sind die *centres commerciaux* und *hypermarchés*, große Einkaufszentren am Stadtrand. Neben Leclerc gibt es weitere Ketten wie Auchan, Carrefour, Géant oder Cora.

Tailles / Kleidergrößen → L7, Text A

Auch wenn man in Frankreich zunehmend amerikanische Kleidergrößen findet, gehören die europäischen Zahlen zur Norm. Allerdings weichen die französischen Größen von den deutschen ab: z. B. entspricht Größe 38 in Frankreich Größe 36 in Deutschland.

Tautou, Audrey → L2 B, Ex. 2

Mit dem Film *Le fabuleux destin d'Amélie Poulain* erlebte die 1978 geborene Schauspielerin den entscheidenden Durchbruch. Seit diesem Kultfilm von Jean-Pierre Jeunet, in dem sie die zauberhafte Amélie spielt, deren Lebensinhalt das Glück ihrer Mitmenschen ist, genießt die junge Frau auch internationalen Ruhm.

Théâtre de l'Epouvantail → L1, 6 Text A

Kleines Theater in der *rue de la Folie-Méricourt* im Bastille-Viertel. Auf dem Programm stehen zeitgenössische Aufführungen für Jugendliche und Erwachsene. Außerdem werden Theaterkurse angeboten.

Titeuf → L4 Sur Place; L6 B, Ex. 7

Titeuf ist die Hauptfigur des gleichnamigen Comics des Schweizer Zeichners Zep. Titeuf wurde 1992 „geboren" und ist inzwischen zu einer der berühmtesten „Persönlichkeiten" in Frankreich geworden. Sein Einfluss geht so weit, dass bereits einige seiner Ausdrücke und Wortneuschöpfungen Eingang in die Alltagssprache gefunden haben.

Toulouse → L4, Text C

Viertgrößte Stadt im Süden Frankreichs, wegen des Backsteins, der mit seinem weichen Rot das Stadtbild prägt, auch *la ville rose* genannt. Toulouse ist vor allem bekannt für die Herstellung von Luft- und Raumfahrtausrüstung. Dort findet auch die Endmontage des neuen Airbus A380 statt.

Tour Eiffel / Eiffelturm → L5, Entrée

Wahrzeichen von Paris. Er wurde 1889 nach den Plänen des französischen Ingenieurs Gustave Eiffel erbaut. Rechnet man die Antenne mit, so erreicht der Turm eine Höhe von 324 m. Es gibt auch einen Fahrstuhl, aber die 1710 Stufen sind eine sportliche Herausforderung.

Tuileries → L5, Text A

Gartenanlage am rechten Seine-Ufer zwischen dem Louvre und der Place de la Concorde. Früher stand an dieser Stelle der Palais des Tuileries, das Stadtschloss der französischen Könige.

Vorwahlen → L3B ex. 2

Im Gegensatz zu Deutschland hat in Frankreich nicht jede Stadt, sondern nur das jeweilige Gebiet eine bestimmte Telefonvorwahl: Paris = 01, Normandie und Bretagne = 02 etc. Für Handys fängt die Nummer immer mit 06 an.

Zinedine Zidane → L1 A, Ex. 1

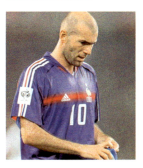

Französischer Fußballspieler algerischer Herkunft. Zinedine Zidane wurde 1972 in Marseille geboren. 1998 gewann er mit Frankreich die Weltmeisterschaft und erzielte zwei Tore im Finale. Er wurde bereits dreimal zum Weltfußballer des Jahres gewählt.

Bildquellen

Airbus SAS,Blagnac: 49.1 – AKG,Berlin: 25.1; 54.8 – Alamy Images RM,Abingdon, Oxon: 63.1 (Lawrence/Imagestate); 37.2 (naglestock.com) – Avenue Images GmbH,Hamburg: 64.1 (BananaStock); 64.2 (RF BananaStock) – 64.4 (Index Stock RM); 64.6 (V Stock RF) – Bamboo Edition,Charnay-lès-Mâcon, Cedex: 73.1; 111.1; Banastock RF,Watlington/Oxon: 33.1 – Bayard Presse,Paris: 61.1(Bayard Editions Jeunesse, Fanny Joly, Catel.); 74.1(Bayard Editions Jeunesse; Fanny Joly, Catel); 74.2 (Bayard Editions Jeunesse; Fanny Joly, Catel) – BMG France,Paris Cedex 02: 78.1 – Bridgeman Art Library,London: 110.3 – Cinetext,Frankfurt: 21.1 – Corbis,Düsseldorf: 54.2 (Heaton); 54.4 (Krist); 54.5 (Thompson); 54.7 (Everton); 63.2 (Clopet); 87.1 (Stone); 91.1 (Sygma/Amet); 95.1 (Clopet); 99.4 (Housestock); 104.2 (Roy Morsch); 104.3 (Melloul/Sygma); 106.1 (Saba/Louise Gubb); 177.2 (Stephane Cardinale/People Avenue); 178.3 (Dallas and John Heaton); 37.1 (Reuters/Rellandini); 37.4 (Brand X) – Corel Corporation, Unterschleissheim: 54.1 – Das Fotoarchiv,Essen: 64.5 (RF) – Dream Maker Software,Colorado: 52 (RF); 114.1 (RF); 114.2 (RF); 114.3 (RF); 114.4 (RF); 114.7 (RF); 114.8 (RF) – Dreamstime,Brentwood, TN: 176.1 (Fintastique) – Editions Glénat,Issy-Les-Moulineaux: 53.1 (Editions Glénat, by Zep); 71.1 (Editions Glénat, by Zep); 71.2 (Editions Glénat, by Zep); 71.3 (Editions Glénat, by Zep); 71.4 (Editions Glénat, by Zep); 71.5 (Editions Glénat, by Zep) – f1 online digitale Bildagentur, Frankfurt: 36.1 (Wallis) – Fotofinder, Berlin: 102.1 (Visum/Buellesbach); 102.3 (Arco Images); 179.1 Bigot / Andia) – Fribourg Tourisme,Fribourg: 106.3 – Getty Images,München: 54.6 (PhotoDisc); 37.3 (Image Bank/Yellow Dog) – Hachette Jeunesse,Paris: 178.2 – Internet/Screenshot, xxx: 102.5(www.charmey.org/ Fookes) – iStockphoto,Calgary, Alberta: 176.2 (Karen Brockney); 177.1 (Alain Couillaud); 178.1 (Pieter Schockaert); 110.1(RF/Kevin Laurence) – Klett-Archiv,Stuttgart: COVER (Patrick Dembski); Klett-Archiv, Stuttgart (Patrick Dembski): 7.1; 8.1; 8.2; 8.3; 8.4; 9.1; 9.2; 10.1; 10.2; 10.3; 12.1; 12.2; 12.3; 14.1; 14.2; 14.3; 16.1; 16.3; 16.4; 16.6; 16.7; 17.1; 17.2; 18.1; 18.2; 18.3; 18.4; 20.1; 20.2; 20.3; 22.1; 22.2; 22.3; 22.4; 25.2; 25.3; 25.4; 25.5; 25.6; 26.1; 27.1; 27.2; 28.1; 28.2; 28.3; 30.1; 31.1; 31.2; 31.3; 31.4; 36.2; 38.1; 38.2; 41.1; 41.2; 41.3; 41.4; 42.1; 42.2; 42.3; 42.4; 42.5; 42.6; 42.7; 43.1; 44.1; 44.2; 44.3; 44.4; 45.1; 47.1; 47.2; 47.3; 48.1; 49.2; 55.1; 55.2; 56.1; 56.2; 56.3; 57.1; 58.1; 58.2; 59.1; 59.2; 60.1; 60.2; 60.3; 65.1; 66.1; 66.2; 66.3; 68.7; 68.8; 68.9; 69.1; 69.2; 69.3; 69.4; 79.1; 79.4; 80.1; 80.2; 80.3; 80.4; 80.5; 82.1; 82.2; 82.3; 85.1; 85.2; 85.3; 88.1; 88.2; 88.3; 88.4; 92.1; 92.2; 92.3; 92.4; 92.5; 93.1; 94.1; 94.2; 94.3; 94.4; 97.1; 97.2; 97.3; 97.4; 97.5; 97.6; 99.2; 99.3; 101.1; 177.3; 179.2 – Klett Archiv, Stuttgart : 16.5 (Bernd Binkle); 39.1, 99.1 (Katrin Schäflein) – Les Éditions Albert René,Paris: 109.1 – Marco Polo Agence Photographique, Paris: 16.2 (Naudin); 72.1 (Naudin); 75 (F. Bouillot); 79.2 (F. Bouillot); 79.3 (F. Bouillot) – Mauritius, Mittenwald: 64.3 (Workbookstock); 36.4 (nonstop) – MEV,Augsburg: 26.2; 54.3 – Office du Tourisme,Moleson-sur-Gruyeres: 102.4; 106.2 - Picture-Alliance, Frankfurt: 49.3(dpa); 105.1; 179.4 (epa/Keystone/Yoshiko Kusano)– Roland Zumbühl, Arlesheim: 104.1(Zumbühl) – Schapowalow, Hamburg: 179.3 (Pratt-Pries) – Sipa Press,Paris: 36.3 (Durand, Florence) – Tripix/Studio Strygge,Roubaix: 15.1 – Editions Dupuis (Laudec & Cauvin): 101.2 ; 101.3 – Vents d'Ouest, Groupe Glénat,Grenoble cedex: 35.1 – Wikimedia Foundation Inc.,St. Petersburg FL: 102.2; 110.2 (GNU-Lizenz)

Bedauerlicherweise konnten wir trotz aller Bemühungen nicht alle Nutzungsberechtigungen ausfindig machen.

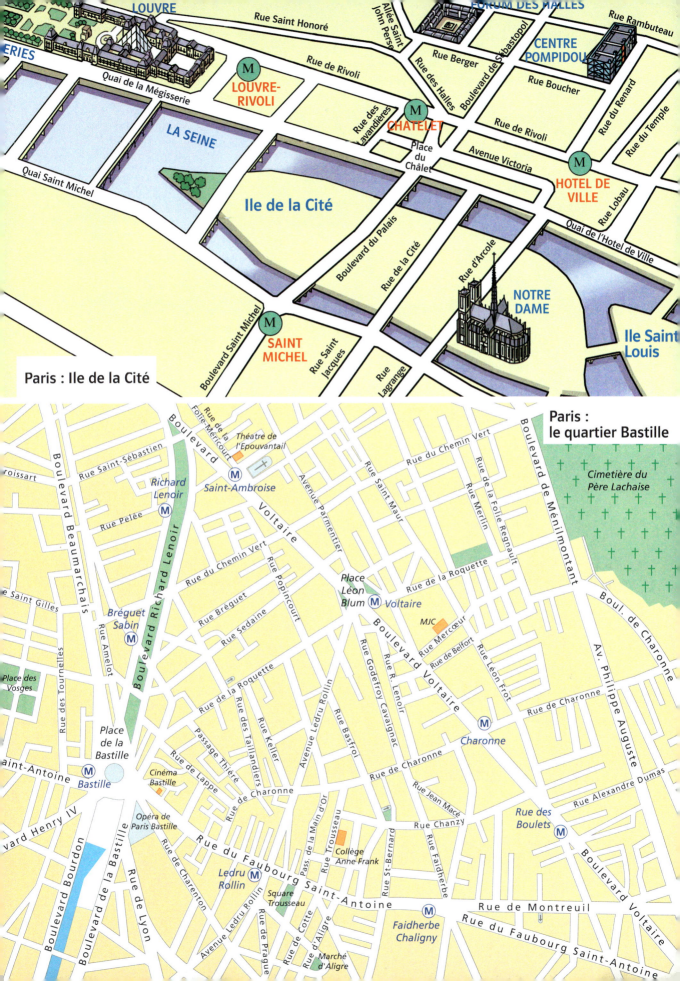

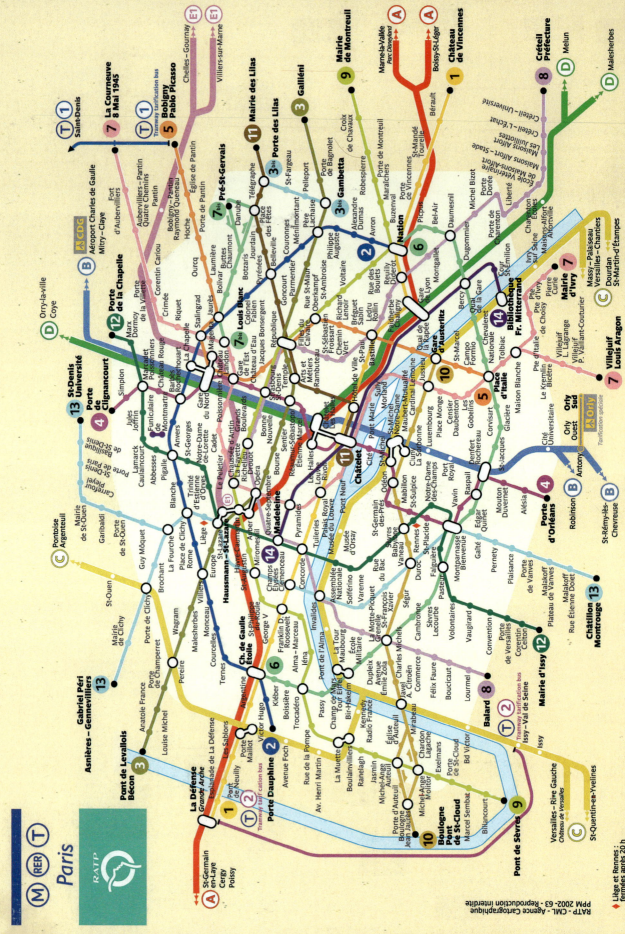